커니의 코틀린

커니의 코틀린: 차세대 안드로이드 개발자를 위한

초판 1쇄 발행 2017년 12월 8일 **2쇄 발행** 2019년 6월 26일 **지은이** 김태호 **펴낸이** 한기성 **펴낸곳** 인사이트 **편집** 문선미 **제작·관리** 박미경 **용지** 월드 페이퍼 **출력** 소다미디어 **인쇄** 현문인쇄 **후가공** 이지앤비 **제본** 자현제책 **등록번호** 제2002-000049호 **등록일자** 2002년 2월 19일 **주소** 서울시 마포구 연남로5길 19-5 **전화** 02-322-5143 **팩스** 02-3143-5579 **블로그** http://blog.insightbook.co.kr **이메일** insight@insightbook.co.kr **ISBN** 978-89-6626-213-7 책값은 뒤표지에 있습니다. 잘못 만들어진 책은 바꾸어 드립니다. 이 책의 정오표는 http://blog.insightbook.co.kr에서 확인하실 수 있습니다. 이 도서의 국립중앙도서관 출판예정도서목록(CIP)은 서지정보유통지원시스템 홈페이지(http://seoji.nl.go.kr)와 국가자료공동목록시스템(http://www.nl.go.kr/kolisnet)에서 이용하실 수 있습니다.(CIP제어번호: CIP2017028971)

프로그래밍인사이트

차세대 안드로이드
개발자를 위한

커니의
코틀린

김태호 지음

인사이트
insight

차례

2부 실무에 바로 적용할 수 있는 안드로이드 앱 개발하기

지은이의 글

개발자는 프로그래밍 언어를 사용하여 코드를 작성합니다. 프로그래밍 언어마다 특징과 기능이 제각각이기에, 동일한 개발자가 동일한 동작을 하는 프로그램을 작성하더라도 사용하는 프로그래밍 언어에 따라 개발 시간이나 품질이 달라집니다. 따라서 개발자의 능력을 최대한으로 발휘하려면 좋은 프로그래밍 언어를 사용해야 합니다.

지금까지는 안드로이드 앱을 개발하려면 자바를 사용해야 했습니다. 자바는 배우기 쉽고 대중적인 언어이긴 하지만 대부분의 현대 언어에 비해 개발자의 편의를 지원하는 기능이 상대적으로 적습니다. 따라서 똑같은 역할을 하는 코드라도 자바로 작성한 코드가 다른 현대 언어로 작성한 코드보다 복잡해지기 쉽습니다.

그러나 이제 안드로이드 앱 개발에 사용할 수 있는 '새롭고 강력한 도구'인 코틀린이 등장했기에 더 이상 걱정하지 않아도 됩니다. 코틀린은 자바보다 문법이 간결할 뿐만 아니라, 개발자의 수고를 줄일 수 있는 강력한 표준 라이브러리를 제공하며, 자주 저지르는 실수를 미연에 방지할 수 있도록 코드 검증 기능이 강화되었습니다. 게다가 코틀린은 자바와 100% 호환됩니다. 따라서 기존에 사용하던 자바 코드나 라이브러리를 코틀린 코드와 함께 사용할 수 있으므로, 언어 교체에 따르는 부담이 적으며 프로젝트의 상황에 따라 언어 교체 전략을 보다 유연하게 선택할 수 있습니다.

이 책은 자바로 안드로이드 애플리케이션을 개발해 본 경험이 있는 개발자를 대상으로 합니다. 따라서 안드로이드 개발에 필요한 기초 지식은 다루지 않습니다. 코틀린 코드를 작성하기 위해 필요한 코틀린의 기본 문법, 자바 코드를 코틀린 코드로 올바르게 변환하는 방법, 그리고 실무에서 자주 사용하는 라이브러리로 구성된 예제를 코틀린으로 작성하는 방법을 다룹니다.

새로운 언어를 배우는 것은 결코 쉽지 않습니다. 하지만 이 책에서 소개되는 내용을 차근차근 따라 학습한다면 어느새 코틀린을 자유자재로 다루는 자기 자신을 발견하게 될 것입니다.

이 책의 구성 및 학습 방법

이 책은 주로 다루는 내용에 따라 1장~9장을 묶은 1부와, 10장~15장을 묶은 2부로 나뉩니다.

1부에서는 코틀린의 특징과 기본 문법, 그리고 코틀린을 사용하여 안드로이드 애플리케이션을 개발하는 데 필요한 기본적인 내용을 다룹니다. 따라서 1부는 코틀린을 사용하여 안드로이드 애플리케이션을 개발하려는 모든 분들께서 학습하셔야 합니다.

1장~2장에서는 코틀린의 특징을 살펴봅니다. 그리고 코틀린의 주요 문법을 자바 문법과 유사한 부분을 중심으로 설명합니다. 코틀린 코드와 자바 코드를 나란히 배치하여 자바를 아는 분들이 코틀린 문법을 더 직관적으로 익힐 수 있도록 구성했습니다.

3장~4장에서는 코틀린만의 고유한 기능을 다룹니다. 여기에서는 데이터 클래스, 확장 함수, 코틀린 표준 라이브러리에서 제공하는 유용한 함수 등 개발 생산성을 높여 주는 코틀린의 여러 기능을 학습할 수 있습니다.

5장에서는 코틀린 코드와 자바 코드를 함께 사용할 때 유의할 사항을 알아봅니다. 코틀린은 자바와 100% 호환을 보장하지만 자바와 코틀린의 문법 차이로 동일한 기능을 조금 다르게 표현하거나 특별한 변환 규칙이 적용되는 경우가 있습니다. 여기에서는 코틀린 코드와 자바 코드를 함께 사용하기 위해 숙지해야 하는 주요 사항을 소개합니다.

6장~7장에서는 코틀린으로 안드로이드 애플리케이션을 개발하기 위해 필요한 개발 환경을 다룹니다. 코틀린으로 앱을 개발할 수 있도록 안드로이드 프로젝트를 설정하는 방법과 코틀린 IDE 플러그인을 사용하는 방법을 학습할 수 있습니다.

8장~9장에서는 안드로이드에 특화된 코틀린의 기능을 설명합니다. 1장~5장에서는 간결하지 않은 문법이나 모호한 널(null) 처리와 같은 '자바의 불편함'을 해결해 주는 코틀린의 기능에 대해 알아보았다면, 여기에서는 안드로이드 애플리케이션을 개발할 때 자주 작성하는 코드를 더 간편하게 구현할 수 있게 도와 주는 코틀린의 기능을 주로 알아봅니다.

2부에서는 실무에서 자주 사용하는 라이브러리로 구성된 예제 프로젝트를 기반으로 코틀린을 실무에 적용할 때 필요한 내용을 다룹니다.

10장에서 다루는 예제 프로젝트는 11장과 12장을 위해 준비하는 내용입니다. 11장과 12장에서 예제 프로젝트를 코틀린으로 변환하는 과정을 보여 주기 위해, 10장에서 설명하는 이 예제 프로젝트는 자바로 작성되어 있습니다.

11장과 12장은 자바로 작성되어 있는 예제 프로젝트를 코틀린으로 변환하는 과정을 다룹니다. 자바-코틀린 컨버터를 사용하여 자바 코드를 코틀린 코드로 간편하게 변환하는 방법과 함께, 변환된 코틀린 코드를 코틀린다운 코드로 다듬는 과정을 알아봅니다.

13장~15장에서는 코틀린으로 변환이 완료된 예제 프로젝트에 RxJava, 안드로이드 아키텍처 컴포넌트, 대거(Dagger) 라이브러리를 적용하여 프로젝트를 개선하는 과정을 살펴봅니다. 라이브러리에 대한 설명은 예제를 이해하기 위해 필요한 수준으로만 다루기 때문에 이 라이브러리를 사용한 경험이 있거나 미리 공부했던 분들께 학습을 권장합니다.

용어 표기

이 책에서 사용하는 용어들은 가급적 쉽고 오해가 소지가 적은 표현을 선택하려 노력했습니다. 번역어를 선택할 때는 단순히 사전적으로 대응하는 단어를 선택하는 대신, 해당 용어가 사용되는 맥락에 적절한 단어를 선택했습니다(예: 한정 클래스; sealed class). 적절한 번역어가 없거나 원문 표기가 더 대중적으로 사용되는 경우에는 번역 없이 원문을 그대로 표기합니다 (예: 옵서버블; Observable).

기타 자료

2부에서 다루는 예제 프로젝트의 소스코드는 Github 저장소에서 제공합니다. 예제에서 사용하는 라이브러리 버전이 업데이트되거나 코드에 오류가 있는 경우 이 저장소에 변경된 코드를 반영할 예정입니다. 코드 업데이트로 인해 책에 소개된 내용에 변경이 필요한 경우 해당 내용도 함께 동일한 저장소를 통해 제공합니다.

예제 코드의 업데이트 내역과 책 본문의 오탈자 및 오류 수정 내역은 페이스북 페이지를 통해서 제공됩니다. 이 외에도 코틀린과 관련된 최신 소식이나 각종 팁을 주기적으로 제공할 예정이므로 꼭 구독해 주세요! 책을 보면서 혹은 코틀린을 공부하다 생긴 궁금증은 페이스북 커뮤니티를 통해 올려 주시면 답변해 드리겠습니다.

- 예제 Github 저장소: *https://github.com/kunny/kunny-kotlin-book*
- 페이스북 페이지: *https://www.facebook.com/kunny.kotlin*
- 페이스북 커뮤니티: *https://www.facebook.com/groups/kunny.kotlin*

감사의 말씀

가장 먼저, 흔쾌히 집필 제안을 주신 한기성 사장님께 감사의 말씀을 전하고 싶습니다. 오랜만에 다시 글을 쓰는 것이 결코 쉽진 않았지만, 두 번째 책이라는 의미 있는 결과물을 낼 수 있게 되어 매우 기쁩니다. 원고 편집을 도와 주신 문선미 편집자님, 정제되지 않은 제 글을 읽기 편하고 이해하기 쉬운 글로 바꿀 수 있도록 지원해 주셔서 고맙습니다. 일정이 넉넉하지 않았음에도 불구하고 작은 부분까지 꼼꼼히 챙겨 주신 덕분에 보다 좋은 글을 쓸 수 있었습니다.

항상 저를 응원해 주고, 책을 쓰는 기간 동안에도 물심양면으로 지원을 아끼지 않았던 아버지와 어머니, 그리고 은경이에게도 고맙다는 말을 전하고 싶습니다. 가족의 응원 덕분에 긴 시간 동안 추진력을 잃지 않고 작업을 잘 마무리할 수 있었습니다. 끝으로, 책을 준비하느라 대부분의 시간을 카페 작업 데이트로 보냈음에도 불구하고 싫은 소리 한번 없이 항상 옆에서 힘이 되어 준 나연이에게 고맙고, 사랑한다는 말을 전하고 싶습니다.

2017년 11월
우면산 자락에서
김태호(커니) 드림

Kunny's Kotlin

코틀린과 친해지기

1장

코틀린이란?

1.1 코틀린 소개

코틀린(Kotlin)은 인텔리제이(IntelliJ IDEA)라는 제품으로 유명한 젯브레인(JetBrains)에서 만든 언어로, 2011년 최초로 공개된 후 오랜 시간 개발을 거쳐 2016년 2월 1.0 정식 버전이 출시되었습니다.

코틀린은 간결한 문법과 풍부한 기능, 높은 안정성을 토대로 높은 생산성을 보장하는 것을 목표로 개발되었습니다. 또한, 자바와 100% 호환되어 자바로 작성된 프로젝트에 코틀린 코드를 추가할 수도 있고 자바 코드를 모두 코틀린으로 대체할 수도 있습니다.

뿐만 아니라, 코틀린은 구글의 연례 개발자 행사인 구글 I/O 2017에서 안드로이드의 공식 지원 언어로 채택되었습니다. 따라서 더 이상 서드파티 언어라는 위치 때문에 호환이 제대로 되지 않거나 지원이 끊기지 않을까 하는 불안감 없이 안드로이드 앱 개발의 주 언어로 사용할 수 있게 되었습니다.

1.2 코틀린의 특징

코틀린에 대해 자세히 알아보기 전에, 코틀린과 자바에는 어떤 차이점이 있으며 어떤 점에서 코틀린이 더 나은지 간단히 알아보겠습니다.

간결한 문법

코틀린 문법은 자바에 비해 더 간결한 형태를 추구합니다. 주요 차이점은 다음과 같습니다.

- 문장 끝에 세미콜론(;)을 넣지 않아도 됩니다.
- new 키워드를 쓰지 않고 객체를 생성합니다.
- 타입 추론을 지원하므로 일반적인 경우 타입을 적지 않아도 됩니다.

다음은 코틀린의 특징 자바와 비교해 보여주는 코드입니다.

java	kotlin
``// 타입을 항상 명시해 주어야 합니다.
String name = "John Doe";

// 객체 생성 시 new 키워드를 사용합니다.
Person person = new Person(name);``` | ```// 타입을 적지 않아도 타입 추론을 통해
// String 타입으로 지정합니다.
val name = "John Doe"

// 객체 생성 시 new 키워드를 사용하지 않습니다.
val person = Person(name)``` |

널 안전성

객체 타입의 변수에서 널(null) 값의 허용 여부를 구분하지 않던 자바와 달리, 코틀린은 이를 명확히 구분합니다. 또한, 널 값의 허용 여부를 컴파일 단계에서 검사하므로 런타임에서 발생하는 오류를 대폭 줄일 수 있습니다.

kotlin
```
// 널 값을 허용하는 문자열 타입(String?)
val foo: String? = null

// 널 값을 허용하지 않는 문자열 타입(String)
val bar: String = "bar"
```

널 안전성과 관련하여 더 자세한 내용은 2.8절에서 확인하세요.

가변/불변 구분

널 값의 허용 여부를 구분하는 것과 유사하게, 코틀린에서는 변수 및 변수 내 할당된 값의 불변 여부를 구분합니다. 변수의 불변 여부, 즉 최초 생성 시 할당된 값을 이후에도 변경할 수 있는지 여부는 변수 선언 시 사용하는 키워드인 val과 var로 구분합니다.

값을 한번 할당하고 나면 그 후에 변경할 수 없는 변수는 val을 사용하며 선언하며, 이는 자바에서 final 키워드를 붙인 변수와 동일합니다. 이와 달리 할당된 값을 자유자재로 바꿀 수 있는 변수는 var로 선언하며, 이는 자바에서 final 키워드 없이 선언하는 변수와 동일합니다.

변수의 불변/가변 여부를 명확하게 구분하기 위해, 이 책에서 val 변수는 '값(value)'으로, var 변수는 '변수(variable)'로 명칭합니다.

다음은 val 및 var을 사용하여 값 및 변수를 선언하고 사용하는 예를 보여줍니다.

kotlin

```kotlin
// String 타입의 값 foo를 선언합니다.
// 자바의 final String foo = "foo";와 동일합니다.
val foo: String = "Foo"

// 컴파일 에러: 값이 한번 할당되면 다른 값을 할당할 수 없습니다.
foo = "foo"

// String 타입의 변수 bar를 선언합니다.
// 자바의 String bar = "Bar";와 동일합니다.
var bar: String = "Bar"

// 성공: var로 선언되었기 때문에 얼마든지 다른 값을 할당할 수 있습니다.
bar = "bar"
```

변수의 가변/불변과 유사하게, 컬렉션 자료형에 대해서도 가변/불변 여부를 구분합니다. 여기에선 객체에 할당된 값이 아닌 컬렉션 내 포함된 자료들(예: 리스트에 포함되어 있는 항목)을 추가하거나 삭제할 수 있는지 여부를 구분합니다.

자료의 가변/불변 여부는 인터페이스로 구분하며, 불변 인터페이스의 경우 삽입/삭제/수정을 위한 함수가 없습니다. 다음은 컬렉션 내 자료의 가변/불변 여부에 따른 사용 예입니다.

kotlin

```kotlin
// 자료를 변경할 수 없는 리스트 생성
val immutable: List<String> = listOf("foo", "bar", "baz")

// 컴파일 에러: add() 함수가 정의되어 있지 않습니다.
immutable.add("Foo")

// 자료를 변경할 수 있는 리스트 생성
val mutable: MutableList<String> = mutableListOf("foo", "bar", "baz")

// 성공: MutableList에는 자료를 수정할 수 있는 함수가 정의되어 있습니다.
mutable.add("Foo")
```

컬렉션과 관련된 더 자세한 내용은 2.2절과 4.2절에서 확인하세요.

람다 표현식 지원

람다(lambda) 표현식은 대부분의 현대 언어에서 지원하는 기능이지만, 안드로이드에서는 개발 환경의 제약으로 람다 표현식을 사용하기 어려웠습니다. 코틀린에서는 람다 표현식을 기본으로 지원하므로 특별한 제약 없이 코드를 더 간소화 할 수 있습니다.

또한, 자바로 작성된 인터페이스에 한해 SAM(Single Abstract Method) 변환을 지원하여 함수의 인자로 전달되는 인터페이스의 인스턴스를 람다식으로 표현할 수 있습니다. 다음은 자바 코드를 코틀린에서 람다 표현식을 통해 구현한 예입니다.

```java
View view = ...;

// OnClickListener 인터페이스를
// 구현합니다.
view.setOnClickListener(new
  View.OnClickListener() {
  @Override
  public void onClick(View view) {
    Toast.makeText(view.getContext(),
      "Click",
      Toast.LENGTH_SHORT).show();
  }
});
```

```kotlin
val view = ...

// SAM 변환을 통해 OnClickListener
// 인터페이스의 인스턴스를 람다식으로 표현합니다.
view.setOnClickListener {
  Toast.makeText(it.context,
    "Click",
    Toast.LENGTH_SHORT).show()
}
```

람다 표현식과 관련된 더 자세한 내용은 3.3절에서, SAM 변환과 관련된 내용은 5.1 절 내 'SAM 변환'에서 확인하세요.

스트림 API 지원

자바8은 컬렉션 내 자료를 다루는 데 유용한 스트림(stream) API를 지원합니다. 하지만 안드로이드 버전 6.0 이상을 사용하는 플랫폼에서만 이 API를 사용할 수 있어 제약이 컸습니다.

코틀린에서는 이와 유사한 역할을 하는 함수들을 코틀린 표준 라이브러리를 통해 제공하며, 안드로이드 플랫폼 버전과 상관없이 사용할 수 있어 매우 유용합니다. 다음은 코틀린 표준 라이브러리에서 제공하는 함수를 사용하여 스트림 API와 동일한 역할을 구현해 보았습니다.

```kotlin
val items = listOf(10, 2, 3, 5, 6)

// 리스트 내 항목 중 짝수의 합을 구합니다.
val sumOfEvens = items.filter { it % 2 == 0 }.sum()
```

스트림 지원과 관련하여 더 자세한 내용은 4.3절에서 확인하세요.

완벽한 자바 호환성

코틀린을 도입한다고 해서 기존에 작성한 자바 코드를 모두 코틀린으로 변환해야 하는 것은 아닙니다. 자바에서 코틀린을 사용하는 것과 코틀린에서 자바를 사용하는 것 모두 가능하므로 원하는 부분만 코틀린으로 작성하여 사용할 수 있습니다. 따라서 기존의 자바 코드를 오랜 시간에 걸쳐 천천히 코틀린 코드로 변환할 수 있습니다.

직접 작성한 자바 코드뿐 아니라, 자바로 작성된 라이브러리와도 모두 호환됩니다. 언어만 코틀린으로 바뀔 뿐 기존에 사용하던 자바 기반 환경을 그대로 사용할 수 있습니다. 따라서 새 언어 도입으로 인한 부담이 매우 적습니다.

대부분의 경우 기존에 작성된 코드를 그대로 혼용할 수 있습니다. 하지만 사용 시 유의해야 하거나 사용 방법이 약간 다른 부분이 있습니다. 이와 관련된 자세한 내용은 5절에서 확인할 수 있습니다.

1.3 코틀린의 주요 문법

코틀린의 문법에는 자바와 비슷한 부분과 확연히 다른 부분이 공존합니다. 다음 장에서 자세히 알아볼 텐데요. 그 전에, 코틀린에 친숙해질 수 있도록 주요 문법에 대해 간략히 알아보겠습니다. 여기에서는 각 항목별 문법적 형태를 위주로 간략하게 알아봅니다. 자세한 내용은 별도로 표시한 절을 확인하세요.

값 및 변수 선언

타입을 먼저 적고 그 다음 이름을 적는 자바와 달리, 코틀린에서는 이름을 먼저 적고 타입을 적습니다. 타입은 상황에 따라 생략할 수 있습니다.

kotlin

```kotlin
// String 타입을 갖는 값 a 선언
val a: String = "foo"

// 할당하는 자료의 타입에 따라 자동으로 타입을 추론하므로 타입을 생략할 수 있습니다.
val b = "bar"

// 선언 시 자료를 할당하지 않으면 타입을 꼭 붙여야 합니다.
val c: String

// 자료 할당
c = "baz"

// 변수 d 선언
var d: Int = 0

// 변수 값 변경
d += 1
```

함수 선언

함수는 자바의 메서드에 대응하며, 값 및 변수 선언과 마찬가지로 반환 타입을 뒤에 적습니다.

```kotlin
fun greet(name: String) : Unit {
    println("Hello, $name!")
}

fun sum(a: Int, b: Int) : Int {
    return a + b
}
```

함수의 반환값에 사용하는 Unit은 자바의 void와 유사하게 사용하며 Unit을 반환하는 함수는 다음과 같이 반환형을 생략할 수 있습니다.

```kotlin
fun greet(name: String) {
    println("Hello, $name!")
}
```

더 자세한 내용은 2.3절 내 '함수' 항목 및 3.2절을 확인하세요.

클래스 및 인터페이스 선언

클래스와 인터페이스를 선언하는 방법은 자바와 크게 다르지 않습니다.

```kotlin
class Foo {
    val foo: String = "foo"

    fun foo() {
    }
}

interface Bar {
    fun bar()
}
```

단, 클래스의 생성자를 정의하는 방법에는 다소 차이가 있습니다. 자세한 내용은 2.3절 내 '생성자' 항목을 확인하세요.

조건문

if-else 문은 자바와 사용 방법이 동일합니다.

```kotlin
fun max(a: Int, b: Int) : Int {
    if (a > b) {
        return a
    } else {
        return b
    }
}
```

여러 조건을 효율적으로 처리하기 위해 사용하는 when 문은 자바의 switch와 동일한 역할을 합니다.

```kotlin
fun countItems(count: Int) {
    when(count) {
        1 -> println("There is $count item.")
        else -> println("There are $count items.")
    }
}
```

더 자세한 내용은 2.5절 내 'if-else 문' 및 'when 문' 항목을 확인하세요.

반복문

인덱스 기반 for 문과 for-each 문을 모두 지원하는 자바와 달리 코틀린은 for-each 문만 지원합니다.

```kotlin
val items = listOf("foo", "bar", "baz")
for (item in items) {
    println("item: $item")
}
```

while 문 사용 방법은 자바와 동일합니다.

```kotlin
val items = listOf("foo", "bar", "baz")
var i = 0
while (i < items.size) {
    println("item: ${items[i]}")
    i++
}
```

더 자세한 내용은 2.5절 내 'for 문' 및 'while 문' 항목을 확인하세요.

2장

자바와 비교해 보는 코틀린

2.1 기본 자료형

자바의 자료형은 값 자체를 직접 저장하는 원시 타입(primitive type; int, double 등)
과 객체의 참조 값을 저장하는 참조 타입(reference type; String 등)으로 나뉩니다.

이와 달리, 코틀린은 모든 타입을 객체로 표현하므로 원시 타입과 래퍼(wrapper;
Integer, Double 등) 클래스를 구분하지 않습니다.

코틀린은 자바의 원시 타입 및 래퍼 클래스를, 코틀린에서 사용하는 자료형으로
처리합니다. 다음은 자바의 원시 타입 및 래퍼에 해당하는 코틀린 자료형을 보여줍
니다.

Java(원시 타입)	Java(래퍼)	Kotlin
byte	java.lang.Byte	kotlin.Byte
short	java.lang.Short	kotlin.Short
int	java.lang.Integer	kotlin.Int
long	java.lang.Long	kotlin.Long
char	java.lang.Character	kotlin.Char
float	java.lang.Float	kotlin.Float
double	java.lang.Double	kotlin.Double
boolean	java.lang.Boolean	kotlin.Boolean

📖 **원시 타입을 모두 객체로 처리하면 비효율적이지 않나요?**

코틀린 코드를 작성하는 시점에서는 원시 타입과 래퍼를 구분하지 않지만, 컴파일 단계를 거치면서 가장 효율적인 타입으로 변환됩니다.

· 값이나 변수의 타입으로 사용되는 경우: 원시 타입으로 변환

· 컬렉션의 타입 인자로 사용되는 경우: 래퍼로 변환

다음과 같은 코틀린 코드가 있다고 가정해 봅시다. 값 foo와 bar에서 모두 Int 자료형을 사용하고 있습니다.

kotlin

```kotlin
val foo : Int = ...
val bar : List<Int> = ...
```

이는 컴파일 시 다음의 자바 코드와 동일하게 컴파일됩니다.

java

```java
int foo = ...
List<Integer> bar = ...
```

원시 타입 및 래퍼에 해당하는 자료형 외에도, 일부 자바 자료형은 다음과 같이 코틀린의 자료형으로 처리됩니다.

Java	Kotlin
java.lang.Annotation	kotlin.Annotation!
java.lang.CharSequence	kotlin.CharSequence!
java.lang.Cloneable	kotlin.Cloneable!
java.lang.Comparable	kotlin.Comparable!
java.lang.Deprecated	kotlin.Deprecated!
java.lang.Enum	kotlin.Enum!
java.lang.Number	kotlin.Number!
java.lang.Object	kotlin.Any!
java.lang.String	kotlin.String!
java.lang.Throwable	kotlin.Throwable!

코틀린 타입 뒤에 붙어있는 느낌표(!)는 해당 타입이 널 허용 여부에 대한 정보를 포함하고 있지 않음을 나타내며 이러한 타입을 플랫폼 타입(platform type)이라 부릅니다.

이에 대한 자세한 내용은 2.8절의 '자바로 작성된 클래스의 널 처리' 항목에서 다룹니다.

숫자

숫자를 표현하는 모든 자료형은 다음과 같이 Number 클래스를 상속합니다.

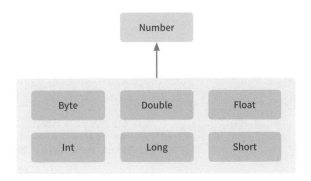

자바의 Number 클래스와 마찬가지로, 코틀린에서도 값을 다른 자료형으로 바꿔주는 함수를 제공합니다. 코틀린은 현재 숫자에 해당하는 문자를 반환하는 toChar() 함수를 추가로 제공합니다.

java.lang.Number	kotlin.Number
byte byteValue()	fun toByte(): Byte
없음	fun toChar(): Char
double doubleValue()	fun toDouble(): Double
float floatValue()	fun toFloat(): Float
int intValue()	fun toInt(): Int
long longValue()	fun toLong(): Long
short shortValue()	fun toShort(): Short

숫자와 타입, 진법을 함께 표현하기 위해 사용하는 리터럴(Literal) 표기법은 자바와 대부분 동일하나, Long 타입은 혼동을 방지하기 위해 대문자만 지원합니다. 다음은 자바와 코틀린의 리터럴 표기 예입니다.

```java
java
// 10진수 표기
int decValue = 100;

// 16진수 표기
int hexValue = 0x100;

// 2진수 표기
int binaryValue = 0b100;



long longValue = 100l;

double doubleValue = 100.1;
  // (혹은 1.001e2)

float floatValue = 100.0f;
  // (혹은 100f, 100.f)
```

```kotlin
kotlin
// 10진수 표기
val decValue: Int = 100

// 16진수 표기
val hexValue: Int = 0x100

// 2진수 표기
val binaryValue: Int = 0b100

// Long에 한해 대문자만 사용합니다
// (대문자 I 등 다른 문자와의 혼동 방지).
val longValue: Long = 100L

val doubleValue: Double = 100.1
  // (혹은 1.001e2)

val floatValue = 100.0f
// (혹은 100f)
// (100.f 형태는 지원되지 않음)
```

숫자 연산에 사용하는 연산자의 경우 사칙연산(+, -, *, /)은 자바와 동일하나, 비트 연산자의 이름은 자바에 비해 좀 더 직관적입니다.

Java	Kotlin	의미
&	and	비트 연산 AND
|	or	비트 연산 OR
^	xor	비트 연산 XOR
~	inv	비트 연산 NOT
<<	shl	왼쪽으로 시프트 (부호 비트 유지)
>>	shr	오른쪽으로 시프트 (부호 비트 유지)
>>>	ushr	오른쪽으로 시프트 (부호 비트 무시)

연산자를 사용하는 방법은 자바와 동일합니다. 다음은 자바와 코틀린에서의 비트 연산자를 사용한 예입니다.

```java
java
int foo = (2 | 4) << 1;
```

```kotlin
kotlin
val foo: Int = (2 or 4) shl 1
```

문자

문자 자료형은 하나의 문자를 표현할 때 사용하는 자료형입니다. 자바에서는 문자에 해당하는 아스키 코드를 문자 자료형에 숫자 형태로 대입할 수 있지만, 코틀린에서는 문자만 대입할 수 있으며 숫자를 대입할 경우 컴파일 에러가 발생합니다. 다음에서 자바와 코틀린의 문자 자료형을 사용하는 방법을 확인할 수 있습니다.

java	kotlin
```char c = 65; // 문자 'A'의 아스키 코드 값```	```// 컴파일 에러: Char 자료형 값에``` ```// Int 자료형인 65 대입 불가``` ```val c : Char = 65``` ``` ``` ```// 성공``` ```val c : Char = 'A'```

다른 자료형의 값을 문자 자료형에 대입하는 것이 불가피한 경우, toChar()를 사용하면 위의 문제를 해결할 수 있습니다.

kotlin

```
// 문자 'A'의 아스키 코드 값
val code : Int = 65

// code에 해당하는 문자를 할당
val ch : Char = code.toChar()
```

논리

참과 거짓을 표현하기 위해 사용하는 자료형으로, 자바의 원시 타입인 boolean, 그래퍼인 Boolean과 사용 방법이 동일합니다. 다음은 Boolean 값의 선언 예입니다.

kotlin

```
val foo : Boolean = true
val bar : Boolean = false
```

사용 가능한 연산자도 다음과 같이 자바와 동일합니다.

연산자	의미
||	논리 연산 OR
&&	논리 연산 AND
!	논리 연산 NOT

문자열

자바의 문자열과 특징, 표현 및 사용법이 거의 유사합니다. 다음은 문자열을 선언하는 예입니다.

```kotlin
val foo : String = "Lorem ipsum"
```

자바에서는 문자열 내 특정 위치의 문자에 접근하기 위해 charAt() 메서드를 사용하지만, 코틀린에서는 get() 메서드 혹은 대괄호([])와 인덱스를 사용합니다. 다음은 자바와 코틀린에서 특정 위치의 문자에 접근하는 예입니다.

```java
String foo = "Lorem ipsum";

// ch에 인덱스가 4인 문자 'm' 할당
char ch = foo.charAt(4);
```

```kotlin
val foo : String = "Lorem ipsum"

// ch1에 인덱스가 4인 문자 'm' 할당
val ch1 : Char = foo.get(4)

// ch2에 인덱스가 6인 문자 'i' 할당
val ch2 : Char = foo[6]
```

규격화된 문자열(formatted string)을 사용하려면 자바와 동일하게 String.format() 함수를 사용할 수 있습니다. 다음은 코틀린에서 규격화된 문자열을 생성하는 예입니다.

```kotlin
val length : Int = 3000

// "Length: 3000 meters" 값 할당
val lengthText : String = String.format("Length: %d meters", length)
```

코틀린에서 제공하는 문자열 템플릿(string template) 기능을 사용하면 String. format() 함수와 달리 템플릿 문자열 내에 직접 인자를 대입합니다. 다음은 앞의 예제를 문자열 템플릿을 사용하여 작성한 예입니다.

```kotlin
// "Length: 3000 meters" 값 할당
val lengthText : String = "Length: $length meters"
```

템플릿 문자열에 포함할 인자는 앞에 달러 통화 기호($)를 붙여 구분합니다. 인자로 값이나 변수 대신 표현식을 넣고 싶다면 표현식 부분을 중괄호로 구분하면 됩니다. 다음은 문자열 템플릿 내 인자로 들어온 문자열의 길이를 표시하는 문자열을 할당하는 예입니다.

kotlin
```kotlin
val text : String = "Lorem ipsum"

// "TextLength: 4" 할당
val lengthText : String = "TextLength: ${text.length}"
```

문자열 내에 달러 통화 기호를 포함해야 하는 경우, 해당 기호가 탈출 문자(escape character)를 지원하지 않으므로 다음과 같은 방법으로 표현해야 합니다.

kotlin
```kotlin
val price : Int = 1000

// "Price: $1000" 할당
val priceText : String = "Price: ${'$'}$price"
```

배열

배열 타입이 별도로 존재하는 자바와 달리, 코틀린에서의 배열은 타입 인자를 갖는 Array 클래스로 표현합니다. 다음은 자바와 코틀린에서 배열을 선언 예입니다.

java	kotlin
`String[] words = new String[] {` `  "Lorem", "ipsum", "dolor", "sit"};`	`val words : Array<String> = arrayOf` `  ("Lorem", "ipsum", "dolor", "sit")`

arrayOf()는 코틀린 표준 라이브러리에 포함되어 있는 함수로, 입력받은 인자로 구성된 배열을 생성합니다.

자바의 원시 타입은 코틀린 배열 클래스의 타입 인자로 사용할 수 없습니다. 따라서 자바 원시 타입을 인자로 갖는 배열을 표현하기 위해 각 원시 타입에 대응하는 특수한 클래스를 제공합니다. 자바의 원시 타입 배열과 그에 상응하는 코틀린의 클래스는 다음과 같습니다.

Java	Kotlin
byte[]	kotlin.ByteArray
double[]	kotlin.DoubleArray
float[]	kotlin.FloatArray
int[]	kotlin.IntArray
long[]	kotlin.LongArray
short[]	kotlin.ShortArray

일반 배열과 마찬가지로, 자바의 원시 타입을 위한 배열을 생성하는 함수 또한 코틀린 표준 라이브러리에 포함되어 있습니다. 다음은 자바와 코틀린에서 int 타입 배열을 선언하는 예입니다.

java	kotlin
```java int[] intArr = new int[]{1, 2, 3, 4, 5}; ```	```kotlin val intArr : IntArray = intArrayOf(1, 2, 3, 4, 5) ```

원시 타입이 아닌 래퍼 타입 배열을 사용한다면 코틀린의 배열 형태를 그대로 사용할 수 있습니다. 다음은 래퍼 타입 배열을 선언하는 자바와 코틀린 코드입니다.

java	kotlin
```java Integer[] intArr = new Int[]{1, 2, 3, 4, 5}; ```	```kotlin val intArr : Array<Int> = arrayOf(1, 2, 3, 4, 5) ```

자바로 작성된 코드에서 배열을 인자로 받거나 가변인자를 사용하는 경우, 스프레드 연산자(*)를 함께 사용해야 코틀린의 배열을 인자로 전달할 수 있습니다. 다음과 같이 자바로 작성된 코드가 있다고 가정해 봅시다.

```java
public void foo(int[] arr) {
    ...
}

public void bar(String... args) {
    ...
}
```

코틀린에서는 이 메서드를 호출할 때 다음과 같이 스프레드 연산자를 사용하여 메서드의 인자로 배열을 전달합니다.

```kotlin
// foo() 메서드 호출
val intArr : IntArray = intArrayOf(1, 2, 3, 4, 5)
foo(*intArr)

// bar() 메서드 호출
val stringArr : Array<String> = arrayOf("Lorem", "ipsum", "dolor", "sit")
bar(*stringArr)
```

코틀린으로 작성된 함수는, 가변인자에 배열을 전달하는 경우에만 스프레드 연산자를 사용합니다. 다음은 코틀린으로 작성된 함수에서 배열을 인자로 받는 경우와 가

변인자를 받는 경우의 예입니다.

kotlin

```kotlin
fun foo(arr: Array<Int>) {
    ...
}

fun bar(vararg args: String) {
    ...
}

// foo() 함수 호출
val intArr: Array<Int> = arrayOf(1, 2, 3, 4, 5)
foo(intArr) // 배열을 바로 인자로 대입

// bar() 함수 호출
val stringArr: Array<String> = arrayOf("Lorem", "ipsum", "dolor", "sit")
bar(*stringArr) // 스프레드 연산자 사용
```

2.2 컬렉션

자바의 원시 타입 및 래퍼가 코틀린에서 사용하는 타입으로 처리되는 것과 달리, JVM을 기반으로 하는 코틀린에서 컬렉션(collection)은 자바에서 제공하는 클래스들을 그대로 사용합니다. 단, 이때 타입 별칭(type alias)을 사용하여 컬렉션 내 다른 클래스와의 일관성을 유지합니다. 다음은 JVM 기반 코틀린에서 타입 별칭으로 처리되는 클래스들을 보여줍니다.

원본 타입	타입 별칭
java.util.ArrayList	kotlin.collections.ArrayList
java.util.HashMap	kotlin.collections.HashMap
java.util.HashSet	kotlin.collections.HashSet
java.util.LinkedHashMap	kotlin.collections.LinkedHashMap
java.util.LinkedHashSet	kotlin.collections.LinkedHashSet
java.util.RandomAccess	kotlin.collections.RandomAccess
java.util.SortedSet	kotlin.collections.SortedSet
java.util.TreeSet	kotlin.collections.TreeSet

코틀린에서는 컬렉션 내 자료의 수정 가능 여부에 따라 컬렉션의 종류를 구분합니다. 이는 새로운 타입을 선언하는 방식이 아닌, 인터페이스를 통해 사용 가능한 함수를 제한하는 방식으로 구현되어 있습니다.

자바의 List 인터페이스를 예로 들어 컬렉션 내 자료의 수정 가능 여부에 따른 구분을 더 자세히 알아보겠습니다. 먼저, List 인터페이스의 상속 관계도를 확인해 봅시다.

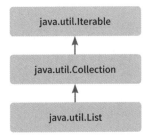

자바의 List 인터페이스는 Iterable 인터페이스와 Collection 인터페이스를 상속하고 있으며, 이들 내에는 자료를 조회하고 수정하는 메서드가 모두 포함되어 있습니다.

코틀린의 컬렉션은 컬렉션 내 자료를 수정할 수 있는 가변 타입(mutable)과 수정이 불가한 불변 타입(immutable)으로 구분하며, 다음과 같은 관계로 구성되어 있습니다.

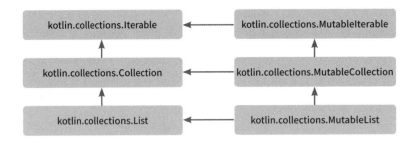

코틀린의 Collection, List 인터페이스에는 자료를 조회하는 함수만 포함되어 있으므로 자료가 한번 할당되면 수정이 불가합니다. 그 대신, 각 인터페이스를 상속한 MutableCollection, MutableList 인터페이스에 자료를 수정하는 함수가 포함되어 있습니다.

Set, Map도 이와 동일한 규칙이 지정되며 각각 두 종류의 인터페이스가 제공됩니다. 각각의 자료구조와 자료 수정 가능 여부에 따라 제공되는 인터페이스는 다음과 같습니다.

자료구조	자료 수정 불가	자료 수정 가능
List	kotlin.collections.List	kotlin.collections.MutableList
Map	kotlin.collections.Map	kotlin.collections.MutableMap
Set	kotlin.collections.Set	kotlin.collections.MutableSet

📖 **코틀린의 가변/불변 타입과 자바**

코틀린에서 인터페이스를 사용하여 컬렉션의 자료 수정 가능 여부를 제한할 수 있습니다. 하지만 이러한 제한사항이 자바에서는 적용되지 않습니다.

코틀린에서 다음과 같이 함수를 정의했다고 가정해 봅시다.

kotlin

```kotlin
// 자료 수정이 불가능한 리스트 반환
fun immutable() : List<String> {
    ...
}

// 자료 수정이 가능한 리스트 반환
fun mutable() : MutableList<String> {
    ...
}
```

위 함수를 자바로 작성한 코드에서 호출하면, 두 함수가 반환하는 타입이 모두 자바의 List 인터페이스(java.util.List)로 변환됩니다. 때문에 두 함수가 반환하는 리스트 내 자료를 모두 수정할 수 있게 됩니다.

java

```java
// 두 함수 모두 자바의 List 인터페이스로 취급합니다.
List<String> immutableList = immutable()
List<String> mutableList = mutable()
```

따라서 자바와 코틀린 코드를 혼용하는 경우 자료의 수정 가능 여부를 제한할 때 코틀린에서 제공하는 인터페이스에만 의존하지 않도록 유의해야 합니다.

배열과 마찬가지로, 코틀린 표준 라이브러리에서 컬렉션을 쉽게 생성하는 함수를 제공합니다. 다음은 유형별로 제공되는 함수와 타입을 보여줍니다. 일부 타입은 타입 별칭(type alias)을 사용하므로 실제 반환되는 타입을 별도로 정리해 두었습니다.

함수명	자료 수정가능 여부	반환 타입 (실제 타입)
listOf()	×	kotlin.collections.List
arrayListOf()	○	kotlin.collections.ArrayList (java.util.ArrayList)
setOf()	×	kotlin.collections.Set
hashSetOf()	○	kotlin.collections.HashSet (java.util.HashSet)
linkedSetOf()	○	kotlin.collections.LinkedHashSet (java.util.LinkedHashSet)
sortedSetOf()	○	kotlin.collections.TreeSet (java.util.TreeSet)

다음 쪽에 계속 ▶

mapOf()	×	kotlin.collections.Map
hashMapOf()	○	kotlin.collections.HashMap (java.util.HashMap)
linkedMapOf()	○	kotlin.collections.LinkedHashMap (java.util.LinkedHashMap)
sortedMapOf()	○	kotlin.collections.SortedMap (java.util.SortedMap)

다음은 컬렉션을 생성하는 함수와 자료의 수정 가능 여부를 결정하는 인터페이스를 사용하는 예입니다.

kotlin

```kotlin
// 자료를 수정할 수 없는 리스트 생성
val immutableList : List<String> = listOf("Lorem", "ipsum", "dolor", "sit")

// 컴파일 에러: 자료 수정을 위한 함수를 지원하지 않음
immutableList.add("amet")

// 자료를 수정할 수 있는 리스트 생성
val mutableList : MutableList<String> = arrayListOf("Lorem", "ipsum", "dolor", "sit")

// 자료 수정 가능
mutableList.add("amet")

// 자료를 수정하지 않는 자료형으로 재할당
val immutableList2 : List<String> = mutableList

// 컴파일 에러: 자료 수정을 위한 함수를 지원하지 않음
immutableList.add("amet")
```

컬렉션을 생성하는 함수에 대한 더 자세한 내용은 4.2절에서 확인할 수 있습니다.

자바의 컬렉션에서는 자료에 포함된 특정 항목에 접근할 때 get/set과 같은 메서드를 사용합니다. 코틀린에서는 배열의 특정 원소에 접근하는 방법과 동일하게 컬렉션 내 항목에 접근할 수 있습니다. 다음은 코틀린에서 리스트의 항목에 접근하는 예입니다.

kotlin

```kotlin
val immutableList: List<String> = listOf("Lorem", "ipsum", "dolor", "sit")

// 첫 번째 항목 읽기 - get(0)과 동일
val firstItem: String = immutableList[0]

// 컴파일 에러: 값 설정 - set(0)과 동일
immutableList[0] = "Lollypop"

val mutableList: MutableList<String> = arrayListOf("Lorem", "ipsum", "dolor", "sit")

// 자료 변경 가능
mutableList[0] = "Lollypop"
```

맵은 숫자 인덱스 대신 키 값을 넣어 항목에 접근할 수 있습니다.

kotlin

```kotlin
val immutableMap: Map<String, Int> = mapOf(Pair("A", 65), Pair("B", 66))

// 키 "A"에 해당하는 값 - get("A")와 동일
val code : Int = immutableMap["A"]

// 컴파일 에러: 값 설정 - put("C", 67)과 동일
immutableMap["C"] = 67

val mutableMap : HashMap<String, Int> = hashMapOf(Pair("A", 65), Pair("B", 66))

// 자료 변경 가능 - "C" 키로 값 67 삽입
mutableMap["C"] = 67
```

맵을 생성하는 함수들은 키와 값을 인자로 받기 위해 Pair 클래스를 사용합니다. 이 때, 코틀린 표준 라이브러리에서 제공하는 to 함수를 사용하면 Pair 형태의 값을 좀 더 편리하게 생성할 수 있습니다. 이 함수를 사용하여 맵 자료구조를 생성하는 코드를 조금 더 간단히 표현해 보면 다음과 같습니다.

kotlin

```kotlin
val map : Map<String, Int> = mapOf("A" to 65, "B" to 66)
```

2.3 클래스 및 인터페이스

코틀린의 클래스 및 인터페이스는 자바와 유사한 부분이 많지만, 새로운 개념이 추가되거나 약간 다른 방식으로 사용하는 부분도 있습니다. 이 절에서는 코틀린의 클래스 및 인터페이스의 주요 개념을 자바와 비교하며 살펴보겠습니다.

클래스와 인터페이스의 선언 및 인스턴스 생성

클래스와 인터페이스를 선언하는 방법은 자바와 거의 동일합니다. 다음은 패키지 foo.bar에 포함된 클래스 Baz를 선언하는 예입니다.

java

```java
package foo.bar;

public class Baz {
    ...
}
```

kotlin

```kotlin
package foo.bar

class Baz {
    ...
}
```

코틀린에서 접근 제한자를 지정하지 않는 경우 이는 public으로 간주합니다. 앞의 예에서도 Baz 클래스 앞에 별도의 접근 제한자를 지정하지 않은 것을 확인할 수 있습니다.

자바에서는 클래스 내부에 필드 혹은 메서드 구현 여부와 무관하게 클래스 본체를 추가해야 합니다. 하지만 코틀린은 선언된 내용이 없는 경우 다음과 같이 클래스 이름만으로 선언할 수 있습니다.

kotlin

```
// 클래스 본체 없이 클래스를 선언할 수 있습니다.
class Foo
```

인터페이스 또한 클래스와 동일한 규칙이 적용됩니다. 다음은 인터페이스를 선언하는 예를 보여줍니다.

kotlin

```
interface Foo {
}

// 인터페이스 본체 없이 인터페이스를 선언하는 것도 가능합니다.
interface Foo
```

자바에서는 클래스의 인스턴스를 생성하기 위해 new 키워드를 사용했지만, 코틀린에서는 이를 사용하지 않습니다. 다음은 클래스의 인스턴스를 생성하는 예입니다.

java	kotlin

`// 기본 생성자로 인스턴스 생성`
`Foo foo = new Foo();`
 	
`// 인자 하나를 받는 생성자로 인스턴스 생성`
`Bar bar = new Bar(1);`
	`// new 키워드 생략`
	`val foo: Foo = Foo()`
	
	`// 인자 하나를 받는 생성자로 인스턴스 생성`
	`val bar: Bar = Bar(1)`

추상 클래스(abstract class)는 자바와 동일한 방법으로 선언하지만, 추상 클래스의 인스턴스를 생성하는 형태는 매우 다릅니다. 다음은 추상 클래스를 선언하고 이의 인스턴스를 생성하는 예입니다.

```java
java
// 추상 클래스 선언
abstract class Foo {

  public abstract void bar();
}

// 추상 클래스의 인스턴스 생성
// 클래스 생성과 동일하게 new 사용
Foo foo = new Foo() {
  @Override
  public void bar() {
    // 메서드 구현
  }
};
```

```kotlin
kotlin
// 추상 클래스 선언
abstract class Foo {

  abstract fun bar()
}

// 추상 클래스의 인스턴스 생성
// object: [생성자] 형태로 선언
val foo = object: Foo() {

  override fun bar() {
    // 함수 구현
  }
}
```

인터페이스를 선언하거나, 인터페이스의 인스턴스를 만드는 방법은 추상 클래스와 매우 유사합니다. 다음은 인터페이스를 선언하고 인스턴스를 생성하는 예입니다.

```java
java
// 인터페이스 선언
interface Bar {

    void baz();
}

// 인터페이스의 인스턴스 생성
// 클래스 생성과 동일하게 new 사용
Bar bar = new Bar() {
  @Override
  public void baz() {
      // 메서드 구현
  }
};
```

```kotlin
kotlin
// 인터페이스 선언
interface Bar {

    fun baz()
}

// 인터페이스의 인스턴스 생성
// object: [인터페이스 이름] 형태로 선언
val bar = object : Bar {

  override fun baz() {
    // 함수 구현
  }
}
```

추상 클래스에서는 인스턴스 생성 시 생성자를 사용하지만, 생성자가 없는 인스턴스는 인스턴스 이름만 사용하는 것에 유의하세요.

프로퍼티

자바에서는 클래스 내에 자료를 저장하고 접근하기 위해 필드(field)와 메서드(method)를 사용합니다. 다음은 사람 정보를 저장하는 Person 클래스를 자바로 작성한 예입니다.

```java
java
public class Person {

    private String name;
```

다음 쪽에 계속 ▶

```java
    private String address;

    public String getName() {
        return name;
    }

    public String getAddress() {
        return address;
    }

    public void setName(String name) {
        this.name = name;
    }

    public void setAddress(String address) {
        this.address = address;
    }
}
```

클래스에서 다루는 자료에는 이름과 주소 두 가지 항목밖에 없지만, 이 자료의 값에 접근하기 위해서 Getter/Setter 메서드를 추가해야 하므로 코드의 양이 불필요하게 늘어났습니다.

앞의 예제는 필드가 많지 않아 메서드 추가로 늘어나는 분량이 많지 않았지만, 필드 수가 늘어날수록 이에 필요한 메서드가 배로 늘어나므로 코드 작성 시 불편함 또한 이에 비례하여 커집니다.

코틀린은 이러한 불편함을 개선하기 위해 프로퍼티(property)를 사용합니다. 프로퍼티는 자료를 저장할 수 있는 필드와 이에 상응하는 Getter/Setter 메서드를 함께 제공하며, 자바의 필드와 유사한 형태로 선언합니다. 앞에서 자바로 작성한 Person 클래스는, 코틀린의 프로퍼티를 사용하여 다음과 같이 표현할 수 있습니다.

kotlin
```kotlin
class Person {

    var name : String? = null

    var address : String? = null
}
```

앞의 자바 코드와 비교할 수 없을 정도로 간결해진 것을 확인할 수 있습니다.

여기에서 각 프로퍼티의 타입으로 String?을 사용했는데, 이는 해당 프로퍼티에 널(null) 값이 들어갈 수 있음을 의미합니다. 이에 대한 자세한 내용은 2.8절을 확인하세요.

코틀린의 프로퍼티도 값(val) 혹은 변수(var) 중 하나로 선언합니다. 앞의 예에서는 두 프로퍼티 모두 변수로 선언했는데, 이는 각 필드에 대한 Getter/Setter 메서드가 모두 존재하는, 즉 값이 언제든지 변할 수 있는 필드이기 때문입니다. 예를 들어, name 필드가 Getter 메서드만 있고 Setter는 없다면 값을 읽는 것만 가능합니다. 따라서 이는 val로 표현합니다.

kotlin

```kotlin
class Person {

    val name : String? = null // 값을 읽을 수만 있는 val

    var address : String? = null // 값을 읽고 쓰는 게 모두 가능한 var
}
```

프로퍼티로 변환된 코드를 유심히 보면, 각 프로퍼티에 초깃값 null이 명시적으로 할당된 것을 확인할 수 있습니다. 이와 같이 코틀린에서 클래스의 멤버로 사용하는 프로퍼티는 초깃값을 명시적으로 지정해야 하며, 그렇지 않을 경우 컴파일 에러가 발생합니다. 단, 생성자에서 프로퍼티의 값을 할당한다면 선언 시 값을 할당하지 않아도 됩니다.

프로퍼티 선언 시점이나 생성자 호출 시점에 값을 할당할 수 없는 경우에는 lateinit 키워드를 사용하여 이 프로퍼티의 값이 나중에 할당될 것임을 명시합니다.

lateinit 키워드는 var 프로퍼티에만 사용 가능하며, 선언 시점에 값 할당을 요구하는 val 프로퍼티에는 사용할 수 없습니다.

kotlin

```kotlin
class Person {

    val name : String? = null // val 프로퍼티는 항상 선언과 함께 값을 할당해야 합니다.

    lateinit var address : String? // 선언 시점에 값을 할당하지 않아도
                                   // 컴파일 에러가 발생하지 않습니다.
}
```

lateinit 키워드를 사용한 프로퍼티를 초기화 없이 사용하려 한다면 Uninitialized PropertyAccessException 예외가 발생합니다.

이는 자바의 널 포인터 예외와 마찬가지로 컴파일 단계에서는 확인이 불가능한 문제입니다. 따라서 이 키워드를 사용할 경우 프로퍼티의 초기화 여부를 확인하는 것이 좋습니다.

추가로, 프로퍼티에 초깃값을 할당하는 시점에서 해당 프로퍼티의 타입을 추론할수 있다면, 타입 선언을 생략할 수 있습니다. 다음은 초깃값을 지정하면서 타입 선언을 생략하는 예입니다.

```kotlin
class Person {

    var name  = "No Name" // var name : String = "No Name"과 동일합니다.

    var address : String? = null // null만으로는 타입을 추론할 수 없기에
                                 // 타입 선언이 필요합니다.
}
```

접근 제한자

자바에서 클래스 및 메서드, 필드의 가시성(visibility)을 제한하기 위해 접근 제한자를 사용하는 것처럼, 코틀린에서도 접근 제한자를 사용하여 클래스와 함수, 프로퍼티의 가시성을 제어합니다.

코틀린에서 접근 제한자를 사용하는 방법은 자바와 매우 유사하나, 일부 차이가 있습니다. 다음은 클래스에서 접근 제한자를 사용하는 자바와 코틀린의 예입니다.

```java
public class Foo {


  public int a = 1;

  protected int b = 2;

  private int c = 3;

  // 패키지 단위 제한자(별도 표기 없음)
  int d = 4;
}
```

```kotlin
class Foo {

    // 접근 제한자가 없으면
    // public으로 간주합니다.
    val a = 1

    protected val b = 2

    private val c = 3

    // internal을 대신 사용합니다.
    internal val d = 4
}
```

public 제한자는 코틀린에서도 동일하게 사용할 수 있으나, 제한자가 없으면 public으로 간주하므로 이를 생략하는 것을 권장합니다.

자바에서는 접근 제한자를 생략하면 이에 대한 접근 범위를 패키지 단위로 제한합니다. 즉, 동일한 패키지 내에 있는 클래스에서만 접근이 가능합니다.

하지만 이 제약은 그리 견고하지 않습니다. 해당 클래스가 포함된 모듈이 아닐지라도 패키지를 동일하게 맞추면 패키지 단위로 제한된 클래스, 필드 및 메서드에 접

근할 수 있습니다. 이러한 단점을 보완하기 위해 코틀린에서는 internal 접근 제한 자를 제공합니다.

단순히 같은 패키지에 있으면 접근이 가능했던 자바의 패키지 단위 제한과 달리, internal 접근 제한자는 동일한 모듈 내에 있는 클래스들로의 접근을 제한합니다. 따라서 외부 모듈에서는 이 접근 제한자로 선언된 요소에 접근할 수 없습니다.

이 접근 제한자가 제한하는 '모듈'의 범위는 다음과 같습니다.

- IntelliJ IDEA 모듈
- Maven / Gradle 프로젝트
- 하나의 Ant 태스크 내에서 함께 컴파일되는 파일들

생성자

자바에서는 메서드를 정의하는 형태와 매우 유사하게 생성자를 정의합니다. 하지만 코틀린은 자바와 달리 생성자를 좀 더 명확한 방법으로 정의합니다. 다음은 각 인자 가 없는 기본 생성자를 정의하는 예입니다.

java
```java
public class Foo {

  public Foo() {
    // 생성자에서 수행할 작업들
  }
}
```

kotlin
```kotlin
class Foo {

  init {
    // 생성자에서 수행할 작업들
  }
}
```

앞의 코드에서 볼 수 있듯이, 코틀린에서는 init 블록을 사용하여 기본 생성자를 대 체합니다.

생성자에 인자가 필요한 경우 다음과 같이 인자를 받을 수 있습니다. 코틀린에서 는 이를 주 생성자(primary constructor)라 부르며, 여기에서 받은 인자는 init 블록 에서도 사용할 수 있습니다.

java
```java
public class Foo {

    public Foo(int a) {
        Log.d("Foo", "Number: " + a);
    }
}
```

kotlin
```kotlin
class Foo(a: Int) {

    init {
        Log.d("Foo", "Number: $a")
    }
}
```

코틀린에서는 생성자의 인자를 통해 바로 클래스 내부의 프로퍼티에 값을 할당할 수 있습니다. 이 경우 생성자의 인자를 통해 프로퍼티 선언을 대신하므로 추가로 프로퍼티를 선언하지 않아도 됩니다.

다음은 인자로 받은 값을 사용하여 내부의 필드 및 프로퍼티에 값을 할당하는 생성자의 예입니다. 생성자의 인자에서 프로퍼티 선언이 함께 이루어지고, 값 할당 또한 생성자 호출과 동시에 수행되므로 자바에 비해 비약적으로 코드가 짧습니다.

java	kotlin
<pre>public class Foo {

    int a;
    char b;

    public Foo(int a, char b) {
        this.a = a;
        this.b = b;
    }
}</pre> | <pre>class Foo(val a: Int, var b: Char)</pre> |

주 생성자 외에 다른 형태의 생성자가 필요한 경우 constructor 키워드를 사용하여 추가 생성자를 선언할 수 있습니다. 추가 생성자를 선언하는 예는 다음과 같습니다.

java	kotlin
<pre>public class Foo {

  int a;
  char b;

  public Foo(int a, char b) {
    this.a = a;
    this.b = b;
  }

  // a의 값만 인자로 받는 추가 생성자
  public Foo(int a) {
    this(a, 0);
  }

  // 두 인자의 값을 모두 0으로 지정하는 생성자
  public Foo() {
    this(0, 0);
  }

}</pre> | <pre>class Foo(val a: Int, var b: Char) {

  // a의 값만 인자로 받는 추가 생성자
  // 기본 생성자를 반드시 호출해야 합니다.
  constructor(a: Int) : this(a, 0)

  // 두 인자의 값을 모두 0으로 지정하는 생성자
  constructor(): this(0, 0)

}</pre> |

주 생성자 개념이 없는 자바에서는, 새로운 생성자를 정의할 때 다른 생성자를 필요에 따라 선택적으로 호출할 수 있습니다. 하지만 코틀린에서는 추가 생성자를 정의하는 경우 주 생성자를 반드시 호출해야 합니다.

또한, 추가 생성자에서는 인자와 프로퍼티를 함께 선언할 수 없습니다. 따라서 프로퍼티 선언이 필요한 인자인 경우 반드시 주 생성자에서 이를 처리해야 합니다.

생성자의 가시성을 변경하려면 constructor 키워드 앞에 접근 제한자를 추가하면 됩니다. 주 생성자는 생략하였던 constructor 키워드를 추가하고 접근 제한자를 추가해야 합니다. 다음은 생성자의 가시성을 지정하는 예를 보여줍니다.

kotlin
```kotlin
// 주 생성자의 가시성을 internal로 지정, constructor 키워드 표기 필요
class Foo internal constructor(val a: Int, var b: Char) {
    // 추가 생성자의 가시성 지정
    private constructor(a: Int) : this(a, 0)

    // 접근 제한자를 지정하지 않았으므로 public
    constructor(): this(0, 0)
}
```

함수

코틀린에서는 자바의 클래스 내 메서드를 함수(function)로 표현합니다. 둘 사이의 표기법만 약간 다를 뿐, 역할은 동일합니다. 다음은 자바의 클래스 내 메서드와 코틀린의 함수를 표기한 예입니다.

java
```java
public class Foo {

    // 아무 값도 반환하지 않는 메서드
    public void foo() {

    }

    // 정수 값을 반환하는 메서드
    private int bar() {
        return 0;
    }
}
```

kotlin
```kotlin
class Foo {

    // 아무 값도 반환하지 않는 함수
    fun foo(): Unit {

    }

    // 정수 값을 반환하는 함수
    private fun bar() : Int {
        return 0
    }
}
```

코틀린에서 특별한 값을 반환하지 않는 함수는 '함수 자체'를 의미하는 Unit 타입을 반환하며, Unit 타입을 반환하는 함수는 선언 시 반환 타입을 생략할 수 있습니다. 즉, 앞서 보여준 예제 안에서 함수 foo()는 다음과 같이 반환 타입을 생략한 채로 선언할 수 있습니다.

```kotlin
// 특별한 값을 반환하지 않는 함수는 반환 타입을 생략할 수 있습니다.
fun foo() {

}
```

상속 및 인터페이스 구현

자바에서는 클래스의 상속과 인터페이스의 구현을 extends와 implements로 구분하지만, 코틀린에서는 이를 구분하지 않고 콜론(:) 뒤에 상속한 클래스나 구현한 인터페이스를 표기합니다.

다음은 액티비티 클래스에 View.OnClickListener 인터페이스를 구현한 예를 보여줍니다.

```java
public class MainActivity extends
  AppCompatActivity implements
  View.OnClickListener {

  ...

}
```

```kotlin
class MainActivity:
  AppCompatActivity(),
  View.OnClickListener {

  ...

}
```

클래스를 상속하는 경우 반드시 부모 클래스의 생성자를 호출해야 합니다. 앞의 예에서 AppCompatActivity의 기본 생성자를 호출하는 것을 확인할 수 있습니다.

부모 클래스의 생성자가 여러 형태일 경우, 클래스 선언부에서 부모 클래스의 생성자를 호출하는 대신 별도의 생성자 선언에서 부모 클래스의 생성자를 호출하도록 구현할 수 있습니다.

부모 클래스의 생성자는 자바와 동일하게 super 키워드를 사용하여 호출합니다. 다음은 안드로이드 커스텀 뷰를 만들기 위해 View 클래스를 상속하는 예입니다.

```kotlin
class MyView : View {

    constructor(context: Context) : super(context) {
        // 뷰 초기화
    }

    constructor(context: Context, attrs: AttributeSet?)
        : super(context, attrs) {
        // 뷰 초기화
    }
}
```

생성자가 여럿인 경우 this 키워드를 사용하여 자기 자신의 생성자를 호출할 수 있습니다. 다음은 this 키워드를 사용하여 뷰의 생성자를 단순화하는 예를 보여줍니다.

kotlin

```kotlin
class MyView : View {

    constructor(context: Context) : this(context, null)

    constructor(context: Context, attrs: AttributeSet?)
        : super(context, attrs) {
        // 뷰 초기화
    }
}
```

자바에서는 부모 클래스의 메서드를 재정의하거나 인터페이스를 구현한 메서드를 @Override 어노테이션으로 구분합니다. 하지만 @Override 어노테이션 추가는 선택 사항이기 때문에 해당 메서드의 유형을 코드만으로 구분하기는 어렵습니다.

　이러한 모호함을 없애기 위해, 코틀린에서는 상속받거나 구현한 함수의 앞에 무조건 override 키워드를 붙이도록 강제합니다. 다음은 코틀린에서 AppCompatActivity 클래스와 View.OnClickListener를 구현한 예입니다.

kotlin

```kotlin
class MyActivity: AppCompatActivity(), View.OnClickListener {

    // AppCompatActivity의 onCreate() 메서드 상속
    override fun onCreate(savedInstanceState: Bundle?) {
        super.onCreate(savedInstanceState)
    }

    // View.OnClickListener 인터페이스 구현
    override fun onClick(v: View) {

    }
}
```

자바에서는 클래스나 메서드에 final 키워드를 붙여 클래스를 더 이상 상속받지 못하게 하거나, 메서드를 재정의하지 못하게 할 수 있습니다. 하지만 코틀린에서는 그와 반대로 open 키워드를 붙인 클래스나 함수가 아니라면 클래스를 상속하거나 함수를 재정의할 수 없습니다. 다음은 open 키워드를 사용하는 예입니다.

kotlin

```kotlin
// open 키워드를 사용하여 클래스를 상속받을 수 있도록 합니다.
open class OpenClass {
```

다음 쪽에 계속 ▶

```kotlin
    // 프로퍼티의 값을 상속한 클래스에서 재정의할 수 있도록 합니다.
    open val openProperty = "foo"

    // open 키워드가 없다면, 상속한 클래스에서 프로퍼티 값을 재정의할 수 없습니다.
    val finalProperty = "bar"

    // 상속한 클래스에서 함수를 재정의할 수 있도록 합니다.
    open fun openFunc() { }

    // open 키워드가 없다면, 상속한 클래스에서 함수를 재정의할 수 없습니다.
    fun finalFunc() { }
}

// 성공: OpenClass는 상속 가능한 클래스입니다.
class FinalClass : OpenClass() {

    // 성공: openProperty는 재정의 가능한 프로퍼티입니다.
    override val openProperty = "FOO"

    // 오류: finalProperty는 재정의 가능하도록 설정되지 않았습니다.
    override val finalProperty = "BAR"

    // 성공: openFunc 함수는 재정의 가능한 함수입니다.
    override fun openFunc() {
        Log.d("Log", "openFunc()")
    }

    // 오류: finalFunc는 재정의 가능하도록 설정되지 않았습니다.
    override fun finalFunc() {
        Log.d("Log", "finalFunc()")
    }
}


// 실패: FinalClass는 상속 가능하도록 설정되지 않았습니다.
class Foo : FinalClass()
```

this

자바에서의 this 키워드는 해당 키워드를 사용한 클래스 자신을 지칭할 때 사용하며,
코틀린에서도 동일한 용도로 사용됩니다. 일반적인 사용 예는 다음과 같습니다.

java	kotlin

```java
// 액티비티에 버튼 클릭 리스너를 구현합니다.
class MyActivity extends AppCompatActivity
  implements View.OnClickListener {

  Button btnHello;

  @Override
  protected void onCreate(
    @Nullable Bundle savedInstanceState) {
```

```kotlin
// 액티비티에 버튼 클릭 리스너를 구현합니다.
class MyActivity : AppCompatActivity(),
  View.OnClickListener {

  lateinit var btnHello: Button


  override fun onCreate(
    savedInstanceState: Bundle?) {
```

다음 쪽에 계속 ▶

```java
    super.onCreate(savedInstanceState);

    btnHello = (Button) findViewById
            (R.id.btn_hello);
    // 버튼 클릭 리스너로
    // MyActivity를 설정합니다.
    btnHello.setOnClickListener(this);
  }

  @Override
  public void onClick(View view) {
    // 버튼 클릭 리스너 구현
  }
}
```

```kotlin
    super.onCreate(savedInstanceState)

    btnHello = findViewById(R.id.btn_hello)
            as Button
    // 버튼 클릭 리스너로
    // MyActivity를 설정합니다.
    btnHello.setOnClickListener(this)
  }

  override fun onClick(view: View) {
    // 버튼 클릭 리스너 구현
  }
}
```

this 키워드를 단독으로 사용한 것은, 해당 위치에서 가장 가까운 범위의 클래스를 의미합니다. 따라서 클래스 내에서 다른 클래스나 인터페이스의 인스턴스를 동적으로 생성하여 사용하는 경우 키워드를 사용하는 위치에 따라 this가 의미하는 클래스가 달라질 수 있습니다.

이러한 문제를 해결하기 위해 자바에서는 {클래스 이름}.this 형태로 가리키는 클래스를 명시하며, 코틀린에서는 이를 this@{클래스 이름} 형태로 표기합니다.

```java
class MyActivity extends AppCompatActivity {

  Button btnHello;

  @Override
  protected void onCreate(@Nullable Bundle
    savedInstanceState) {
    super.onCreate(savedInstanceState);
    btnHello = (Button) findViewById
      (R.id.btn_hello);

    // 클릭 리스너를 동적으로 생성합니다.
    btnHello.setOnClickListener(new
      View.OnClickListener() {
      @Override
      public void onClick(View view) {

// this = View.OnClickListener
// 액티비티의 인스턴스를 참조하기 위해
// MyActivity.this를 사용합니다.
Toast.makeText(MyActivity.this, "Hello",
        Toast.LENGTH_SHORT).show();
      }
    });
  }
}
```

```kotlin
class MyActivity : AppCompatActivity() {

  lateinit var btnHello: Button


  override fun onCreate(savedInstanceState:
    Bundle?) {
    super.onCreate(savedInstanceState)
    btnHello = findViewById(R.id.btn_hello)
      as Button

    // 클릭 리스너를 동적으로 생성합니다.
    btnHello.setOnClickListener(object:
      View.OnClickListener {

      override fun onClick(view: View) {

// this = View.OnClickListener
// 액티비티의 인스턴스를 참고하기 위해
// this@MyActivity를 사용합니다.
Toast.makeText(this@MyActivity, "Hello",
        Toast.LENGTH_SHORT).show()
      }
    })
  }
}
```

정적 필드 및 메서드

자바에서는 정적 필드와 메서드를 사용하여, 클래스 내에 상수를 정의하거나 인스턴스 생성 없이 사용할 수 있는 메서드를 만들 수 있습니다. 하지만 코틀린에서는 이를 지원하지 않으므로 다른 방법을 사용해야 합니다.

일반적인 경우 클래스 내에 선언했던 정적 필드나 메서드는 패키지 단위 (package-level)로 선언할 수 있습니다. 자바의 정적 필드 및 메서드를 코틀린의 패키지 단위로 선언하는 예는 다음과 같습니다.

java

```java
// Foo.java
package foo.bar;

public class Foo {

    // FOO를 클래스 Foo의 정적 필드로 선언합니다.
    public static final int FOO = 123;

    // 메서드 foo를 클래스 Foo의 정적 메서드로
    // 선언합니다.
    public static void foo() { }

    // 메서드 bar는 Foo의 인스턴스를 생성해야
    // 사용할 수 있습니다.
    public void bar() { }
}
```

kotlin

```kotlin
// Foo.kt
package foo.bar

// 값 FOO를 패키지 foo.bar에 선언합니다.
const val FOO = 123

// 함수 foo를 패키지 foo.bar에 선언합니다.
fun foo() { }

class Foo {

    // 함수 bar는 Foo의 인스턴스를 생성해야
    // 사용할 수 있습니다.
    fun bar() { }
}
```

패키지 단위로 선언한 값이나 함수는 클래스가 아닌 패키지에 종속되므로, import 문에서도 {패키지 이름}.{값 혹은 함수 이름}을 사용합니다. 다음 코드에서는 자바에서 정적 필드와 메서드를 사용하는 예, 코틀린에서 패키지 단위 변수와 함수를 사용하는 예를 대비하여 확인할 수 있습니다.

java

```java
import foo.bar.Foo;

public class Bar {

  public void bar() {
    // Foo 클래스 내의
    // 정적 필드 FOO의 값을 참조합니다.
    int foo = Foo.FOO;

    // Foo 클래스 내의
    // 정적 메서드 foo를 호출합니다.
    Foo.foo();
  }
}
```

kotlin

```kotlin
import foo.bar.FOO
import foo.bar.foo

class Bar {

  fun bar() {
    // foo.bar 패키지 내의
    // 값 FOO의 값을 참조합니다.
    val foo = FOO

    // foo.bar 패키지 내의
    // 함수 foo를 호출합니다.
    foo()
  }
}
```

패키지 단위 함수는 특정 클래스에 속해 있지 않으므로, 클래스 내 private로 선언된 멤버에 접근해야 하는 팩토리 메서드(factory method)는 패키지 단위 함수로 구현할 수 없습니다.

이러한 경우 동반 객체(companion object)를 사용하면 클래스 내 모든 멤버에 접근할 수 있으면서 인스턴스 생성 없이 호출할 수 있는 함수를 작성할 수 있습니다.

> 📖 **동반 객체란 무엇인가요?**
>
> 코틀린은 클래스 내에 정적 필드나 정적 함수를 둘 수 없습니다. 대신에 클래스별로 하나씩 클래스의 인스턴스 생성 없이 사용할 수 있는 오브젝트(object)를 정의할 수 있는데, 이를 동반 객체(companion object)라 부릅니다.

다음은 동반 객체를 사용하여 팩토리 함수를 제공하는 예입니다.

kotlin

```kotlin
// 생성자의 접근 제한자가 private이므로 외부에선 접근할 수 없습니다.
class User private constructor(val name: String, val registerTime: Long) {

    companion object {

        // companion object는 클래스 내부에 존재하므로
        // private로 선언된 생성자에 접근할 수 있습니다.
        fun create(name: String) : User {
            return User(name, System.currentTimeMillis())
        }
    }
}
```

동반 객체로 선언한 함수는 자바의 정적 메서드와 사용 방법이 동일합니다. 따라서 앞의 예에서 작성한 함수는 User.create("John Doe") 형태로 호출합니다.

싱글톤

싱글톤(singleton)은 단 하나의 인스턴스만 생성되도록 제약을 둔 디자인 패턴입니다. 자바에서는 싱글톤 패턴을 만족하는 클래스를 작성하기 위해 몇 가지 작업이 추가적으로 필요하지만, 코틀린에선 오브젝트(object)를 사용하여 이를 간편하게 선언할 수 있습니다.

다음은 자바와 코틀린에서 싱글톤 클래스를 선언하는 예입니다. 자바에서는 싱글톤 패턴을 만족시키기 위해 인스턴스 변수를 선언하고 생성자 및 정적 메서드를 추가하는 작업을 넣었지만, 코틀린에서는 단 한 줄로 처리되어 있습니다.

```java
java
public final class Singleton {
  private static Singleton instance = null;

  private Singleton() { }

  public static synchronized Singleton
    getInstance() {
    if (instance == null) {
      instance = new Singleton();
    }
    return instance;
  }
}
```

```kotlin
kotlin
object Singleton
```

오브젝트 내 선언된 값이나 함수는 자바의 정적 멤버와 동일한 방법으로 사용합니다. 오브젝트를 선언하고 사용하는 간단한 예입니다.

```kotlin
kotlin
object Foo {

    val FOO = "foo"

    fun foo() { }
}

// 오브젝트 Foo의 값 FOO 참조
val fooValue = Foo.FOO

// 오브젝트 Foo의 foo() 함수 호출
Foo.foo()
```

enum 클래스

코틀린의 enum 클래스는 자바의 enum 타입과 동일한 역할을 하며, 선언 형태만 약간 다릅니다. 자바와 코틀린에서 enum 클래스를 선언하는 방법을 예를 들어 보면 다음과 같습니다.

```java
java
public enum Direction {
  NORTH, SOUTH, WEST, EAST
}
```

```kotlin
kotlin
enum class Direction {
  NORTH, SOUTH, WEST, EAST
}
```

enum 클래스에 프로퍼티를 추가하는 방법 또한 자바와 유사합니다. 다음은 label이라는 이름으로 필드와 프로퍼티를 추가한 예입니다.

```java
java
public enum Direction {
  NORTH("N"), SOUTH("S"), WEST("W"), EAST("E");

  public String label;

  Direction(String label) {
    this.label = label;
  }
}
```

```kotlin
kotlin
enum class Direction(
    val label: String) {
  NORTH("N"), SOUTH("S"), WEST("W"), EAST("E")
}
```

어노테이션 클래스

코틀린에서도 자바와 동일하게 어노테이션(annotation)을 정의하고 사용할 수 있으며, 선언 형태와 일부 추가된 용법이 있는 것을 제외하면 사용 방법이 대부분 동일합니다. 자바와 코틀린에서 어노테이션을 선언하는 방법을 예로 들어 보면 다음과 같습니다.

```java
java
public @interface Foo {

}
```

```kotlin
kotlin
annotation class Foo
```

자바의 어노테이션은 멤버를 가질 수 있습니다. 코틀린에서도 이를 동일하게 지원하며, 일반 클래스의 주 생성자를 정의하는 방식과 유사한 방식을 사용합니다.

자바와 코틀린에서 멤버를 가지는 어노테이션을 선언하고 클래스에 이를 사용하는 방법을 예로 들어 보면 다음과 같습니다. 자바에서는 멤버 수가 하나이면서 멤버 이름이 value인 경우에만 멤버 이름 언급 없이 바로 값을 대입할 수 있습니다. 코틀린에서는 이와 상관없이 바로 값을 대입할 수 있습니다.

```java
java
public @interface Foo {
  String name();
}
// 멤버 이름이 'value'가 아니므로
// 멤버 이름을 생략할 수 없습니다.
@Foo(name = "John Doe")
class Bar {
}
```

```kotlin
kotlin
annotation class Foo (
    val name: String
)
// 멤버 이름이 'value'가 아니더라도
// 멤버 이름을 생략하고 값을 대입할 수 있습니다.
@Foo("John Doe")
class Bar {
}
```

멤버의 기본값을 지정하는 경우, 자바는 default 키워드를 사용하지만 코틀린은 기본 매개변수를 지정하는 방법과 동일한 방식을 사용합니다. 자바와 코틀린에서 기본값을 가지는 어노테이션 멤버를 선언하고 사용하는 방법을 예로 들어 보면 다음과 같습니다.

java	kotlin

``java
public @interface Foo {
  // 기본값을 John Doe로 설정
  String name() default "John Doe";
}
 	
// 멤버 name의 기본값을 사용합니다.
@Foo
class Bar {
 	
}
``
	``kotlin
	annotation class Foo (
	  // 기본값을 John Doe로 설정
	  val name: String = "John Doe"
	)
	
	// 멤버 name의 기본값을 사용합니다.
	@Foo
	class Bar {
	
	}
	``

코틀린에서 어노테이션 멤버로 사용할 수 있는 타입은 자바와 동일합니다. 전체 항목은 다음과 같습니다.

- 자바 원시 타입에 대응하는 타입(Int, Long 등)
- 문자열(String)
- 클래스
- enum 클래스
- 멤버가 속한 어노테이션이 아닌 다른 어노테이션 클래스
- 위에 나열된 타입으로 구성된 배열

코틀린에서는 배열 타입의 멤버가 포함하는 타입에 따라 값을 지정하는 방식이 달라집니다. 해당 타입이 자바 원시 타입에 대응하는 경우 IntArray나 LongArray와 같이 각 원시 타입을 위한 전용 배열 클래스를 사용해야 하며, 그 외의 타입은 일반 배열을 사용하여 값을 대입해야 합니다. 다음은 배열을 멤버로 갖는 어노테이션을 선언하고 사용하는 자바와 코틀린의 예입니다.

java	kotlin

``java
public @interface Foo {
  int[] numbers();
  String[] names();
}
 	
// 자바의 일반적인 배열 표기법을 사용합니다.
@Foo(numbers = { 1, 2, 3 },
     names = { "a", "b", "c" })
class Bar {
 	
}
``
	``kotlin
	annotation class Foo (
	  val numbers: IntArray,
	  val names: Array<String>
	)
	
	// 자바 원시 타입을 갖는 배열과 그렇지 않은
	// 배열 멤버에 값을 지정하는 방식이 다릅니다.
	@Foo(numbers = intArrayOf(1, 2, 3),
	     names = arrayOf("a", "b", "c"))
	class Bar {
	
	}
	``

어노테이션에는 부가 정보를 표시하기 위해 별도의 어노테이션, 즉 메타 어노테이션

을 지정할 수 있습니다. 코틀린에서는 자바에서 제공하는 메타 어노테이션을 모두 지원하며, 몇몇 항목의 표기 방식이 약간 다를 뿐 대부분이 유사한 형태를 하고 있습니다. 다음은 자바와 코틀린의 메타 어노테이션의 사용 예입니다. 메타 어노테이션이 어떻게 다르게 표현되는지 확인할 수 있습니다.

java	kotlin
| ```java
@Target(ElementType.TYPE)
@Retention(RetentionPolicy.SOURCE)
@Repeatable(Foo.class)
@Documented
public @interface Foo {

}
``` | ```kotlin
@Target(AnnotationTarget.TYPE)
@Retention(AnnotationRetention.SOURCE)
@Repeatable
@MustBeDocumented
annotation class Foo
``` |

클래스에 어노테이션을 사용하는 예에 이어, 생성자나 메서드(함수)의 파라미터에 어노테이션을 지정하는 예를 확인해 보겠습니다. 이 경우, 두 언어에서의 어노테이션 사용 방법이 크게 다르지 않습니다. 다음 코드는 자바와 코틀린에서 생성자, 함수 및 함수의 파라미터에 어노테이션을 지정한 예입니다.

java	kotlin
| ```java
public @interface Foo {

}

class Bar {

  @Foo Bar() {

  }

  @Foo void bar(@Foo String b) {

  }
}
``` | ```kotlin
annotation class Foo

class Bar {

  @Foo constructor() {

  }

  @Foo fun bar(@Foo b: String) {

  }
}
``` |

코틀린에서 주 생성자를 사용하는 경우, 다음과 같이 주 생성자의 constructor 키워드 앞에 어노테이션을 넣어줍니다.

kotlin

```kotlin
annotation class Foo

// 주 생성자 앞에 어노테이션을 추가합니다.
class Bar @Foo constructor(val param: String) {
    ...
}
```

코틀린은 클래스 내에 프로퍼티를 포함할 수 있습니다. 자바의 입장에서 보면 프로퍼티는 필드와 Getter/Setter의 조합이며, 각각에 별도로 어노테이션을 지정할 수 있습니다.

코틀린에서는 프로퍼티 자체에 어노테이션을 지정하는 것뿐 아니라, 자바와 동일하게 프로퍼티를 구성하는 각 요소에 별도로 지정할 수 있도록 어노테이션에 적용 대상(use-site targets)을 지정하는 기능을 제공합니다. 다음은 코틀린의 프로퍼티에 적용 대상을 사용하여 어노테이션을 지정하는 예입니다.

kotlin

```kotlin
class Bar {

    // bar의 Setter 및 Setter의 매개변수에 어노테이션을 지정합니다.
    @setparam:Foo
    @set:Foo
    var bar: String = "bar"

    // baz 필드에 어노테이션을 지정합니다.
    @field:Foo
    val baz: String = "baz"
}
```

위의 코틀린 코드는 다음의 자바 코드와 동일한 역할을 합니다.

java

```java
class Bar {

    private String bar = "bar";

    // baz 필드에 어노테이션을 지정합니다.
    @Foo
    private final String baz = "baz";

    public String getBar() {
        return this.bar;
    }

    // bar의 Setter 및 Setter의 매개변수에 어노테이션을 지정합니다.
    @Foo
    public void setBar(@Foo String bar) {
        this.bar = bar;
    }

    public String getBaz() {
        return this.baz;
    }
}
```

프로퍼티의 구성요소 외 다른 요소에도 사용 시점 대상을 사용할 수 있습니다. 코틀린에서 지원하는 어노테이션 적용 대상의 전체 목록은 다음과 같습니다.

대상	적용 범위
file	하나의 소스 파일
property	하나의 프로퍼티
get	프로퍼티 내 Getter 메서드
set	프로퍼티 내 Setter 메서드
receiver	리시버
param	생성자의 매개변수
setparam	Setter 메서드의 매개변수
delegate	delegate 프로퍼티의 인스턴스를 저장하는 필드

어노테이션의 적용 대상을 사용할 때, 하나의 요소에 여러 개의 어노테이션을 지정해야 하는 경우 다음과 같이 대괄호를 사용하여 어노테이션을 지정할 수 있습니다.

kotlin
```kotlin
class Bar {

    // 프로퍼티 bar의 Setter에 Foo와 Baz 어노테이션을 지정합니다.
    @set:[Foo Baz]
    var bar: String = "bar"
}
```

중첩 클래스

자바에서는 특정 클래스 간 종속관계가 있는 경우 이를 중첩 클래스(nested class)로 표현할 수 있습니다. 코틀린도 동일한 기능을 제공하나, 중첩 클래스의 종류에 따라 사용하는 문법이 약간 다릅니다.

자바에서는 정적 중첩 클래스(static nested class)를 선언하기 위해 static 키워드를 추가합니다. 하지만 코틀린에서는 별도의 키워드를 붙이지 않아도 됩니다.

반대로, 비 정적 중첩 클래스(non-static nested class)의 경우 자바에서는 아무런 키워드를 추가하지 않는 것과 달리 코틀린에서는 inner 키워드를 추가해야 합니다. 다음은 자바와 코틀린에서 정적 중첩 클래스와 비 정적 중첩 클래스를 선언하고 사용하는 방법을 보여주는 코드입니다.

java
```java
class Outer {

    // static 키워드를 사용하여 정적 중첩 클래스 선언
    static class StaticNested {

    }
```

kotlin
```kotlin
class Outer {

    // 키워드가 없으면 정적 중첩 클래스로 간주
    class StaticNested {

    }
```

다음 쪽에 계속 ▶

```
// 키워드가 없으면
// 비 정적 중첩 클래스로 간주
class NonStaticNested {

}
}

// 정적 중첩 클래스: Outer 클래스의
// 인스턴스 생성 없이 인스턴스 생성 가능
StaticNested staticInstance =
    new Outer.StaticNested()

// 비 정적 중첩 클래스: Outer 클래스의
// 인스턴스를 생성해야 인스턴스 생성 가능
NonStaticNested nonStaticInstance =
    new Outer().NonStaticNested()
```

```
// inner 키워드를 사용하여
// 비 정적 중첩 클래스 선언
inner class NonStaticNested {

}
}

// 정적 중첩 클래스: Outer 클래스의
// 인스턴스 생성 없이 인스턴스 생성 가능
val staticInstance = Outer.StaticNested()

// 비 정적 중첩 클래스: Outer 클래스의
// 인스턴스를 생성해야 인스턴스 생성 가능
val nonStaticInstance =
    Outer().NonStaticNested()
```

2.4 자료/자료형의 확인 및 변환

이 절에서는 코틀린에서 서로 다른 객체가 가진 자료를 비교하거나, 각 객체의 자료형을 비교하고 필요에 따라 다른 자료형으로 변환하는 방법에 대해 알아봅니다.

자료의 동일성 확인: ==, === 연산자

자바에서는 자료의 동일성을 확인하기 위해 == 연산자를 사용할 수 있지만, 원시 타입이나 enum을 제외한 일반 객체는 객체의 값뿐 아니라 객체 자체가 동일한지 여부도 함께 확인합니다. 따라서 객체의 값만 비교하려면 equals() 메서드를 사용해야 합니다.

코틀린에서는 비교 대상이 객체냐 객체의 값이냐를 구분할 필요 없이 모두 == 연산자를 사용하면 됩니다. 다음의 코틀린 코드를 예로 들어 보겠습니다.

kotlin
```
val foo : Int = ...
val bar : Int = ...

val equals : Boolean = foo == bar
```

이 코드에서 값 foo와 bar을 비교하는 과정에서 수행되는 동작은 다음 의사코드(pseudocode)로 표현할 수 있습니다.

console
```
if (foo가 널 값이 아니라면) {
    foo.equals(bar) 결과 반환
} else {
    bar == null 결과 반환
}
```

앞의 의사코드에서 볼 수 있듯이, 코틀린의 == 연산자는 비교하는 값의 널 여부를 함께 확인합니다. 따라서 자바에서 널 포인터 오류를 방지하기 위해 사용하는 "Foo". equals(foo)와 같은 형태를 더 이상 사용하지 않아도 됩니다.

객체 자체가 동일한지 여부에 대한 비교가 필요한 경우, 코틀린에서는 === 연산자를 사용하면 됩니다. 이는 자바의 == 연산자와 동일한 역할을 수행합니다. 다음은 코틀린의 == 연산자와 === 연산자를 사용하여 각 객체 간의 동일성을 확인하는 예입니다.

```kotlin
val a : Pair<Char, Int> = Pair('A', 65)
val b = a
val c : Pair<Char, Int> = Pair('A', 65)

// a와 b의 값이 동일하므로 true
val aEqualsToB : Boolean = a == b

// a와 c의 값이 동일하므로 true
val aEqualsToC : Boolean = a == c

// a와 b는 동일한 객체이므로 true
val aIdenticalToB : Boolean = a === b

// a와 c는 동일한 객체가 아니므로 false
val aIdenticalToC : Boolean = a === c
```

자료형 확인: is 연산자

코틀린에서는 자료형을 확인하기 위해 is 연산자를 사용하며, 이는 자바의 instanceOf 연산자와 동일한 기능을 합니다. 자바와 코틀린에서 자료형 확인 연산자를 어떻게 사용하는지 다음 코드를 통해 확인할 수 있습니다.

```java
public void printTypeName(Object obj) {
  if (obj instanceof Integer) {
    Log.d("Type", "Type = Integer");
  } else if (obj instanceof Float) {
    Log.d("Type", "Type = Float");
  } else if (obj instanceof String) {
    Log.d("Type", "Type = String");
  } else {
    Log.d("Type", "Unknown type");
  }
}
```

```kotlin
fun printTypeName(obj: Any) {
  if (obj is Int) {
    Log.d("Type", "Type = Integer")
  } else if (obj is Float) {
    Log.d("Type", "Type = Float")
  } else if (obj is String) {
    Log.d("Type", "Type = String")
  } else {
    Log.d("Type", "Unknown type")
  }
}
```

자바에서는 특정 타입이 아닌 경우를 확인하려면, instanceOf 연산자를 괄호로 묶어 주어야 합니다. 하지만 코틀린에서는 이를 !is로 표현할 수 있습니다.

```java
if (!(obj instanceof Integer)) {
    ...
}
```

```kotlin
if (obj !is Int) {
    ...
}
```

자료형 변환: as 연산자

자바에서는 특정 변수를 자신이 원하는 자료형으로 변환하기 위해 괄호를 사용합니다. 코틀린에서는 괄호 대신 as 연산자를 사용하여 자료형을 변환합니다. 다음 자바와 코틀린 코드에서 자료형 변환 예를 확인할 수 있습니다.

```java
public void processNumber(
    Number number) {
  // 인자를 Integer 자료형으로 캐스팅
  Integer foo = (Integer) number;
}
```

```kotlin
fun processNumber(number: Number) {
  // 인자를 Int 자료형으로 캐스팅
  val foo : Int = number as Int
}
```

스마트 캐스트

자바에서 instanceOf 연산자를 사용하여 객체의 자료형을 확인했을지라도, 이를 원하는 자료형으로 사용하려면 앞에서 instanceOf 연산자로 확인했던 자료형으로 다시 캐스팅을 한 후 사용해야 합니다.

코틀린에서는 이러한 불편함을 줄이기 위해, 자료형 추론이 가능할 경우 캐스팅 없이 해당하는 자료형으로 객체를 사용할 수 있도록 스마트 캐스트(smart cast) 기능을 지원합니다. 다음 코드는 자바에서 중복 캐스팅이 필요한 경우와, 스마트 캐스트를 사용하여 중복 캐스팅을 제거한 코틀린의 예입니다.

```java
@Override
public void onBindViewHolder(
  RecyclerView.ViewHolder holder,
  int position) {
  if (holder instanceof PhotoHolder) {
    // PhotoHolder인 경우에만
    // 아래 메서드를 실행하지만,
    // PhotoHolder 내의 메서드를 호출하기 위해
    // 다시 캐스팅이 필요합니다.
    ((PhotoHolder) holder).setImageUrl
      (mImageUrl);
  } else if (holder
    instanceof TextHolder) {
      ((TextHolder) holder).setText
        (mTitles[position]);
  }
}
```

```kotlin
override fun onBindViewHolder(
  holder: RecyclerView.ViewHolder,
  position: Int) {
  if (holder is PhotoHolder) {


    // 스마트 캐스트가 지원되어 캐스팅 없이
    // 사용할 수 있습니다.
    holder.setImageUrl(mImageUrl)

  } else if (holder is TextHolder) {
    holder.setText(mTitles[position])
  }

}
```

스마트 캐스트는, 값을 검사하는 시점과 사용하는 시점 사이에 값이 변하지 않았다는 것이 보장되는 경우에만 지원됩니다. 따라서 언제든지 값이 변할 수 있는 변수(var)는 스마트 캐스트가 지원되지 않습니다.

2.5 흐름 제어

코드의 흐름 제어는 프로그램 개발의 핵심 요소로, 흐름 제어에 사용하는 문법 또는 기능이 얼마나 잘 갖춰져 있는가에 따라 코드의 가독성 및 알고리즘 작성 효율이 크게 달라집니다. 이 절에서는 코틀린에서 코드 흐름 제어에 사용하는 문법에 대해 알아봅니다.

if-else 문

자바와 마찬가지로, 코틀린에서도 if-else 문을 사용하여 조건문을 작성할 수 있습니다. 다음 코드는 조건문을 사용하는 간단한 예입니다.

```java
int age = 25;
String ageRange;

if (age >= 10 && age < 20) {
  ageRange = "10대";
} else if(age >= 20 && age < 30) {
  ageRange = "20대";
} else if (...) {
  ...
} else {
  ageRange = "기타";
}
```

```kotlin
val age: Int = 25
val ageRange: String

if (age >= 10 && age < 20) {
  ageRange = "10대"
} else if (age >= 20 && age < 30) {
  ageRange = "20대"
} else if (...) {
  ...
} else {
  ageRange = "기타"
}
```

자바와 달리 코틀린의 if-else 문은 값을 반환할 수 있습니다. 따라서 앞의 코틀린 예제는 다음과 같이 작성할 수 있습니다.

```kotlin
val age: Int = 25
val ageRange: String = if (age >= 10 && age < 20) {
    "10대"
} else if (age >= 20 && age < 30) {
    "20대"
} else if (...) {
    ...
} else {
    "기타"
}
```

또한, 이는 자바의 삼항 연산자(ternary operator)를 대체할 수 있습니다. 다음은 자바의 삼항 연산자를 코틀린의 if-else 문을 사용하여 구현한 코드입니다.

```java
int number = 20;
String str = number % 2 == 0
  ? "Even" : "Odd";
```

```kotlin
val number: Int = 20
val str: String = if (number % 2 == 0)
  "Even" else "Odd"
```

when 문

코틀린의 when 문은 자바의 switch 문을 대체합니다. 자바에서는 break를 사용하여 각 경우를 구분하지만, 코틀린은 중괄호를 사용하여 구분합니다. 각 경우에 해당하는 구문을 한 줄로 작성하면 중괄호를 생략할 수 있습니다.

```java
int bags = 1;

switch (bags) {
  case 0:
    Log.d("Bags", "We have no bags");
    break;

  case 1:
  case 2:
    Log.i("Bags", "Extra charge required");
    Log.d("Bags",
          "We have " + bag + "bag(s)");
    break;

  default:
    Log.e("Bags", "Cannot have more bags");
}
```

```kotlin
val bags: Int = 1

when(bags) {
  // 각 case에 해당하는 값만 적습니다.
  0 -> Log.d("Bags", "We have no bags")


  // 여러 개의 case는 쉼표로 구분하여 적습니다.
  1, 2 -> {
    Log.i("Bags", "Extra charge required")
    Log.d("Bags", "We have $bags bag(s)")
  }

  // default 대신 else로 표현합니다.
  else -> Log.e("Bags",
               "Cannot have more bags")
}
```

when 문도 if-else 문과 마찬가지로 값을 반환할 수 있습니다. 따라서 다음과 같이 반환값을 바로 사용하도록 작성할 수 있습니다.

```kotlin
val bags: Int = 1
val bagString : String = when(bags) {
    0 -> "We have no bags"
    1, 2 -> "We have $bags bag(s)"
    else -> "Cannot have more bags"
}

// "We have 1 bag(s) 출력
Log.d("Bags", bagString)
```

각 경우의 조건을 상수 값만 지정할 수 있었던 자바와 달리, 코틀린에서는 각 조건을 표현식(expression)으로 작성할 수 있습니다. 다음은 when의 조건을 표현식으로 사용하는 몇 가지 예시입니다.

kotlin
```kotlin
val e : Exception = ... // 값 e에 여러 종류의 예외가 대입될 때

// 예외의 종류에 알맞은 로그 메시지를 출력합니다.
when (e) {
    is IOException -> Log.d("Message", "Network Error")
    is IllegalStateException -> Log.d("Message", "Invalid State")
    ...
}

val str : String = ... // 값 str에 임의의 문자열이 대입될 때

// 문자열의 첫 번째 문자에 따라 알맞은 로그 메시지를 출력합니다.
when (str) {
    str.startsWith('a') -> Log.d("Message", "A for Android")
    str.startsWith('k') -> Log.d("Message", "K for Kotlin")
}
```

while 문

코틀린의 while 문과 do while 문의 기능 및 문법은 코틀린 문법의 일반적인 특징을 제외하면 자바와 완전히 동일합니다. 다음 코드는 자바와 코틀린의 예입니다.

java
```java
// while 문

int a = 0;
int b = 10;

while (a < b) {
  Log.d("Number", "a=" + a + " b=" + b);
  a+=2;
  b++;
}

// do while 문

int a = 0;
int b = 10;

do {
  Log.d("Number", "a=" + a + "b=" + b);
  a+=2;
  b++;
} while (a < b);
```

kotlin
```kotlin
// while 문

var a: Int = 0
var b: Int = 10

while (a < b) {
  Log.d("Number", "a=$a b=$b")
  a+=2
  b++
}

// do while 문

var a: Int = 0
var b: Int = 10

do {
  Log.d("Number", "a=$a b=$b")
  a+=2
  b++
} while (a < b)
```

for 문

자바가 인덱스 기반 for 문과 for-each 문을 지원하는 반면 코틀린은 for-each 형태만 지원하며, 반복자를 통해 접근하는 인자의 타입을 생략할 수 있습니다. 다음은 자바와 코틀린의 각기 다른 for 문 형태를 코드로 보여주고 있습니다.

java
```
List<String> names = ... // 이름 목록



// for-each
for (String name : names) {
  // 이름과 함께 로그 출력
  Log.d("Name", "name=" + name);
}
```

kotlin
```
val names : List<String> = ... // 이름 목록

// 변수 name의 타입은 리스트 names를 통해
// String으로 추론하므로
// 타입을 적지 않아도 됩니다.
for (name in names) {
  // 이름과 함께 로그 출력
  Log.d("Name", "name=" + name)
}
```

> 📖 **for 문에서 인덱스 접근하기**
>
> for 문 내에서 현재 항목의 인덱스가 필요할 경우, Collection.indicies 프로퍼티를 사용하면 컬렉션의 인덱스를 순환하며 인덱스 인자로 배열 내 항목에 접근할 수 있습니다.
>
> kotlin
> ```
> val names: List<String> = ... // 이름 목록
>
> // Collection.indicies는 컬렉션의 인덱스 범위를 반환합니다.
> for (i in names.indicies) {
>     // 인덱스 인자로 배열 내 항목 접근
>     Log.e("Name", "name=${names[i]}")
> }
> ```
>
> 코틀린은 순환 범위를 표현하기 위해 별도의 자료구조를 사용하며, 앞의 예제에서는 IntRange 클래스를 사용하여 배열 인덱스의 순환 범위를 표현합니다.

범위

범위(range)는 코틀린에만 있는 독특한 자료구조로, 특정 범위를 순환하거나 해당 범위 내에 특정 항목이 포함되어 있는지 확인할 때 사용합니다. 범위는 .. 연산자를 사용하여 정의합니다. 다음은 범위를 정의하고 사용하는 코드의 예시입니다.

kotlin
```
// 0부터 10까지, 시작과 끝을 포함하는 범위를 정의합니다.
val myRange : IntRange = 0..10

// 앞에서 정의한 범위 내를 순환하는 for 문
```

다음 쪽에 계속 ▶

```kotlin
for (i in myRange) {
    // Do something
}

// for 문 내에서 바로 범위를 정의할 수 있습니다.
for (i in 0..10) {
    // Do something
}
```

인덱스 순환을 위한 범위를 생성하는 경우, .. 연산자 대신 until 함수를 사용하면 가장 마지막 값을 포함하지 않는 범위를 생성할 수 있습니다.

kotlin

```kotlin
val items: List<String> = ... // 항목이 담긴 리스트가 있다고 가정할 때

// 0번 인덱스부터 3번 인덱스까지 총 4개의 항목을 포함하는 범위
val myRange : IntRange = 0..3

// myRange와 동일한 항목을 포함하는 범위
val myRange2 : IntRange = 0 until 4
```

범위 내에 특정 항목이 있는지 알아보려면 in 연산자를 사용합니다. 다음은 간단한 사용 예입니다.

kotlin

```kotlin
val myRange : IntRange = 0..10 // 범위 지정

// 5가 myRange 내에 포함되어 있는지 확인합니다: true 반환
val foo : Boolean = 5 in myRange

// 5가 myRange 내에 포함되지 않는지 확인합니다: false 반환
val bar: Boolean = 5 !in myRange
```

항목들의 순서가 반대로 정렬된 범위를 생성하려면 downTo() 함수를 사용합니다. 첫 번째 인자로 시작 값을, 두 번째 인자로 마지막 값을 대입합니다. 다음 코드에서 downTo() 함수를 어떻게 사용하는지 확인할 수 있습니다.

kotlin

```kotlin
// '54321' 출력
for (i in 5 downTo 1) {
    System.out.print(i)
}
```

downTo() 함수는 기본적으로 1씩 값을 감소시키며, step() 함수를 사용하면 감소 폭을 변경할 수 있습니다. 다음은 2씩 값이 감소하도록 한 예입니다.

```kotlin
// '531' 출력
for (i in 5 downTo 1 step 2) {
    System.out.print(i)
}
```

2.6 제네릭

제네릭(generics) 혹은 제네릭 타입(generic type)은 인자로 사용하는 타입에 따라 구체화되는 클래스나 인터페이스를 의미합니다.

코틀린에서 제네릭을 사용하는 방법은 기본적으로 자바와 크게 다르지 않지만, 유형에 따라 사용법이 약간 다른 경우가 있습니다. 이어지는 내용들을 통해 각 유형별 사용 방법을 자세히 알아보겠습니다.

제네릭 클래스의 인스턴스 생성 및 사용

코틀린에서의 제네릭 클래스는 자바와 동일하게 꺾쇠(<>) 안에 타입을 넣어 표현합니다. 다음은 자바와 코틀린에서 제네릭 클래스를 어떻게 표현하는지 보여주고 있습니다.

```java
List<String> names;

Map<String, String> entries;
```

```kotlin
val names: List<String>

val entries: Map<String, String>
```

제네릭 클래스에 타입을 넣지 않고 선언이 가능한 자바와 달리, 코틀린은 반드시 타입을 넣어 주어야 합니다. 그렇지 않을 경우 컴파일 에러가 발생합니다.

```java
// 컴파일 가능
// (List<Object>로 암시적으로 선언됨)
List names;
```

```kotlin
// 컴파일 오류
val names: List
```

제네릭 클래스/인터페이스 정의

제네릭을 사용하는 클래스나 인터페이스를 정의하는 방법도 자바와 동일합니다. 다음 코드에서 확인할 수 있습니다.

```java
java
class Car {
    ...
}

// 항목을 담거나 뺄 수 있는
// 제네릭 인터페이스 Container 정의
interface Container<T> {

  void put(T item);

  T take();
}

// 자동차(Car)를 담거나 뺄 수 있는
// 클래스 Garage 정의
class Garage
    implements Container<Car> {

  @Override
  public void put(Car item) {
    ...
  }

  @Override
  public Car take() {
    ...
  }
}
```

```kotlin
kotlin
class Car {
    ...
}

// 항목을 담거나 뺄 수 있는
// 제네릭 인터페이스 Container 정의
interface Container<T> {

  fun put(item: T)

  fun take() : T
}

// 자동차(Car)를 담거나 뺄 수 있는
// 클래스 Garage 정의
class Garage : Container<Car> {

  override fun put(item: Car) {
    ...
  }

  override fun take(): Car {
    ...
  }
}
```

제네릭 클래스나 인터페이스가 인자로 받을 수 있는 타입을 한정하는 방법 또한 동일합니다. 다음은 Container 인터페이스가 받을 수 있는 타입을 Car 클래스 및 그 하위 클래스로 제한하는 예입니다.

```java
java
interface Container<T extends Car> {

  void put(T item);

  T take();
}
```

```kotlin
kotlin
interface Container<T: Car> {

  fun put(item: T)

  fun take() : T
}
```

제네릭을 인자로 받는 함수

타입이 정의되어 있는 제네릭을 인자로 받거나 호출 시점에 타입을 지정하는 함수는 자바와 동일한 방법으로 정의합니다. 단, 호출 시점에 타입을 정의하는 함수는 타입 정의 위치가 자바와 약간 다릅니다. 다음 코드에서 차이를 확인할 수 있습니다.

```java
java
// 타입이 정의되어 있는 제네릭을 인자로 받는 예
void processItems(
    List<String> items) {
  ...
}

// 호출 시점에 타입이 정해지는
// 제네릭을 인자로 받는 예
<T> void processItems(List<T> items) {
  ...
}
```

```kotlin
kotlin
// 타입이 정의되어 있는 제네릭을 인자로 받는 예
fun processItems(
    items: List<String>) {
  ...
}

// 호출 시점에 타입이 정해지는
// 제네릭을 인자로 받는 예
fun <T> processItems(items: List<T>) {
  ...
}
```

호출 시점에 타입이 정해지는 제네릭을 인자로 받는 경우, 정해지는 타입 및 그 하위 타입을 받도록 지정하거나(upper bound) 정해지는 타입 및 그 상위 타입을 받도록 (lower bound) 지정할 수 있습니다. 자바와 마찬가지로 코틀린에서도 동일한 기능을 지원하며, 자바에서의 ? super T, ? extends T는 코틀린에서 각각 in T, out T로 사용합니다.

```java
java
// 자동차 클래스
class Car { ... }

// 일반 승용차 클래스
class Sedan extends Car { ... }

// 트럭 클래스
class Truck extends Car { ... }

// dst로 받은 목록을 dest에 추가합니다.
<T> void append(List<? super T> dest,
  List<? extends T> dst) {
  dest.addAll(dst);
}

// 사용 예

// 일반 승용차 리스트 생성
List<Sedan> sedans = ...;

// 트럭 리스트 생성
List<Truck> trucks = ...;

// 자동차를 담을 수 있는 리스트 생성
List<Car> cars = ...;

// 자동차를 담는 리스트에 일반 승용차 리스트 추가
append(cars, sedans);

// 자동차를 담는 리스트에 트럭 리스트 추가
append(cars, trucks);
```

```kotlin
kotlin
// 자동차 클래스
open class Car { ... }

// 일반 승용차 클래스
class Sedan : Car() { ... }

// 트럭 클래스
class Truck : Car() { ... }

// src로 받은 목록을 dest에 추가합니다.
fun <T> append(dest: MutableList<in T>,
  src: List<out T>) {
  dest.addAll(src)
}

// 사용 예

// 일반 승용차 리스트 생성
val sedans: List<Sedan> = ...

// 트럭 리스트 생성
val trucks: List<Truck> = ...

// 자동차를 담을 수 있는 리스트 생성
val cars: MutableList<Car> = ...

// 자동차를 담는 리스트에 일반 승용차 리스트 추가
append(cars, sedans)

// 자동차를 담는 리스트에 트럭 리스트 추가
append(cars, trucks)
```

2.7 예외

코틀린에서의 예외(exceptions)는 자바와 거의 동일합니다. 예외를 발생시키려면 throw 키워드를 사용하며, 객체 생성 시와 마찬가지로 new 키워드는 사용하지 않습니다. 다음은 자바와 코틀린에서 IllegalArgumentException 예외를 발생시키는 예입니다.

java	kotlin
```java\npublic void checkAge(int age) {\n if (age < 0) {\n throw new IllegalArgumentException\n ("Invalid age: " + age);\n }\n}\n```	```kotlin\nfun checkAge(age: Int) {\n if (age < 0) {\n throw IllegalArgumentException\n ("Invalid age: $age")\n }\n}\n```

예외를 처리하려면 자바와 동일하게 try-catch 및 finally 문을 사용하면 됩니다. 단, 코틀린에서 try-catch 문은 값을 반환할 수 있습니다.

java	kotlin
```java\nboolean valid = false;\n\ntry {\n // 예외를 발생시킬 수 있는 코드들\n ...\n\n // 예외가 발생하지 않았을 경우\n valid = true\n\n} catch (Exception e) {\n // 예외가 발생했을 때 수행할 동작\n ...\n\n\n\n} finally {\n // 예외 발생 여부와 상관없이 수행할 동작\n ...\n}\n```	```kotlin\n// try-catch 문에서 바로 값을 받습니다.\n\nval valid : Boolean = try {\n // 예외를 발생시킬 수 있는 코드들\n ...\n\n // 예외가 발생하지 않았을 경우 true 반환\n true\n\n} catch (e: Exception) {\n // 예외가 발생했을 때 수행할 동작\n ...\n\n // false 반환\n false\n} finally {\n // 예외 발생 여부와 상관없이 수행할 동작\n ...\n}\n```

코틀린은 Checked exception을 따로 검사하지 않습니다. 즉, 대부분의 예외를 try-catch 문으로 감싸 처리해야 했던 자바와 달리 코틀린에서는 이를 선택적으로 사용할 수 있습니다.

```java
java

public String readFromJson(
    String fileName) throws IOException {
  // IOException을 발생시킬 수 있는 코드
  ...
}

public void process() {
  String json = null;

  try {
    json = readFromJson("foo.json")
  } catch (IOException e) {
    ...
  }
}
```

```kotlin
kotlin

fun readFromJson(fileName: String)
    : String {
  // IOException을 발생시킬 수 있는 코드
  ...
}

fun process() {
  // try-catch 문을 사용하지 않아도 됩니다.
  val json: String =
    readFromJson("foo.json")
}
```

2.8 널 안전성

자바로 프로그램을 개발하다 겪게 되는 오류에는 여러 가지가 있지만, 그중에서 가장 빈번하게 발생하는 것으로 널 포인터 예외(null pointer exception)를 꼽을 수 있습니다.

자바를 주 개발 언어로 사용하는 안드로이드도 널 포인터 예외에서 자유로울 수 없기에, 안드로이드 서포트 라이브러리의 @Nullable, @NonNull 어노테이션을 사용하여 객체의 널 허용 여부를 표시합니다. 하지만 어노테이션을 통한 널 허용 여부 확인은 IDE에서 지원하는 플러그인 혹은 Android Lint[1]와 같은 정적 분석 도구에서만 지원하므로, 컴파일 단계에서는 여전히 널 포인터 예외가 발생할 소지가 있습니다.

코틀린은 이러한 문제를 해결하기 위해 모든 타입에 명시적으로 널 허용 여부를 함께 표기합니다.

널 허용 여부 표기

자바에서는 일반적으로 다음과 같이 변수의 널 허용 여부를 표기합니다.

```java
java

@Nullable
String nullableString;

@NonNull
String nonNullString;
```

---

[1] 안드로이드 SDK에 포함되어 있는 도구로, 개발자가 작성한 코드의 잠재적인 문제를 찾아내거나 코드 품질을 향상시키기 위해 사용합니다.

변수 nonNullString은 널 값을 허용하지 않도록 표기하였지만, 위와 같이 변수를 초기화하지 않아도 컴파일 단계에서 오류가 발생하지 않아 무결성을 보장하기 어렵습니다.

반면에, 코틀린은 별도 표기가 없을 경우 널 값을 허용하지 않습니다. 널 값을 가질 수 있도록 하려면 명시적으로 타입 뒤에 ?를 붙여주어야 합니다. 다음은 코틀린에서 널 값을 허용하는 변수와 그렇지 않은 변수를 선언하는 예를 코드로 보여주고 있습니다.

kotlin

```kotlin
val nullableString : String? = null
val nonNullString : String = "Foo"
```

코틀린은 널 값을 허용하지 않는 값을 초기화하지 않거나, null을 대입하면 컴파일 오류를 발생시킵니다.

kotlin

```kotlin
val name : String            // 오류: 값이 초기화되지 않음
val address : String = null // 오류: null을 허용하지 않는 값에 null 대입 불가
```

이러한 규칙은 함수의 파라미터나 반환 값에도 동일하게 적용됩니다. 다음은 함수에서 사용하는 예입니다.

kotlin

```kotlin
// 인자 line2에는 null 사용 가능
fun formatAddress(line1: String, line2: String?, city: String) : String { ... }

// 입력한 주소에 해당하는 우편번호를 반환하지만, 검색 결과가 없을 경우 null을 반환
fun findPostalCode(address : String) : PostalCode? { ... }
```

변수와 마찬가지로 함수의 파라미터나 반환 값에 올바르지 않은 타입을 사용하면 컴파일 오류가 발생합니다.

kotlin

```kotlin
// 오류: 인자 line1은 널 값을 허용하지 않음
formatAddress(null, null, "San Francisco")

// 오류: 값 postalCode는 널 값을 허용하지 않으나 findPostalCode 함수는 널 값을 반환 가능
val postal : PostalCode = findPostalCode("1600 Amphitheatre Pkwy")
```

널 값을 대신하는 방법: 엘비스(?:) 연산자

널 값을 허용하지 않는 값 혹은 변수에 널 값을 반환할 수 있는 함수의 결과를 대입해

야 하는 경우, 이에 대한 처리를 별도로 해야 합니다. 엘비스 연산자를 사용하면 이를 편리하게 처리할 수 있습니다. 엘비스 연산자의 형태 및 의미는 다음과 같습니다.

kotlin

```kotlin
// foo가 null이 아닐 경우에는 foo를, null이라면 bar를 반환
foo ?: bar
```

다음은 엘비스 연산자를 사용하여 findPostalAddress() 함수가 널 값을 반환할 때 대신 사용할 값을 지정하는 예입니다.

kotlin

```kotlin
// 함수가 널 값을 반환하는 경우 PostalCode.NONE 값을 대입합니다.
val postal : PostalCode
    = findPostalCode("1600 Amphitheatre Pkwy") ?: PostalCode.NONE
```

엘비스 연산자가 코드를 작성하는 데 얼마나 도움이 되는지 알아봅시다. 입력한 주소의 우편번호를 기반으로 지도 이미지를 생성하고, 우편번호 검색 결과가 없을 경우 널 값을 반환하는 함수를 작성한다고 가정합니다. 자바로 작성하려면 널 여부를 확인하는 작업을 추가해야 하지만, 코틀린에서는 엘비스 연산자를 사용하여 이를 간단히 처리할 수 있습니다.

java

```java
public Image generateMapImage(
    String address) {
  PostalCode postal =
    findPostalCode(address);

  // findPostalCode() 메서드의 반환값이
  // generateMapImage 메서드도
  // null을 반환
  if (postal == null) {
    return null;
  }

  // 지도 이미지 생성
  ...
}
```

koltin

```kotlin
fun generateMapImage(address: String)
    : Image? {
  // 우편번호 검색 결과가 없을 경우 바로
  // 함수 실행을 종료하고 결과로 null 반환
  val postal = findPostalCode(address) ?:
    return null

  // 지도 이미지 생성
  ...
}
```

값을 반환하는 대신 예외가 발생하도록 할 수도 있습니다. 다음은 findPostalCode() 함수가 널 값을 반환할 경우 바로 IllegalStateException 예외를 발생하도록 하는 예입니다.

```kotlin
fun generateMapWithAddress(address: String) : Image? {
    // 우편번호 검색 결과가 없을 경우 IllegalStateException 발생
    val postal = findPostalCode(address) ?: throw IllegalStateException()

    // 지도 이미지 생성
    ...
}
```

널 값 확인과 처리를 한번에: 안전한 호출(?.) 연산자

자바에서는 널 값 여부를 확인하기 위해 주로 if 문을 사용합니다. 구조가 간단할 경우 이것만으로 충분하지만, 복잡한 단계로 구성된 자료를 다룬다면 효율이 크게 떨어집니다.

다음과 같이 주소록을 구성하는 클래스가 있다고 가정해 봅시다. 첫 번째 주소 (line1)와 두 번째 주소 (line2) 필드에 널 값이 들어갈 수 있습니다.

```java
class Contact {

    @NonNull
    String name;

    @Nullable
    Address address;
}

class Address {

    @NonNull
    String line1;

    @Nullable
    String line2;
}
```

위의 구조에서, 주소록 내에 포함된 주소의 두 번째 주소에 안전하게 접근하려면 if 문 내에서 contact.address의 널 여부를 확인하고 address.line2의 널 여부를 확인해야 합니다. 다음과 같이 총 두 번의 확인 절차를 거칩니다.

```java
Contact contact = ... // 주소록 항목 객체

String line;

if (contact.address != null && contact.address.line2 != null) {
    line = contact.address.line2;
```

다음 쪽에 계속 ▶

```
    } else {
        line = "No address"
    }
```

코틀린에서는 안전한 호출(safe call) 연산자를 사용하여 널 값 확인과 값 접근/함수 호출을 한번에 할 수 있습니다. 다음은 연산자의 형태 및 의미를 보여줍니다.

kotlin

```
// bar가 null이 아닐 경우에만 해당 값을 대입, 그렇지 않은 경우 null을 foo에 대입
val foo = bar?.baz

// foo가 null이 아닐 경우에만 bar() 호출
foo?.bar()
```

안전한 호출 연산자는 이 연산자를 사용하는 객체가 널 값이 아닌 경우에 연산자 뒤의 문장을 수행합니다. 널 값일 경우에는 뒤의 문장을 수행하지 않고 널 값을 반환합니다. 따라서 널 값인 객체의 프로퍼티를 참조하거나 함수를 호출하는 일을 방지할 수 있습니다.

다음은 앞에서 소개한 예제에서 연락처 내 첫 번째 주소(line1)의 값을 안전한 호출 연산자로 불러오는 예를 보여주고 있습니다.

kotlin

```
// Address.line1은 널 값을 허용하지 않지만,
// address가 null인 경우 null을 반환하므로 값 line의 타입은 널 값을 허용해야 합니다.
val line : String? = contact.address?.line1
```

엘비스 연산자를 함께 사용하면 널 값을 반환할 때, 대신 사용할 값을 지정할 수 있습니다. 따라서 앞의 자바로 작성된 예를 다음과 같이 한 줄로 줄일 수 있습니다.

kotlin

```
val contact : Contact = ... // 주소록 항목 객체

// 주소가 없거나 line2가 없을 경우 기본값인 "No address" 반환
val line : String = contact.address?.line2 ?: "No address"
```

안전한 자료형 변환: as? 연산자

지원되지 않는 자료형으로 변환을 시도하는 경우 예외가 발생합니다. 다음은 지원되지 않는 자료형 변환을 시도하는 예를 코드로 보여주고 있습니다.

```kotlin
val foo : String = "foo"

// java.lang.ClassCastException 발생: String은 Int 자료형으로 변환할 수 없습니다.
val bar : Int = foo as Int
```

자바에서는 지원되지 않는 자료형으로 변환을 시도할 가능성이 있는 부분을 try-catch 블록으로 감싸는 방법으로 처리해야 하지만, 코틀린에서는 as? 연산자를 사용하여 이 문제를 간편하게 해결할 수 있습니다.

안전한 변환 연산자는 자료형 변환이 실패할 경우 예외를 발생시키는 대신 널 값을 반환합니다. 따라서 반환되는 값을 통해 변환 결과를 바로 확인할 수 있습니다.

앞의 예를 안전한 변환 연산자를 사용하도록 바꾸면 다음과 같습니다. 널 값을 반환할 수 있으므로 변환값을 받는 값의 자료형 또한 널을 허용하도록 변경합니다.

```kotlin
val foo : String = "foo"

// bar가 널 값을 허용하도록 Int?로 정의합니다.
// 자료형 변환에 실패하므로 bar에는 널 값이 할당됩니다.
val bar : Int? = foo as? Int
```

안전한 변환 연산자가 변환에 실패했을 때 널 값을 반환하므로, 엘비스 연산자를 함께 사용하면 변환에 실패했을 때 기본값을 지정할 수 있습니다. 따라서 변환된 값을 받는 자료형의 널 허용 여부를 수정할 필요가 없으므로 더욱 유연하게 대처할 수 있습니다.

다음은 앞의 예제에 엘비스 연산자를 사용하여 변환에 실패한 경우 기본값을 0으로 지정하는 예입니다.

```kotlin
val foo: String = "foo"

// 자료형 변환에 실패할 경우 기본값을 0으로 지정합니다.
val bar : Int = foo as? Int ?: 0
```

널 값이 아님을 명시하기: 비(非) 널 값 보증(!!)

상황에 따라 널 값을 포함할 수 있는 타입에 널 값이 아닌 값만 포함되는 경우가 생길 수 있습니다(예: 여러 유형의 자료를 표현할 수 있는 클래스에서 타입에 따라 필수로 포함하는 필드가 달라지는 경우). 이런 경우, 비(非) 널 값 보증(non-null assertions)을 사용하면 널 값을 포함할 수 있는 타입을 널 값을 포함하지 않는 타입으로 변환하여 사용할 수 있습니다. 보증하려는 항목 뒤에 !!을 붙여 사용합니다. 형태 및 의미는 다음과 같습니다.

kotlin

```kotlin
// 값 foo는 널 값을 포함할 수 있는 Foo 타입
val foo : Foo? = ...

// 값 foo는 널 값을 포함하지 않음을 보증
val nonNullFoo : Foo = foo!!

// 값 foo가 널 값이 아님을 보장하면서 bar() 함수 호출
foo!!.bar()

// 값 foo가 널 값이 아님을 보장하면서 baz 프로퍼티 접근
val myBaz = foo!!.baz
```

다음은 사용 예시입니다.

kotlin

```kotlin
// data2 프로퍼티는 널 값을 포함할 수 있습니다.
class Record(val data1: String, val data2: String?)

class Person(record: Record) {

    val name : String

    val address : String

    init {
        name = record.data1
        // Person 클래스를 생성할 때 인자로 받은 Record 객체 내 data2 프로퍼티는
        // 널 값을 포함하지 않음을 보증합니다.
        address = record.data2!!
    }
}
```

비 널 값 보증을 사용하였으나 실제 객체에 널 값이 들어가 있을 경우, 널 포인터 예외가 발생하므로 유의하여 사용해야 합니다.

📖 비 널 값 보증의 중첩 사용

비 널 값 보증은 다음과 같이 중첩하여 사용하는 것을 권장하지 않습니다. 다음과 같은 구문이 있을 때, contact.address와 address.line2 중 하나라도 널 값이라면 널 포인터 예외가 발생합니다.

```kotlin
val contact : Contact = ... // 주소록 항목 객체

// Address와 line2 모두 널 값이 아님을 보장
val line : String = contact.address!!.line2!!
```

하지만 에러 로그에서는 예외가 발생한 라인만 알 수 있을 뿐, 어느 요소로 예외가 발생했는지는 알 수 없습니다.

따라서 비 널 값 보증은 중첩되는 호출 단계보다는 하나의 호출 단계에만 사용할 것을 권장합니다.

나중에 초기화되는 변수를 위해: lateinit 키워드

클래스의 프로퍼티는 클래스를 생성할 때 생성자와 함께 값을 할당하는 경우도 많지만, 의존성 주입(dependency injection)을 사용하거나 설계상 이유로 클래스를 생성한 후 나중에 따로 초기화를 수행하는 경우도 있습니다.

코틀린은 널 값을 허용하지 않는 경우 초기화를 해 주거나 생성자를 통해 값을 초기화하도록 강제하고 있지만, lateinit 키워드를 사용하면 초기화 없이 변수만 선언할 수 있습니다.

```kotlin
class MyActivity: Activity() {

    // 나중에 초기화를 수행할 객체로 표시하였으므로 바로 초기화를 하지 않아도 됩니다.
    lateinit var api : Api

    ...
}
```

비 널 값 보증과 마찬가지로 초기화를 하지 않은 상태로 사용하려 하면 널 포인터 예외가 발생하니 초기화 작업을 빠뜨리지 않도록 유의해야 합니다.

자바로 작성된 클래스의 널 처리

자바로 작성된 클래스는 기본적으로 널 값을 허용하도록 처리되며, 코틀린에서는 이를 플랫폼 타입(platform types)이라 부릅니다. 플랫폼 타입은 Type!과 같은 형태로 표시됩니다. 다음 화면은 액티비티 내의 getActionBar() 메서드가 반환하는 값의 타입이 플랫폼 타입으로 표시되는 것을 보여주고 있습니다.

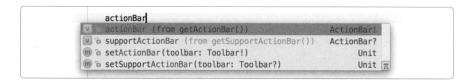

플랫폼 타입은 코틀린에서 자바로 작성한 클래스를 사용할 때에 자동으로 지정되는 타입으로, 이 타입을 개발자가 직접 사용할 수 없습니다.

kotlin

```kotlin
val myPlatformType: MyType! = ... // 오류: 플랫폼 타입을 선언할 수 없습니다.
```

플랫폼 타입은 코틀린에서 값 및 변수의 타입을 지정할 때 널을 허용하는 타입과 그렇지 않은 타입에 자유롭게 할당할 수 있습니다. 다음과 같이 자바로 작성된 클래스가 있다고 가정해 봅시다.

java

```java
class Person {

    String name;

    public String getName() {
        return name;
    }
}
```

코틀린에서는 다음과 같이 널 허용 여부와 관계없이 사용할 수 있습니다.

kotlin

```kotlin
val person : Person = ... // Person 객체 생성

// 값 n1은 널 값을 허용하지 않습니다.
val n1 : String = person.name

// 값 n2는 널 값을 허용합니다.
val n2 : String? = person.name
```

이와 같은 특징 때문에, 플랫폼 타입 객체를 사용할 때에는 항상 객체의 널 값 여부를 확인해야 합니다. 그렇지 않으면 실행 중 널 포인터 예외가 발생할 수 있습니다.

코틀린은 이를 해결하기 위해 자바에서 널리 사용하는 몇몇 어노테이션을 인식하여 객체의 널 허용 여부를 판단합니다. 코틀린에서 인식 가능한 어노테이션 종류는 다음과 같습니다.

종류	패키지/클래스
JetBrains	org.jetbrains.annotations
Android	com.android.annotations, android.support.annotations
JSR-305	javax.annotation
FindBugs	edu.umd.cs.findbugs.annotations
Eclipse	org.eclipse.jdk.annotation
Lombok	lombok.NonNull

앞에 나열한 어노테이션 중 하나인 @Nullable을 Person 클래스의 name 필드에 적용하면 다음과 같습니다.

java
```java
class Person {

    @Nullable
    String name;

    public String getName() {
        return name;
    }
}
```

이와 같이 적용하면, Person 클래스의 name 필드는 코틀린에서 널을 포함할 수 있는 프로퍼티(String?)로 인식됩니다. 따라서 다음과 같이 널을 허용하는 타입에만 사용할 수 있습니다.

kotlin
```kotlin
val person : Person = ... // Person 객체 생성

// 실패: 값 n1은 널 값을 허용하지 않습니다.
val n1 : String = person.name

// 성공: 값 n2는 널 값을 허용합니다.
val n2 : String? = person.name
```

 어노테이션을 사용하여 플랫폼 타입의 널 허용 여부를 명시한다 할지라도, 코틀린으로 작성되지 않은 곳(예: 자바로 작성된 코드, JSON 파싱 결과 등)에서 플랫폼 타입의 객체를 생성하는 경우 컴파일 과정에서 해당 필드에 대한 널 여부를 검증할 수 없습니다.

그러므로 코틀린으로 작성되지 않은 부분에 검증 코드를 별도로 추가해야 합니다. 이러한 불편을 예방하기 위해 해당 부분을 가급적 코틀린 코드로 변환하여 사용하는 것을 권장합니다.

3장

자바와는 다른 코틀린의 특징

3.1 클래스

코틀린의 클래스는 자바와 매우 유사하지만, 자바에는 없는 몇몇 기능을 추가로 제공합니다. 이 절에서는 코틀린에서만 제공하는 특수한 클래스와, 코틀린 클래스에서만 제공하는 기능에 대해 살펴봅니다.

데이터 클래스

프로그램을 작성하다 보면 여러 가지 유형의 자료를 다루게 됩니다. 자바에서는 이러한 자료들을 구분하고 그 값을 관리하기 위해 클래스를 사용합니다.

　'사람'이라는 유형의 자료를 다룰 클래스를 예로 들어보겠습니다. 클래스 내에 사람의 이름과 주소를 저장한다고 하면, 보통 다음과 같이 필드의 값을 받을 수 있는 생성자와 각 필드의 Setter/Getter가 있는 형태의 클래스를 작성합니다.

```java
class Person {

    private String name;

    private String address;

    public Person(String name, String address) {
        this.name = name;
        this.address = address;
    }

    public void setName(String name) {
```

다음 쪽에 계속 ▶

```
        this.name = name;
    }

    public void setAddress(String address) {
        this.address = address;
    }

    public String getName() {
        return name;
    }

    public String getAddress() {
        return address;
    }
}
```

단순히 자료를 담는 용도로 사용한다면 위의 코드만으로 충분합니다. 하지만 위 클래스로 표현된 자료 간의 비교나 연산을 제대로 수행하려면, 코드에 equals() 및 hashCode() 메서드를 추가로 구현해야 합니다.

물론, 대부분의 IDE에는 이러한 메서드를 자동으로 생성하는 기능이 포함되어 있으므로 큰 어려움 없이 이들을 추가할 수 있습니다.

하지만 이는 어디까지나 equals() 및 hashCode() 메서드를 생성하는 시점에 정의된 필드를 기준으로 생성된 것이므로 차후 필드가 추가될 때 equals() 및 hashCode() 메서드를 함께 갱신해 주어야 하며, equals() 및 hashCode() 메서드를 갱신하는 절차를 누락하면 버그가 발생할 가능성이 높습니다. 또한, 필드의 수에 비례하여 코드의 양도 늘어나므로 코드 리뷰를 수행하거나 오랜 시간이 지난 후 코드를 다시 검토할 때 부담이 됩니다.

자료를 저장하는 클래스를 만드는 과정을 단순하게 하기 위해, 코틀린에서는 데이터 클래스(data class)라는 특별한 클래스를 제공합니다. 데이터 클래스는 자료를 구성하는 프로퍼티만 선언하면 컴파일러가 equals(), hashCode(), toString() 함수를 자동으로 생성해 줍니다.

앞의 Person 클래스를 데이터 클래스로 선언하면 다음과 같은 형태가 됩니다. 주 생성자에서 데이터 클래스에 포함되는 프로퍼티를 함께 선언합니다.

kotlin
```kotlin
data class Person(val name: String, val address: String)
```

앞의 자바 코드에 비해 코드가 확연히 줄어들었지만, 수행하는 기능은 동일할 뿐 아니라 더 유연합니다. 데이터 클래스 내에 컴파일러가 생성한 equals(), hashCode(), toString() 함수의 동작을 확인하기 위해 다음 코드를 작성해 봅시다.

kotlin

```kotlin
val john = Person("John Doe", "Somewhere")
val john2 = Person("John Doe", "Somewhere")
val jane = Person("Jane Doe", "Anywhere")

println("John == John2? = ${john == john2}")
println("John == Jane? = ${john == jane}")
println("John.hashCode() = ${john.hashCode()}")

// john.toString()
println("John = $john")

// jane.toString()
println("Jane = $jane")
```

이 코드를 실행하면 다음과 같은 결과가 출력됩니다. equals(), hashCode(), toString() 함수를 따로 정의하지 않아도 잘 동작하는 것을 확인할 수 있습니다.

console

```
John == John2? = true
John == Jane? = false
John.hashCode() = 2004621390
John = Person(name=John Doe, address=Somewhere)
Jane = Person(name=Jane Doe, address=Anywhere)
```

한정 클래스

한정 클래스(sealed class)는 enum 클래스를 확장한 개념을 가진 클래스로, 각 종류별로 하나의 인스턴스만 생성되어 있는 enum 클래스와 달리 인스턴스를 여러 개 생성할 수 있습니다. 한정 클래스는 enum 클래스의 특징을 그대로 가지고 있으므로, 이를 상속하는 클래스는 한정 클래스로 정의되는 여러 종류 중 하나로 취급됩니다.

한정 클래스의 사용 방법을 간단한 예를 통해 알아보겠습니다. 다음은 MobileApp이라는 한정 클래스와 이를 상속하는 Android, IOS 클래스를 정의한 예를 보여줍니다.

kotlin

```kotlin
sealed class MobileApp(val os: String) {

    class Android(os: String, val packageName: String) : MobileApp(os)

    class IOS(os: String, val bundleId: String) : MobileApp(os)
}
```

한정 클래스를 상속하는 클래스는 일반적으로 클래스 내에 중첩하여 선언합니다. 하지만 같은 파일 내에 정의한다면 다음과 같이 클래스 외부에 선언할 수도 있습니다.

kotlin
```kotlin
sealed class MobileApp(val os: String)

class Android(os: String, val packageName: String) : MobileApp(os)

class IOS(os: String, val bundleId: String) : MobileApp(os)
```

한정 클래스는, 한정 클래스로 정의된 클래스의 종류에 따라 다른 작업을 처리해야 할 때 매우 유용합니다. 다음은 앞에서 정의한 MobileApp 클래스를 인자로 받는 함수의 예를 보여줍니다.

kotlin
```kotlin
fun whoami(app: MobileApp) = when (app) {
    is MobileApp.Android -> println("${app.os} / ${app.packageName}")
    is MobileApp.IOS -> println("${app.os} / ${app.bundleId}")
    // 모든 경우를 처리했으므로 else를 쓰지 않아도 됩니다.
}
```

MobileApp 클래스가 한정 클래스이므로, when 문에서 MobileApp 클래스를 상속하는 모든 클래스를 처리했는지 여부를 알 수 있습니다. 따라서 모든 경우를 처리했다면 앞의 예와 같이 else를 처리하지 않아도 됩니다.

이러한 특징은 한정 클래스를 상속하는 다른 유형의 클래스를 추가할 때 매우 유용합니다. 다음과 같이 WindowsMobile이라는 클래스가 추가되었다고 가정해 봅시다.

kotlin
```kotlin
sealed class MobileApp(val os: String) {

    class Android(os: String, val packageName: String) : MobileApp(os)

    class IOS(os: String, val bundleId: String) : MobileApp(os)

    class WindowsMobile(os: String, package: String) : MobileApp(os)
}
```

그리고 MobileApp 클래스가 한정 클래스가 아니라고 가정해 봅시다. 이 경우, Mobile App 클래스를 상속하는 클래스가 Android와 IOS 클래스 외에도 얼마든지 존재할 수 있습니다. 따라서 다음과 같이 when 문에 else 절을 추가해야 합니다.

kotlin

```kotlin
fun whoami(app: MobileApp) = when (app) {
    is MobileApp.Android -> println("${app.os} / ${app.packageName}")
    is MobileApp.IOS -> println("${app.os} / ${app.bundleId}")
    // MobileApp 클래스를 상속한 클래스 중 Android, IOS 클래스가 아닌 경우를 처리해야 합니다.
    else -> println("${app.os}")
}
```

앞의 whoami 함수는 MobileApp 클래스를 상속하는 클래스 중 Android 및 IOS 클래스에 대해서만 별도로 처리하고 있습니다. 따라서 새로 추가된 WindowsMobile 클래스는 else 절에서 처리됩니다. 새로 추가된 유형인 WindowsMobile 클래스에 대해 별도로 처리를 하지 않더라도 컴파일 에러가 발생하지 않으므로 이에 대한 처리를 누락하기 쉽습니다.

한정 클래스로 지정하고 else 절을 사용하지 않도록 변경하면 이러한 실수를 방지할 수 있습니다. 새로 추가된 유형을 처리하지 않으면 컴파일 에러가 발생하므로 새로운 유형에 대한 처리가 누락되는 것을 방지할 수 있습니다.

다음 코드에서 MobileApp 클래스가 한정 클래스이고, 새로운 유형인 WindowsMobile 클래스가 추가되었을 때 컴파일 에러가 발생하는 예를 보여줍니다.

kotlin

```kotlin
// when 문에서 Android, IOS의 경우만 처리하고 새로 추가된 유형은 처리하지 않고 있으므로,
// 'add necessary 'is WindowsMobile' branch or 'else' branch instead' 메시지와 함께
// 컴파일 에러가 발생합니다.
fun whoami(app: MobileApp) = when (app) {
    is MobileApp.Android -> println("${app.os} / ${app.packageName}")
    is MobileApp.IOS -> println("${app.os} / ${app.bundleId}")
    // else나 WindowsMobile에 대한 처리가 누락되어 있습니다.
}
```

프로퍼티의 사용자 지정 Getter/Setter

프로퍼티에는 내부에 저장된 필드 값을 가져오거나 설정할 수 있도록 Getter 및 Setter를 내부적으로 구현하고 있으며, 이는 단순히 필드의 값을 반환하거나 설정하도록 구현되어 있습니다.

사용자 지정 Getter/Setter를 사용하면 프로퍼티에서 Getter 및 Setter의 구현을 원하는 대로 변경할 수 있으며, 이는 특정 객체의 값에 따른 다양한 정보를 속성 형태로 제공할 때 유용합니다.

사용자 지정 Getter/Setter는 프로퍼티 선언과 함께 get() 및 set(value)를 사용하여 선언할 수 있습니다. 다음은 프로퍼티를 정의할 때 사용하는 문법을 보여줍니다.

<getter> 및 <setter>는 각각 사용자 지정 Getter 및 Setter를 의미합니다.

kotlin

```kotlin
var <propertyName>[: <PropertyType>] [=<property_initializer>]
    [<getter>]
    [<setter>]
```

예를 통해 조금 더 자세히 살펴보겠습니다. 다음은 사람에 대한 정보를 표현할 수 있는 간단한 클래스를 구현한 코드입니다.

kotlin

```kotlin
class Person(val age: Int, val name: String)
```

나이에 따른 성인 여부를 속성 형태로 이 클래스에 제공하려면 어떻게 해야 할까요? 다음과 같이 새로운 프로퍼티 adult와 사용자 지정 Getter를 사용하면 쉽게 구현할 수 있습니다.

kotlin

```kotlin
class Person(val age: Int, val name: String) {

    val adult: Boolean
        get() = age >= 19 // 19세 이상이면 성인으로 간주합니다.
}
```

사용자 지정 Setter를 사용하면 프로퍼티 내 필드에 설정되는 값을 제어할 수 있으나, 읽고 쓰기가 모두 가능한 프로퍼티(var)에서만 사용할 수 있습니다.

다음은 앞의 예제의 클래스에 주소(address) 프로퍼티를 추가하고, 해당 프로퍼티에 사용자 지정 Setter를 사용하여 입력된 주소의 앞 10자만 저장하도록 구현한 코드입니다.

kotlin

```kotlin
class Person(val age: Int, val name: String) {

    val adult: Boolean
        get() = age >= 19


    var address: String = ""
        set(value) {
            // 인자로 들어온 문자열의 앞 10 자리만 필드에 저장합니다.
            field = value.substring(0..9)
        }
}
```

3.2 함수

자바의 메서드는 표현 형태와 사용 방법이 매우 제한적입니다. 코틀린의 함수는 자바의 메서드와 동일한 기능을 수행하지만, 표현 형태가 더 자유롭고 자바의 메서드에서는 제공하지 않는 여러 유용한 기능을 갖추고 있습니다. 이 절에서는 코틀린의 함수에서만 사용할 수 있는 유용한 특징과 기능에 대해 알아봅니다.

명명된 인자

메서드의 매개변수가 선언된 순서에 맞춰 인자를 대입해야 하는 자바와 달리, 코틀린에서는 명명된 인자(named parameter)를 사용함으로써 함수를 호출할 때 매개변수의 순서와 상관없이 인자를 전달할 수 있습니다. 또한, 명명된 인자를 사용하면 매개변수의 수가 많아지더라도 각 인자에 어떤 값이 전달되는지 쉽게 구분할 수 있습니다.

다음은 간단한 함수의 예시입니다. 원을 그리는 함수로, 중심축의 좌표 및 반지름의 길이를 매개변수로 가집니다.

kotlin

```kotlin
// 원을 그리는 함수
fun drawCircle(x: Int, y: Int, radius: Int) {
    ...
}
```

자바의 경우, 위의 함수를 호출할 때 다음과 같이 항상 매개변수가 정의된 순서대로 인자를 대입해야 합니다. 함수의 매개변수 정보를 알고 있지 않다면, 대입된 값이 각각 무엇을 의미하는지 알기 어렵습니다.

kotlin

```kotlin
// 중심축이 (10,5)이고 반지름이 25인 원을 그립니다.
drawCircle(10, 5, 25)
```

하지만 코틀린에서는 명명된 인자를 지원하므로 다음과 같이 매개변수의 이름과 함께 인자를 대입할 수 있습니다.

kotlin

```kotlin
// 명명된 인자를 사용하여 함수를 호출합니다.
drawCircle(x = 10, y = 5, radius = 25)

// 대입하는 인자 중 일부에만 사용할 수도 있습니다.
drawCircle(10, 5, radius = 25)
```

기본 매개변수

자바에서 메서드의 매개변수가 많은 경우, 이를 조금 더 편리하게 사용하기 위해 축약된 매개변수를 갖는 메서드와 전체 매개변수를 갖는 메서드를 별도로 만들어 사용했습니다.

```java
// 반지름을 지정하지 않을 경우 25로 설정합니다.
void drawCircle(int x, int y) {
    // 원본 메서드를 호출합니다.
    drawCircle(x, y, 25);
}

// 모든 매개변수를 갖는 원본 메서드
void drawCircle(int x, int y, int radius) {
    ...
}

// 중심축이 (10, 5)인 원을 그립니다.
// 반지름을 지정하지 않았으므로 원의 반지름은 25가 됩니다.
drawCircle(10, 5);
```

자바에서는 매개변수에 아무 값이 대입되지 않을 경우 기본값을 지정할 수 없기에 앞의 예와 같이 두 종류의 메서드를 만들어야 했습니다.

하지만 코틀린에서는 함수의 매개변수에 기본값을 지정할 수 있으며, 이때 지정하는 값을 기본 매개변수(default parameter)라 부릅니다. 다음은 앞의 자바 메서드들과 동일한 역할을 하는 코틀린의 함수입니다.

```kotlin
// 반지름의 기본값으로 25를 갖는 함수
fun drawCircle(x: Int, y: Int, radius: Int = 25) {
    ...
}

// 중심축이 (10, 5)인 원을 그립니다.
// 반지름을 지정하지 않았으므로 원의 반지름은 25가 됩니다.
drawCircle(10, 5)
```

단일 표현식 표기

메서드 내용을 항상 중괄호({})로 감싸야 했던 자바와 달리, 코틀린에서는 Unit 타입을 제외한 타입을 반환하는 함수라면 함수의 내용을 단일 표현식(single expression)을 사용하여 정의할 수 있습니다. 다음 코드에서는 정수를 반환하는 간단한 함수의 일반적인 정의 예를 보여줍니다.

```kotlin
fun theAnswerToLifeTheUniverseAndEverything(): Int {
    return 21 * 2
}
```

단일 표현식 표기를 사용하면 다음과 같이 정의할 수 있습니다.

```kotlin
fun theAnswerToLifeTheUniverseAndEverything(): Int = 21 * 2
```

단일 표현식 표기를 사용하는 경우, 다음과 같이 반환 타입을 생략하는 것도 가능합니다.

```kotlin
fun theAnswerToLifeTheUniverseAndEverything() = 21 * 2
```

확장 함수

자바에서는 기존에 만들어져 있는 클래스에 새로운 메서드를 추가하려면 해당 클래스를 상속하는 새로운 클래스를 작성해야 합니다. 반면 코틀린에서는 확장 함수(extension function)를 사용하여 상속 없이 기존 클래스에 새로운 함수를 추가할 수 있습니다.

확장 함수를 추가할 대상 클래스는 리시버 타입(receiver type)이라 부르며, 이는 리시버 타입 뒤에 점(.)을 찍고 그 뒤에 원하는 함수의 형태를 적는 방식으로 정의합니다. 확장 함수 구현부에서는 this를 사용하여 클래스의 인스턴스에 접근할 수 있으며, 이를 리시버 객체(receiver object)라 부릅니다. 다음은 확장 함수를 정의하는 예입니다.

```kotlin
// String 클래스에 withPostfix() 함수를 추가합니다.
// this를 사용하여 인스턴스에 접근할 수 있습니다.
private fun String.withPostfix(postFix: String) = "$this$postFix"

// this를 사용하여 인스턴스에 접근할 수 있으므로, 앞에서 정의한 확장 함수를 사용할 수 있습니다.
fun String.withBar() = this.withPostfix("Bar")
```

이렇게 정의한 확장 함수는 리시버 타입에 정의한 함수를 사용하는 것과 동일한 방법으로 호출할 수 있습니다. 다음은 앞에서 정의한 확장 함수를 호출하는 코드입니다.

```kotlin
val foo = "Foo"

// String 클래스에 포함된 함수를 호출하듯이 사용합니다.
// 값 foobar에는 "FooBar"가 할당됩니다.
val foobar = foo.withBar()
```

확장 함수를 호출하는 모습이 클래스 내 정의된 함수의 경우와 똑같다 할지라도, 이는 엄연히 클래스 외부에서 정의하는 함수입니다. 따라서 리시버 객체에서는 클래스 내 public으로 정의된 프로퍼티나 함수에만 접근할 수 있습니다.

> 📖 **확장 함수는 기존 클래스에 함수를 어떻게 추가하나요?**
>
> 확장 함수는 리시버 타입에 직접 추가되는 함수가 아닙니다. 리시버 타입과 확장 함수의 인자를 인자로 받는 새로운 함수를 만들고, 확장 함수를 호출하면 이 새로운 함수를 대신 호출합니다.
>
> 새로운 함수가 정의되는 위치는 확장 함수를 정의하는 위치에 따라 달라집니다. 다음은 클래스 내부에 확장 함수를 정의한 코틀린 코드입니다.
>
> ```kotlin
> class MyExtension {
>
>     fun String.withFoo() = this.withPrefix("Foo")
>
>     private fun String.withPrefix(prefix: String) = "$prefix$this"
> }
> ```
>
> 이는 컴파일 과정에서 다음의 자바 코드와 동일한 형태로 변환됩니다.
>
> ```java
> public final class MyExtension {
>
>     @NotNull
>     public final String withFoo(@NotNull String $receiver) {
>         return withPrefix($receiver, "Foo");
>     }
>
>     private final String withPrefix(@NotNull String $receiver, String prefix) {
>         return prefix + $receiver;
>     }
> }
> ```
>
> 확장 함수는 패키지 수준으로도 선언할 수 있습니다.
>
> ```kotlin
> package com.example.foo
> ```
>
> 다음 쪽에 계속 ▶

```
fun String.withBar() = this.withPostfix("Bar")

private fun String.withPostfix(postFix: String) = "$this$postFix"
```

이렇게 정의된 확장 함수는 {정의된 **파일 이름**}Kt 클래스 내 정적 함수로 변환됩니다. 즉, 확장 함수를 정의한 파일 이름이 MyExtension.kt였다면 MyExtensionKt 클래스가 생성됩니다. 다음은 패키지 단위로 정의된 확장 함수가 자바 코드로 변환된 결과를 보여줍니다.

java

```java
public final class MyExtensionKt {

    public static final String withBar(@NotNull String $receiver) {
        return withPostfix($receiver, "Bar");
    }

    private static final String withPostfix(@NotNull String $receiver,
                                            String postFix) {
        return $receiver + postFix;
    }
}
```

연산자 오버로딩

자바는 연산자 오버로딩(operator overloading)을 일체 허용하지 않지만, 코틀린은 사용자 정의 타입에 한해 연산자 오버로딩을 지원합니다.

연산자 오버로딩을 지원하는 다른 언어와 유사하게, 각 연산자별로 사전 정의된 함수를 재정의하는 방식으로 연산자 오버로딩을 사용할 수 있습니다. 연산자 오버로딩을 위한 함수는 함수 정의에 **operator** 키워드가 추가되며, 기존의 연산자를 재정의 하는 것만 허용합니다.

먼저, 단항 연산자(unary operator)에 해당하는 함수를 살펴보겠습니다. 다음은 각 연산자에 해당하는 함수입니다.

연산자	함수
+	unaryPlus
-	unaryMinus
!	not
++	inc
--	dec

다음은 몇몇 단항 연산자를 재정의하고 사용하는 예입니다.

kotlin

```kotlin
class Volume(var left: Int, var right: Int) {

    // 단항 연산자 '-'를 재정의합니다.
    operator fun unaryMinus() : Volume {
        this.left = -this.left
        this.right = -this.right
        return this
    }

    // 단항 연산자 '++'를 재정의합니다.
    operator fun inc() : Volume {
        this.left += 1
        this.right += 1
        return this
    }

    // 단항 연산자 '--'를 재정의합니다.
    operator fun dec() : Volume {
        this.left -= 1
        this.right -= 1
        return this
    }
}

var volume = Volume(50, 50)

// Volume 클래스 내 left, right 값이 반전되어 할당됩니다.
val v1 = -volume

// volume 객체의 left, right 값이 각각 1씩 증가합니다.
volume++

// volume 객체의 left, right 값이 각각 1씩 감소합니다.
volume--
```

확장 함수를 사용하여 연산자를 재정의하는 것도 가능합니다. 앞의 예제와 동일한 내용을 확장 함수를 사용하여 구현한 모습은 다음 코드와 같습니다.

kotlin

```kotlin
class Volume(var left: Int, var right: Int)

// 확장 함수를 사용하여 단항 연산자 '-'를 재정의합니다.
operator fun Volume.unaryMinus() : Volume {
    this.left = -this.left
    this.right = -this.right
    return this
}

// 확장 함수를 사용하여 단항 연산자 '++'를 재정의합니다.
operator fun Volume.inc() : Volume {
```

다음 쪽에 계속 ▶

```
        this.left += 1
        this.right += 1
        return this
}

// 확장 함수를 사용하여 단항 연산자 '--'를 재정의합니다.
operator fun Volume.dec() : Volume {
        this.left -= 1
        this.right -= 1
        return this
}
```

이번엔 이항 연산자(binary operator)에 해당하는 함수들을 알아보겠습니다. 그중, 숫자 연산에 사용하는 연산자 및 그에 해당하는 함수를 알아보면 다음과 같습니다.

연산자	함수
+	plus
−	minus
*	times
/	div
%	rem

이항 연산자에 해당하는 일부 연산자를 재정의하고 사용하는 간단한 예를 다음 코드에서 확인할 수 있습니다.

kotlin

```
class Volume(val left: Int, val right: Int)

// 이항 연산자 '+'를 재정의합니다.
operator fun Volume.plus(other: Volume)
        = Volume(this.left + other.left, this.right + other.right)

// 이항 연산자 '-'를 재정의합니다.
operator fun Volume.minus(other: Volume)
        = Volume(this.left - other.left, this.right - other.right)

// v1에는 Volume(30, 40)과 동일한 값이 할당됩니다.
val v1 = Volume(10, 10) + Volume(20, 30)

// v2에는 Volume(30, 20)과 동일한 값이 할당됩니다.
val v2 = Volume(50, 30) - Volume(20, 10)
```

비교 연산자(comparison operator)는 다른 연산자와 달리 각 연산자가 모두 동일한 함수에 할당되며, 해당 함수가 반환하는 값의 크기에 따라 해당 연산자의 참 거짓 여부를 판별합니다. 여기에서 compareTo 함수의 반환형은 항상 Int이어야 합니다.

연산자	함수	참인 경우
>	compareTo	반환값이 0보다 큰 경우
<	compareTo	반환값이 0보다 작은 경우
>=	compareTo	반환값이 0보다 크거나 같은 경우
<=	compareTo	반환값이 0보다 작거나 같은 경우

다음은 비교 연산자를 재정의하고 사용하는 예입니다.

kotlin

```kotlin
class Rectangle(val width: Int, val height: Int)

// 사각형의 넓이를 비교한 값을 반환합니다.
operator fun Rectangle.compareTo(other: Rectangle) : Int {
    val myDimension = this.width * this.height
    val otherDimension = other.width * other.height
    return myDimension - otherDimension
}

// 너비 10, 높이 10인 사각형(넓이=100)
val a = Rectangle(10, 10)

// 너비 2, 높이 10인 사각형(넓이=20)
val b = Rectangle(2, 10)

// true true false false가 출력됩니다.
println("${a > b} ${a >= b} ${a <= b} ${a < b}")
```

동일성 비교 연산자(==)는 두 객체가 서로 같은 값을 가지고 있는가 여부를 확인하며, 이는 equals 함수에 할당됩니다. 코틀린에서 == 연산자를 사용하면 equals 함수가 불린다는 것을 제외하면 자바의 equals 함수와 다를 것이 없으므로, 자바에서 equals 메서드를 재정의하던 방법과 동일하게 함수 본체를 작성하면 됩니다.

단, 다른 연산자와 다르게 동일성 비교 연산자를 재정의할 때는 operator 키워드를 추가하지 않습니다. 다음은 동일성 비교 연산자를 재정의한 예입니다.

kotlin

```kotlin
class Volume(var left: Int, var right: Int) {

    // '==' 연산자를 재정의합니다.
    // 자바에서 equals() 메서드를 재정의하는 방식과 동일합니다.
    override fun equals(other: Any?): Boolean {
        if (other == this) {
            return true
        }

        if (other !is Volume) {
            return false
```

다음 쪽에 계속 ▶

```
        }
            return other.left == this.left && other.right == this.right
    }
}
```

다음은 배열이나 리스트의 인자에 접근할 때 사용하는 인덱스 접근 연산자(index access operator)입니다. 대괄호([])를 사용하는 연산자이며, 값을 처리하는 방법에 따라 할당되는 함수가 달라집니다.

연산자	용도	함수
[ ]	값을 읽는 목적	get
[ ]	값을 쓰는 목적	set

인덱스 접근 연산자를 재정의하고 이를 사용하는 간단한 예는 다음과 같습니다.

kotlin

```
class Triple(var first: Int, var second: Int, var third: Int)

// Triple[index]가 값을 반환하는 경우 호출되는 함수를 재정의합니다.
operator fun Triple.get(index: Int) = when(index) {
    0 -> this.first
    1 -> this.second
    2 -> this.third
    else -> IllegalArgumentException()
}

// Triple[index]에 값이 할당되는 경우 호출되는 함수를 재정의합니다.
operator fun Triple.set(index: Int, value: Int){
    when(index) {
        0 -> this.first = value
        1 -> this.second = value
        2 -> this.third = value
        else -> IllegalArgumentException()
    }
}

val triple = Triple(10, 20, 30)

// triple 객체 내 first, second, third 프로퍼티의 값을 출력합니다.
// 10 20 30이 출력됩니다.
println("${triple[0]} ${triple[1]} ${triple[2]}")

// triple 객체 내 first, second 프로퍼티 값을 변경합니다.
triple[0] = 30
triple[1] = 30

// 30 30 30이 출력됩니다.
println("${triple[0]} ${triple[1]} ${triple[2]}")
```

값의 변경과 할당을 동시에 하는 연산자도 있습니다. 이러한 연산자를 복합 할당 연산자(augmented assignment operator)라 하며, 이러한 연산자들도 재정의가 가능합니다. 복합 할당 연산자 중 일부를 재정의하고 사용하는 예를 다음 코드에서 확인할 수 있습니다.

kotlin

```kotlin
class Volume(var left: Int, var right: Int)

// '+=' 연산자를 재정의합니다.
operator fun Volume.plusAssign(other: Int) {
    this.left += other
    this.right += other
}

// '-=' 연산자를 재정의합니다.
operator fun Volume.minusAssign(other: Int) {
    this.left -= other
    this.right -= other
}

val volume = Volume(50, 50)

// volume 객체의 left, right 값을 20씩 증가시킵니다.
volume += 20

// volume 객체의 left, right 값을 10씩 감소시킵니다.
volume -= 10
```

특정 원소의 포함 여부를 가리기 위해, 코틀린에서는 in 연산자를 사용합니다. 이 연산자를 재정의하려면 contains 함수를 재정의하면 됩니다. 다음 코드는 이를 재정의하고 사용하는 예입니다.

kotlin

```kotlin
class Line(val start: Int, val end: Int)

// 'in' 연산자를 재정의합니다.
// 주어진 점이 선의 시작점과 끝점 내에 있는지 확인합니다.
operator fun Line.contains(point: Int) : Boolean {
    return point in start..end
}

val line = Line(0, 10)

// 점 5와 -1이 선 내에 포함되는지, 그리고 -1이 선 내에 포함되지 않는지 여부를 확인합니다.
// true false true가 출력됩니다.
println("${5 in line} ${-1 in line} ${-1 !in line}")
```

중위 표기법 지원

코틀린에서는 사용자가 정의한 함수를 중위 표기법(infix notation)을 사용하여 호출할 수 있으며, 해당 함수는 다음 조건을 만족해야 합니다.

- 함수 선언에 infix 키워드를 표기해야 함
- 확장 함수 혹은 멤버 함수이면서, 매개변수가 하나일 것

다음 코드에서 중위 표기법을 지원하는 함수를 선언하는 예와 그 사용 예를 보여주고 있습니다. 멤버로 선언된 함수와 확장 함수로 선언된 함수의 예를 모두 보여줍니다.

kotlin

```kotlin
class Volume(var left: Int, var right: Int) {

    // 멤버로 선언된 함수에 중위 표기를 지원하도록 합니다.
    infix fun increaseBy(amount: Int) {
        this.left += amount
        this.right += amount
    }
}

// 확장 함수로 선언된 함수에 중위 표기를 지원하도록 합니다.
infix fun Volume.decreaseBy(amount: Int) {
    this.left -= amount
    this.right -= amount
}

// 중위 표기를 지원하는 함수를 사용하는 예
val currentVolume = Volume(50, 50)

// currentVolume.increaseBy(30)과 동일합니다.
currentVolume increaseBy 30

// currentVolume.decreaseBy(20)과 동일합니다.
currentVolume decreaseBy 20
```

3.3 람다 표현식

자바 8에서도 람다 표현식을 지원하지만, 코틀린의 람다 표현식은 자바의 람다 표현식보다 훨씬 간편하고 직관적인 문법을 갖추고 있습니다. 이 절에서는 자바와 코틀린의 람다 표현식이 어떻게 다른지 간단히 살펴보고, 코틀린의 람다 표현식에서만 사용할 수 있는 기능들을 살펴봅니다.

자바와 코틀린의 람다 표현식

람다 표현식(lambda expression)은 하나의 함수를 표현할 수 있습니다. 특히 익명 클

래스(anonymous class)를 간결하게 표현할 때 사용할 수 있으므로 매우 유용합니다.

다음은 자바 7 및 그 이전 버전의 자바에서 익명 클래스를 사용하여 버튼의 리스너를 설정하는 코드입니다. 문법상 한계로 인해, 리스너의 주요 구현부 코드보다 익명 클래스를 생성하는 코드가 더 길어진 것을 확인할 수 있습니다.

java

```java
Button button = ... // 버튼 인스턴스
button.setOnClickListener(new View.OnClickListener() {
    @Override
    public void onClick(View v) {
        // 버튼이 눌렸을 때 수행할 동작을 지정합니다.
        doSomething();
    }
});
```

자바 8부터는 람다 표현식을 지원하여, 하나의 메서드를 갖는 익명 클래스 대신 람다 표현식을 사용할 수 있습니다. 앞의 리스너를 자바 8에서 제공하는 람다 표현식으로 구현한 예는 다음과 같습니다. 익명 클래스를 사용하는 경우와 달리 실제 메서드 구현에 필요한 요소만 기술하므로 훨씬 간결하게 표현할 수 있습니다.

java

```java
Button button = ... // 버튼 인스턴스

// 람다 표현식을 사용하여 리스너를 선언합니다.
button.setOnClickListener((View v) -> doSomething());

// 인자의 타입을 생략할 수 있습니다.
button.setOnClickListener(v -> doSomething());
```

코틀린에서도 자바 8과 마찬가지로 람다 표현식을 사용할 수 있습니다. 자바 7을 기반으로 하는 프로젝트에서도 코틀린을 사용하면 람다 표현식을 사용할 수 있으므로, 기존에 작성된 프로젝트를 개선할 때에도 매우 유용하게 사용할 수 있습니다.

코틀린의 람다 표현식은 자바의 람다 표현식과 형태가 매우 유사하지만, 중괄호를 사용하여 앞뒤를 묶어준다는 점이 다릅니다. 코틀린의 람다 표현식 형태는 다음 코드에서 확인하실 수 있습니다.

```
        매개변수              함수 본체
      ┌─────────┐        ┌───────┐
      { x : Int, y : Int -> x + y }
```

앞의 자바 람다 표현식으로 작성한 예제를 코틀린의 람다 표현식을 사용하여 코드를 작성하면 다음과 같습니다.

```kotlin
val button: Button = ... // 버튼 인스턴스

// 람다 표현식을 사용하여 리스너를 선언합니다.
button.setOnClickListener({ v: View -> doSomething())

// 자바와 마찬가지로, 인자 타입을 생략할 수 있습니다.
button.setOnClickListener({ v -> doSomething()})
```

자바에서, 하나의 메서드만 호출하는 람다 표현식은 메서드 참조(method reference)를 사용하여 간략하게 표현할 수 있습니다. 코틀린에서는 이를 멤버 참조(member reference)라는 이름으로 지원하며, 사용 방법이 자바와 동일합니다. 다음 코드는 멤버 참조를 사용한 예입니다.

```kotlin
// View를 인자로 받는 함수
fun doSomethingWithView(view: View) {
    ...
}

val button: Button = ... // 버튼 인스턴스

// 람다 표현식 내에서 doSomethingWithView() 함수 하나만 호출하고 있습니다.
button.setOnClickListener({ v -> doSomethingWithView(v)})

// 멤버 참조를 사용하여 doSomethingWithView() 함수를 바로 대입할 수 있습니다.
button.setOnClickListener(::doSomethingWithView)
```

메서드만 참조할 수 있는 자바와 달리, 코틀린에서는 프로퍼티도 멤버 참조를 지원합니다. 코틀린에서 멤버 참조를 프로퍼티에 사용한 예는 다음과 같습니다.

```kotlin
class Person(val name: String, val age: Int) {

    // 성인 여부를 표시하는 프로퍼티
    val adult = age > 19
}

// 전체 사람 목록 중, 성인의 이름만 출력합니다.
fun printAdults(people: List<Person>) {

    // 필터링 조건을 람다 표현식을 사용하여 대입하고 있습니다.
    // 단순히 adult 프로퍼티의 값만 반환합니다.
    people.filter({person -> person.adult})
            .forEach { println("Name= ${it.name}") }

    // 멤버 참조를 사용하여 adult 프로퍼티를 바로 대입합니다.
    people.filter(Person::adult)
            .forEach { println("Name= ${it.name}") }
}
```

코틀린 람다 표현식의 유용한 기능

함수를 호출할 때 대입하는 인자 중 마지막 인자가 함수 타입이고, 이 인자에 함수를 대입할 때 람다 표현식을 사용한다면 이 람다 표현식은 함수의 인자를 대입하는 괄호 외부에 선언할 수 있습니다. 다이얼로그를 만드는 코드에서 함수의 인자로 리스너를 전달할 때, 전달하는 함수를 괄호 외부에 선언하면 다음과 같습니다.

kotlin

```kotlin
val dialog = AlertDialog.Builder(this)
        ...
        // 함수 타입의 인자를 마지막 인자로 대입하고 있습니다.
        .setPositiveButton("OK"), { dialog, which -> doOnOkay(which) })

        // 함수 타입의 인자는 괄호 외부에 선언할 수 있습니다.
        .setNegativeButton("Cancel") { dialog, which -> doOnCancel(which) }
        .create()
```

함수가 단 하나의 함수 타입 매개변수를 가질 경우, 인자 대입을 위한 괄호를 생략하고 바로 람다 표현식을 사용할 수 있습니다. 다음 코틀린 코드는 버튼 클릭 리스너에 이를 사용한 예입니다.

kotlin

```kotlin
val button: Button = ... // 버튼 인스턴스

// setOnClickListener의 마지막 인자로 함수 타입을 대입하고 있습니다.
button.setOnClickListener({ v -> doSomething()})

// 다른 인자가 없으므로, 괄호 없이 바로 외부에 람다 표현식을 사용할 수 있습니다.
button.setOnClickListener { v -> doSomething() }
```

자바에서는 람다 표현식에 무조건 매개변수를 선언해 주어야 했습니다. 코틀린에서는 람다 표현식 내 매개변수의 개수가 하나인 경우 매개변수 선언을 생략할 수 있으며, 이때 매개변수에 대한 참조가 필요한 경우 it을 사용할 수 있습니다. 코틀린에서 it을 사용하여 람다 표현식을 더욱 간단하게 사용할 수 있습니다.

kotlin

```kotlin
val button: Button = ... // 버튼 인스턴스

// 리스너에서 View를 인자로 받는 함수 doSomethingWithView()를 호출하고 있습니다.
button.setOnClickListener { v -> doSomethingWithView(v) }

// 매개변수가 하나만 있으므로 선언을 생략하고 it을 대신 사용할 수 있습니다.
button.setOnClickListener { doSomethingWithView(it) }
```

여러 개의 매개변수를 갖는 람다 표현식에서 사용하지 않는 매개변수가 있을 경우, 매개변수 이름 대신 _를 사용하여 사용하지 않는 매개변수라는 것을 명시할 수 있습니다. 다음은 다이얼로그를 만드는 코드에서 _를 사용한 예입니다.

kotlin

```kotlin
val dialog = AlertDialog.Builder(this)
    ...
    // 리스너 내에서 dialog 매개변수는 사용하고 있지 않습니다.
    .setPositiveButton("OK"), { dialog, which -> doOnOkay(which) })

    // 사용하지 않는 매개변수에 이름 대신 '_'를 사용할 수 있습니다.
    .setNegativeButton("Cancel") { _, which -> doOnCancel(which) }
    .create()
```

인라인 함수

람다 표현식을 사용하면, 함수를 인자로 넘길 수 있는 고차함수(higher-order function)에 들어갈 함수형 인자를 쉽게 표현할 수 있습니다.

그런데 람다 표현식을 사용하여 작성한 함수는 컴파일 과정에서 익명 클래스로 변환됩니다. 따라서 익명 클래스를 사용하는 코드를 호출할 때마다 매번 새로운 객체가 생성되므로 이러한 코드가 여러 번 호출되는 경우 실행 시점의 성능에 영향을 미치게 됩니다.

인라인 함수(inline function)를 사용하면, 함수의 매개변수로 받는 함수형 인자의 본체를 해당 인자가 사용되는 부분에 그대로 대입하므로 성능 하락을 방지할 수 있습니다. 인라인 함수로 선언하려면 다음과 같이 함수 선언 앞에 inline 키워드를 추가하면 됩니다.

kotlin

```kotlin
// 인자로 받은 함수를 내부에서 실행하는 함수
inline fun doSomething(body: () -> Unit) {
    println("onPreExecute()")
    body()
    println("onPostExecute()")
}
```

앞의 예제에 있는 인라인 함수를 호출하는 모습을 확인하고, 이 구문이 컴파일 과정에서 어떻게 변환되는지 코드를 통해 살펴봅시다.

kotlin

```kotlin
// 인라인 함수를 호출합니다.
doSomething { println("do Something") }
```

다음 쪽에 계속 ▶

```kotlin
// 앞의 구문은 다음과 같이 변환됩니다.
println("onPreExecute()")
// 인자로 전달된 함수 본체의 내용이 그대로 복사된 것을 확인할 수 있습니다.
println("do Something()")
println("onPostExecute()")
```

인라인 함수의 함수형 매개변수는 별도의 표기가 없을 경우 모두 인라인 처리됩니다. 인라인 함수의 함수형 인자 중, 인라인 처리되지 않아야 하는 항목이 있다면 매개변수에 noinline 키워드를 추가하면 됩니다. 인라인 함수의 일부 매개변수에 noinline 키워드를 적용한 예는 다음과 같습니다.

kotlin

```kotlin
inline fun doSomething(
    inlinedBody: () -> Unit,
    noinline notInlinedBody: () -> Unit) {
    ...
}
```

3.4 코틀린의 여타 특징

이 절에서는 코틀린에서만 제공하는 기능 중에서, 매우 유용하게 사용할 수 있는 몇 가지 기능에 대해 간단히 살펴봅니다.

타입 별칭

제네릭 타입을 사용하다 보면, 다소 복잡한 형태의 타입을 사용하게 되는 경우가 종종 있습니다. 이렇게 되면, 제네릭의 타입 정의만으로는 개발자가 표현하고자 했던 정보를 정확히 유추하기 어렵습니다.

코틀린에서는 타입 별칭(type alias) 기능을 제공하며, 이를 사용하여 복잡한 구조로 구성된 타입을 간략하게 표현할 수 있습니다. 타입 별칭은 typealias를 사용하여 정의하며, 다음과 같이 선언합니다.

kotlin

```kotlin
// 사람 정보를 저장하는 리스트
typealias PeopleList = List<Person>

// 특정 태그를 가진 사람의 리스트를 포함하는 맵
typealias PeopleInTags = Map<String, Person>
```

타입 별칭으로 선언한 타입은 기존의 타입과 완전히 동일하게 사용할 수 있습니다. 다음 코드는 제네릭 타입을 인자로 받는 간단한 함수의 예시입니다.

```kotlin
// 인자로 받은 사람에게 메시지를 보내는 함수
fun sendMessage(people: List<Person>) {
    people.forEach {
        // 메시지 전송
    }
}
```

앞의 예제에서 List<Person>을 PeopleList라는 이름을 갖는 타입 별칭으로 선언하면 다음과 같이 List<Person> 대신 PeopleList를 사용할 수 있습니다.

```kotlin
// 타입 별칭 선언
typealias PeopleList = List<Person>

// List<Person> 대신 PeopleList를 사용합니다.
fun sendMessage(people: PeopleList) {
    people.forEach {
        // 메시지 전송
    }
}
```

클래스나 함수와 마찬가지로 타입을 인자로 받을 수도 있습니다.

```kotlin
// 특정 태그를 가진 자료의 리스트를 포함하는 맵
typealias ItemsInTags<T> = Map<String, T>
```

함수형 타입에도 타입 별칭을 지정할 수 있습니다. 다음은 함수형 타입을 매개변수로 받는 간단한 함수입니다.

```kotlin
// 메시지를 보낼 사람을 선택할 때 기준이 되는 조건을 함수의 인자(filterFunc)로 받습니다.
fun sendMessage(people: List<Person>, filterFunc: (Person) -> Boolean) {
    people.filter(filterFunc)
        .forEach {
            // 메시지 전송
        }
}
```

앞의 예제에서 (Person) -> Boolean을 PersonFilter라는 이름으로 타입 별칭 선언을 하면 다음과 같이 사용할 수 있습니다.

```kotlin
// 함수형 타입을 타입 별칭으로 설정합니다.
typealias PersonFilter = (Person) -> Boolean
```

다음 쪽에 계속 ▶

```
// 선언한 타입 별칭을 기존의 타입과 바꿔 사용할 수 있습니다.
fun sendMessage(people: List<Person>, filterFunc: PersonFilter) {
    people.filter(filterFunc)
        .forEach {
            // 메시지 전송
        }
}
```

타입 별칭을 사용하여 새로운 타입을 선언한다고 해서, 이 타입에 해당하는 새로운 클래스가 생성되는 것은 아닙니다. 타입 별칭으로 선언된 타입은 컴파일 시점에 모두 원래 타입으로 변환되므로 실행 시점의 부하가 없다는 또 다른 장점이 있습니다.

분해 선언

복잡한 구성을 갖는 자료구조를 사용하다 보면, 때로는 해당 자료구조 내에 포함된 필드 중 일부만 사용하거나 각 항목을 별도의 변수로 뽑아 사용하는 경우가 종종 있습니다.

자바는 이런 경우에 사용할 수 있는 문법이 없어, 다음과 같이 수동으로 변수를 할당해서 사용해야 합니다.

java
```
class Person {
    ...
    public int getAge() { ... }
    public String getName() { ... }
    ...
}

Person person = ... // 사람을 표현하는 객체

// 사람 객체에 포함된 필드를 각각 사용하려면 이를 수동으로 각 변수에 할당해야 합니다.
int ageOfPerson = person.getAge();
String nameOfPerson = person.getName();
```

반면, 코틀린에서는 각 프로퍼티가 가진 자료의 값을 한번에 여러 개의 값(val) 혹은 변수에 할당할 수 있습니다. 이러한 기능을 분해 선언(destructuring declarations)이라 부릅니다. 분해 선언을 사용하여 앞의 예제와 동일한 기능을 하는 코틀린 코드를 작성해 보면 다음과 같습니다.

kotlin
```
data class Person(val age: Int, val name: String)

val person : Person = ... // 사람을 표현하는 객체
```

다음 쪽에 계속 ▶

```kotlin
// 사람 객체에 포함된 필드의 값을 한번에 여러 값(val)에 할당합니다.
val (ageOfPerson, nameOfPerson) = person
```

분해 선언은 프로퍼티가 가진 자료의 값을 어떤 방법으로 전달할까요? 이를 알아보기 위해 분해 선언을 사용한 코드가 어떻게 컴파일되는지 알아보겠습니다. 다음은 앞의 예제 중 분해 선언을 사용한 부분이 컴파일된 결과입니다.

kotlin

```kotlin
val ageOfPerson: Int = person.component1()
val nameOfPerson: String = person.component2()
```

앞의 코드에서 볼 수 있듯이, 분해 선언을 사용하면 내부적으로 각 값에 component1(), component2() 함수의 반환값을 할당합니다. 프로퍼티의 수가 늘어나는 경우 component3(), component4()와 같이 함수 뒤의 숫자가 증가하는 형태, 즉 componentN() 형태의 함수를 추가로 사용하게 됩니다.

분해 선언을 사용하려면 클래스에 프로퍼티의 수만큼 componentN() 함수가 있어야 하며, 이 함수들을 포함하고 있는 클래스에만 분해 선언을 사용할 수 있습니다. 분해 선언을 기본으로 제공하는 클래스들은 다음과 같습니다.

- 데이터 클래스(data class)로 선언된 클래스
- kotlin.Pair
- kotlin.Triple
- kotlin.collections.Map.Entry

분해 선언은 반복문에서도 사용할 수 있으며, 특히 맵 자료구조를 사용할 때 유용합니다. 다음은 맵을 순회하는 코드에서 분해 선언을 사용하여 각각 키와 값을 선언하는 코틀린 코드입니다.

kotlin

```kotlin
val cities: Map<String, String> = ... // 도시 정보를 저장하고 있는 맵

// 맵 내 각 항목의 키와 값을 별도로 선언하여 사용합니다.
for ((cityCode, name) in cities) {
    System.out.println("$cityCode=$name")
}
```

람다 표현식에서도 이 기능을 사용할 수 있습니다. 앞의 예제를 람다 표현식을 사용하여 작성하면 다음과 같습니다.

```kotlin
val cities: Map<String, String> = ... // 도시 정보를 저장하고 있는 맵

// 람다 표현식 내 매개변수에서도 분해 선언을 사용할 수 있습니다.
cities.forEach { cityCode, name ->
    System.out.println("$cityCode=$name")
}
```

코틀린에서 개발자가 작성한 클래스에서 분해 선언 기능을 사용하고 싶다면, 해당 클래스 내에 별도로 componentN() 함수를 프로퍼티의 선언 순서 및 타입에 알맞게 추가해주면 됩니다. 이 함수는 일종의 규칙처럼 선언되어야 하는 만큼 componentN() 함수를 선언할 때에는 앞에 **operator**를 붙여 주어야 합니다. 다음은 사용자 정의 클래스에 분해 선언을 사용할 수 있도록 구성한 코틀린 코드입니다.

```kotlin
class Person(val age: Int, val name: String) {
    // 첫 번째 프로퍼티의 값을 반환합니다.
    operator fun component1() = this.age

    // 두 번째 프로퍼티의 값을 반환합니다.
    operator fun component2() = this.name
}

val person: Person = ... // 사람을 표현하는 객체

// 분해 선언을 사용할 수 있습니다.
val (age, name) = person
```

람다 표현식의 매개변수와 마찬가지로, 분해 표현식에서도 사용하지 않는 값 혹은 변수가 있다면 이름 대신 _를 사용하여 별도의 값이나 변수로 선언되지 않도록 할 수 있습니다. 앞의 예제에서 name만 사용하는 경우는 다음과 같습니다.

```kotlin
val person: Person = ... // 사람을 표현하는 객체

//   name 값만 사용하고 싶은 경우 다음과 같이 선언합니다.
val (_, name) = person
```

4장

코틀린 표준 라이브러리

코틀린 표준 라이브러리에는 개발 시 유용하게 사용할 수 있는 여러 함수들을 갖추고 있습니다. 이 장에서는 그 중에서도 특히 유용하게 사용할 수 있는 함수들을 살펴봅니다.

4.1 조건 확인 함수

개발 시 발생하는 버그를 줄이려면, 사용하려는 값 혹은 상태를 철저히 확인하고 올바른 상태에서만 작업을 진행해야 합니다. 이 절에서는 이와 같이 특정 값의 상태를 확인하거나, 혹은 의도하지 않는 상태에서 프로그램이 계속 실행되는 것을 방지할 때 사용하는 함수들을 알아봅니다.

특정 값의 일치 여부 확인: check, require

함수 혹은 생성자의 인자로 전달받은 값을 사용하기 전에, 그 값의 유효성을 검사해야 하는 경우가 있습니다. 잘못된 값이 전달되었을 경우 아무 작업도 수행하지 않고 단순히 에러 메시지를 로그로 출력하기만 해도 됩니다. 하지만 버그를 방지하기 위해 명시적으로 에러 발생 사실을 알리고 프로그램을 종료해야 하는 경우도 있습니다.

이때, check() 함수 및 require() 함수를 사용하면 이러한 작업을 쉽게 처리할 수 있습니다. check() 함수와 require() 함수 모두 인자로 받은 표현식이 참이 아닌 경우 예외를 발생시키며, check() 함수는 IllegalStateException을, require() 함수는 IllegalArgumentException을 발생시킵니다.

check() 함수와 require() 함수는 단순히 값을 확인만 하는 형태의 함수와, 조건이 일치하지 않았을 경우 수행할 작업을 함께 지정할 수 있는 형태의 함수를 지원합니다. 다음은 각 함수의 정의입니다.

* fun check(value: Boolean)

  인자로 받은 value 값이 참이 아니라면 IllegalStateException을 발생시킵니다.

* fun check(value: Boolean, lazyMessage: () -> Any)

  인자로 받은 value 값이 참이 아니라면 IllegalStateException을 발생시키며, 이 때 lazyMessage로 넘겨진 함수를 함께 실행합니다.

* fun require(value: Boolean)

  인자로 받은 value 값이 참이 아니라면 IllegalArgumentException을 발생시킵니다.

* fun require(value: Boolean, lazyMessage: () -> Any)

  인자로 받은 value 값이 참이 아니라면 IllegalArgumentException을 발생시키며, 이때 lazyMessage로 넘겨진 함수를 함께 실행합니다.

다음은 앞의 함수들을 사용하는 간단한 예입니다.

kotlin

```kotlin
fun showMessage(isPrepared: Boolean, message: String) {
    // 인자로 받은 isPrepared 값이 true가 아니라면 IllegalStateException을 발생시킵니다.
    check(isPrepared)
    // 인자로 받은 message 문자열의 길이가 10 이상이 아니라면
    // IllegalArgumentException을 발생시킵니다.
    require(message.length > 10)

    println(message)
}
```

이 외에도, checkNotNull() 함수와 requireNotNull() 함수를 사용하면 특정 값의 널 여부를 확인하고 널이 아닌 값을 반환받을 수 있습니다. 앞의 예시와 마찬가지로 단순히 값을 확인만 하는 형태와, 함께 실행할 함수를 지정하는 형태를 지원합니다. 각 함수의 정의는 다음과 같습니다.

* fun <T : Any> checkNotNull(value: T?) : T

  인자로 받은 value 값이 널 값이라면 IllegalStateException을 발생시키며, 그렇지 않은 경우 널이 아닌 값을 반환합니다.

- fun <T : Any> checkNotNull(value: T?, lazyMessage: () -> Any) : T

  인자로 받은 value 값이 널 값이라면 IllegalStateException을 발생시키고 lazy
  Message로 넘겨진 함수를 함께 실행시키며, 그렇지 않은 경우 널이 아닌 값을 반
  환합니다.

- fun <T : Any> requireNotNull(value: T?) : T

  인자로 받은 value 값이 널 값이라면 IllegalArgumentException을 발생시키며, 그
  렇지 않은 경우 널이 아닌 값을 반환합니다.

- fun <T : Any> requireNotNull(value: T?, lazyMessage: () -> Any) : T

  인자로 받은 value 값이 널 값이라면 IllegalArgumentException을 발생시키고
  lazyMessage로 넘겨진 함수를 함께 실행시키며, 그렇지 않은 경우 널이 아닌 값을
  반환합니다.

다음은 앞의 예제에 requireNotNull() 함수를 추가로 사용한 예입니다.

kotlin
```kotlin
fun showMessage(isPrepared: Boolean, message: String?) {
    check(isPrepared)

    // 값 msg에는 인자로 받은 message 값이 널 값이 아닐 때에만 해당 값이 할당됩니다.
    val msg = requireNotNull(message)
    require(msg.length > 10)

    println(message)
}
```

명시적으로 실행 중단하기: error, TODO

프로그램의 로직을 작성하다 보면, 정상적으로 프로그램이 실행될 경우 호출될 가능
성이 없는 영역이 있습니다. 그런데 알 수 없는 이유로 실행 시점에서 이 영역에 진
입하게 될 경우, 그로 인한 부작용을 예측하기 어려워집니다.

따라서 이 영역에 진입하게 되는 경우 임의로 예외를 발생시켜 프로그램의 실행을
막는 방법을 주로 사용합니다. 임의로 예외를 발생시킬 때, 코틀린에서는 error() 함수
를 사용하여 이를 간편하게 구현할 수 있습니다. 이 함수의 정의는 다음과 같습니다.

- fun error(message: String) : Nothing

  인자로 받은 message와 함께 IllegalStateException을 발생시킵니다.

error() 함수를 사용한 간단한 예는 다음과 같습니다.

kotlin

```kotlin
fun showMessage(isPrepared: Boolean, message: String) {

    // 인자로 받은 값 isPrepared가 거짓일 경우
    // IllegalStateException: Not prepared yet 예외가 발생합니다.
    if (!isPrepared) {
        error("Not prepared yet")
    }
    println(message)
}
```

이 외에도, 큰 규모의 개발을 진행하다 보면 다른 부분의 작업이 완료되어야 구현이 가능한 부분이 생기기도 합니다. 이때, 보통 주석을 사용하여 추가 작업이 필요함을 표시하고 값 반환이 필요한 경우 임의의 값을 반환하도록 구현해 두는 경우가 많습니다.

하지만 간혹 이러한 주석들을 미처 확인하지 못하고 그냥 두어 버그가 발생하기도 합니다. 이러한 문제를 방지하기 위해 코틀린에서는 TODO() 함수를 제공합니다. TODO() 함수의 정의는 다음과 같습니다.

- fun TODO(): Nothing

  NotImplementedError 예외를 발생시켜 이 부분이 아직 완성되지 않았음을 알려줍니다.

- fun TODO(reason: String): Nothing

  NotImplementedError 예외를 발생시켜 이 부분이 아직 완성되지 않았음을 알려줍니다. 에러 메시지에 표시될 상세 내용을 reason 매개변수를 통해 전달할 수 있습니다.

이를 사용하는 간단한 예는 다음에서 확인할 수 있습니다.

kotlin

```kotlin
class Car {

    // 내부 구현이 완료된 함수
    fun drive() {
        ...
    }

    // 내부 구현이 아직 완료되지 않은 함수
    // 이 함수를 호출할 경우 NotImplementedError가 발생합니다.
    fun stop() {
        TODO("Brake is not implemented")
    }
}
```

4.2 컬렉션 생성 함수

코틀린 표준 라이브러리에서는 여러 종류의 컬렉션을 간편하게 만들 수 있는 함수들을 제공합니다. 이 절에서는 개발 시 주로 사용하는 컬렉션의 종류별로 이를 생성해 주는 함수와, 이 함수를 사용하는 예를 함께 살펴봅니다.

배열

특정 원소를 담고 있는 배열을 생성하려면 arrayOf() 함수를 사용합니다. 빈 배열을 생성하고 싶은 경우 emptyArrayOf() 함수를 대신 사용할 수 있습니다. 이 함수들의 정의는 다음과 같습니다.

- fun <T> arrayOf(vararg elements: T): Array<T>

  함수의 인자로 받은 값으로 구성된 배열을 반환합니다.

- fun <T> emptyArray(): Array<T>

  특정 타입을 갖는 빈 배열을 반환합니다.

널 값을 포함할 수 있는 배열을 생성하고 싶은 경우, arrayOfNulls() 함수를 사용하여 배열을 생성한 후 이 배열에 값을 따로 채워넣을 수 있습니다. 이 함수의 정의는 다음과 같습니다.

- fun <T> arrayOfNulls(size: Int): Array<T?>

  배열 내 각 값들이 모두 널 값으로 초기화되어 있고, 인자로 받은 size만큼의 크기를 갖는 배열을 반환합니다.

다음은 앞의 배열 생성 함수를 사용하는 예입니다.

kotlin
```kotlin
// 인자로 전달된 문자열을 포함하는 배열을 생성합니다.
// 배열의 타입은 인자를 통해 추론되므로 별도로 표기하지 않아도 됩니다.
val cities = arrayOf("Seoul", "Tokyo", "San Francisco")

// String 타입의 빈 배열을 생성합니다.
// 전달되는 인자가 없어 타입 추론이 불가하므로 함수 호출 시 타입을 지정해 주어야 합니다.
val emptyStringArray = emptyArray<String>()

// 크기가 3이고 널 값을 포함할 수 있는 배열을 생성합니다.
// 전달되는 인자가 없어 타입 추론이 불가하므로 함수 호출 시 타입을 지정해 주어야 합니다.
val nullStoreableArray = arrayOfNulls<String>(3)
```

자바의 원시 타입을 포함하는 배열은 코틀린의 배열과 다른 타입으로 취급되므로,

앞에서 소개한 함수가 아닌 각 타입에 맞는 함수를 사용해야 합니다.

다음은 자바 원시 타입을 포함하는 배열을 생성하는 함수들의 정의입니다.

- `fun booleanArrayOf(vararg elements: Boolean): BooleanArray`

  Boolean 타입을 갖는 배열을 생성합니다. 이 배열은 자바의 boolean[] 배열과 호환됩니다.

- `fun byteArrayOf(vararg elements: Byte): ByteArray`

  Byte 타입을 갖는 배열을 생성합니다 이 배열은 자바의 byte[] 배열과 호환됩니다.

- `fun charArrayOf(vararg elements: Char): CharArray`

  Char 타입을 갖는 배열을 생성합니다. 이 배열은 자바의 char[] 배열과 호환됩니다.

- `fun doubleArrayOf(vararg elements: Double): DoubleArray`

  Double 타입을 갖는 배열을 생성합니다. 이 배열은 자바의 double[] 배열과 호환됩니다.

- `fun floatArrayOf(vararg elements: Float): FloatArray`

  Float 타입을 갖는 배열을 생성합니다. 이 배열은 자바의 float[] 배열과 호환됩니다.

- `fun intArrayOf(vararg elements: Int): IntArray`

  Int 타입을 갖는 배열을 생성합니다. 이 배열은 자바의 int[] 배열과 호환됩니다.

- `fun longArrayOf(vararg elements: Long): LongArray`

  Long 타입을 갖는 배열을 생성합니다. 이 배열은 자바의 long[] 배열과 호환됩니다.

- `fun shortArrayOf(vararg elements: Short): ShortArray`

  Short 타입을 갖는 배열을 생성합니다. 이 배열은 자바의 short[] 배열과 호환됩니다.

다음 코드는 자바에서 배열을 생성하는 예와, 앞에서 소개한 함수를 사용하여 이와 동일한 코틀린 코드를 작성하는 예를 비교해 보여줍니다.

java

```java
// 문자열을 포함하는 배열을 생성합니다.

char[] chars = new char[]{
  'a', 'b', 'c', 'd', 'e'};

// 정수를 포함하는 배열을 생성합니다.

int[] numbers = new int[]{
  1, 2, 3, 4, 5};
```

kotlin

```kotlin
// 자바의 원시 타입 char를 포함하는 배열을
// 생성합니다.
val chars = charArrayOf(
  'a', 'b', 'c', 'd', 'e')

// 자바의 원시 타입 int를 포함하는 배열을
// 생성합니다.
val numbers = intArrayOf(
  1, 2, 3, 4, 5)
```

리스트

포함하는 요소를 읽을 수만 있고 수정할 수 없는 읽기 전용 리스트는 listOf() 함수를 사용하여 생성할 수 있습니다. 읽기 전용 리스트를 생성하는 함수들의 정의는 다음과 같습니다.

- fun <T> listOf(vararg elements: T): List<T>

  인자로 받은 elements를 포함하는 읽기 전용 리스트를 반환합니다.

- fun <T> listOf(element: T): List<T>

  인자로 받은 element 하나만을 요소로 갖는 읽기 전용 리스트를 반환합니다.

- fun <T> listOf(): List<T>

  비어있는 읽기 전용 리스트를 반환합니다.

인자로 받는 값 중, 널 값은 무시하고 널이 아닌 값으로만 리스트를 구성하고 싶은 경우 listOfNotNull() 함수를 사용하면 편리합니다. 이 함수들의 정의는 다음과 같습니다.

- fun <T : Any> listOfNotNull(vararg elements: T?): List<T>

  인자로 받은 elements 중 널이 아닌 값들로만 구성된 읽기 전용 리스트를 반환합니다. 만약 인자로 전달된 모든 값이 널 값이라면 빈 리스트를 반환합니다.

- fun <T : Any> listOfNotNull(element: T?): List<T>

- 인자로 받은 element의 값이 널이 아닌 경우 이 요소 하나만을 갖는 리스트를 반환하며, 널 값인 경우에는 빈 리스트를 반환합니다.

다음은 listOfNotNull() 함수의 사용 예입니다.

kotlin

```kotlin
// 널 값이 아닌 인자가 아무것도 없으므로, listOfCountries에는 빈 리스트가 생성됩니다.
val listOfCountries = listOfNotNull(null)

// 널 값인 인자는 무시하므로, "Seoul", "Tokyo"만을 요소로 갖는 리스트가 생성됩니다.
val listOfCities = listOfNotNull("Seoul", null, "Tokyo", null)
```

리스트에 포함된 요소를 수정할 수 있는 리스트는 mutableListOf() 함수를 사용하여 생성합니다. 이 함수들의 정의는 다음과 같습니다.

- fun <T> mutableListOf(vararg elements: T): MutableList<T>
  인자로 받은 elements를 요소로 가지며 수정 가능한 리스트를 반환합니다.

- fun <T> mutableListOf(): MutableList<T>
  비어있는 수정 가능한 리스트를 반환합니다.

안드로이드 앱 개발 시 자주 사용하는 자료구조 중 하나인 ArrayList 또한 표준 라이브러리에서 제공하는 함수인 arrayListOf()를 사용하여 쉽게 생성할 수 있습니다. 이 함수들의 정의는 다음과 같습니다.

- fun <T> arrayListOf(vararg elements: T): ArrayList<T>
  인자로 받은 elements를 요소로 하는 ArrayList를 반환합니다.

- fun <T> arrayListOf(): ArrayList<T>
  비어있는 ArrayList를 반환합니다.

맵

포함하는 요소를 읽을 수만 있고, 수정할 수 없는 읽기 전용 맵(map)은 mapOf() 함수를 사용하여 생성할 수 있습니다. 다음은 읽기 전용 맵을 생성하는 함수들의 정의입니다.

- fun <K, V> mapOf(vararg pairs: Pair<K, V>): Map<K, V>
  Pair 형태로 받은 인자들을 포함하는 읽기 전용 맵을 반환합니다.

- fun <K, V> mapOf(pair: Pair<K, V>): Map<K, V>
  인자로 받은 pair 하나만을 요소로 갖는 읽기 전용 맵을 반환합니다.

- fun <K, V> mapOf(): Map<K, V>
  비어있는 읽기 전용 맵을 반환합니다.

리스트와 유사하게, 맵이 포함하고 있는 요소를 수정할 수 있는 맵은 mutableMapOf() 함수로 생성할 수 있습니다.

- fun <K, V> mutableMapOf(vararg pairs: Pair<K, V>): MutableMap<K, V>
  Pair 형태로 받은 인자들을 포함하는 수정 가능한 맵을 반환합니다.

- fun <K, V> mutableMapOf(): MutableMap<K, V>
  비어있는 수정 가능한 맵을 반환합니다.

mapOf() 함수나 mutableMapOf() 함수는 맵에 들어갈 요소를 모두 Pair 형태로 받는데, Pair를 만들 때 사용할 수 있는 표준 라이브러리 내 함수인 to()를 사용하면 이를 직관적으로 표현할 수 있습니다. 아래 코드에서 그 예를 확인할 수 있습니다.

kotlin

```
// Pair를 직접 사용하는 예
val cities1 = mapOf(
    Pair("SEO", "Seoul"), Pair("TOK", "Tokyo"), Pair("MTV", "Mountain View"))

// 표준 라이브러리 내 함수 to를 사용하여 Pair를 직관적으로 표현한 예
val cities2 = mapOf(
    "SEO" to "Seoul", "TOK" to "Tokyo", "MTV" to "Mountain View")
```

보다 명시적인 타입의 맵을 생성해야 하는 경우 hashMapOf(), linkedMapOf(), sorted MapOf() 함수를 사용할 수 있습니다. 각 함수들의 정의는 다음과 같습니다.

- fun <K, V> hashMapOf(vararg pairs: Pair<K, V>): HashMap<K, V>

  Pair 형태로 받은 인자들을 포함하는 HashMap 형태의 맵을 반환합니다.

- fun <K, V> hashMapOf(): HashMap<K, V>

  비어있는 HashMap 형태의 맵을 반환합니다.

- fun <K, V> linkedMapOf(vararg pairs: Pair<K, V>): LinkedHashMap<K, V>

  Pair 형태로 받은 인자들을 포함하는 LinkedHashMap 형태의 맵을 반환합니다.

- fun <K, V> linkedMapOf(): LinkedHashMap<K, V>

  비어있는 LinkedHashMap 형태의 맵을 반환합니다.

- fun <K, V> sortedMapOf(vararg pairs: Pair<K, V>): SortedMap<K, V>

  Pair 형태로 받은 인자들을 포함하는 SortedMap 형태의 맵을 반환합니다.

집합

집합(set)은 중복되지 않는 요소들로 구성된 자료구조입니다. 포함하는 요소를 읽을 수만 있고, 수정할 수 없는 읽기 전용 집합은 setOf() 함수를 사용하여 생성할 수 있습니다. 읽기 전용 집합을 생성하는 함수들의 정의는 다음과 같습니다.

- fun <T> setOf(vararg elements: T): Set<T>

  인자로 받은 elements를 요소로 하는 읽기 전용 집합을 반환합니다.

- fun <T> setOf(element: T): Set<T>

  인자로 받은 element 하나만을 요소로 하는 읽기 전용 집합을 반환합니다.

- fun <T> setOf(): Set<T>

  비어있는 읽기 전용 집합을 반환합니다.

포함하고 있는 요소를 수정할 수 있는 집합은 mutableSetOf() 함수로 생성할 수 있습니다. 다음은 이 함수들의 정의입니다.

- fun <T> mutableSetOf(vararg elements: T): MutableSet<T>

  인자로 받은 elements를 요소로 하는 수정 가능한 집합을 반환합니다.

- fun <T> mutableSetOf(): MutableSet<T>

  비어있는 수정 가능한 집합을 반환합니다.

보다 명시적인 타입의 집합을 생성해야 하는 경우 hashSetOf(), linkedSetOf(), sortedSetOf() 함수를 사용할 수 있습니다. 다음은 각 함수들의 정의입니다.

- fun <T> hashSetOf(vararg elements: T): HashSet<T>

  인자로 받은 elements를 포함하는 HashSet 형태의 집합을 반환합니다.

- fun <T> hashSetOf(): HashSet<T>

  비어있는 HashSet 형태의 집합을 반환합니다.

- fun <T> linkedSetOf(vararg elements: T): LinkedHashSet<T>

  인자로 받은 elements를 포함하는 LinkedHashSet 형태의 집합을 반환합니다.

- fun <T> linkedSetOf(): LinkedHashSet<T>

  비어있는 LinkedHashSet 형태의 집합을 반환합니다.

- fun <T> sortedSetOf(comparator: Comparator<in T>, vararg elements: T): TreeSet<T>

  인자로 받은 elements를 포함하는 SortedSet 형태의 집합을 반환하며, 요소의 정렬 기준으로 comparator를 사용합니다.

- fun <T> sortedSetOf(vararg elements: T): TreeSet<T>

  인자로 받은 elements를 포함하는 SortedSet 형태의 집합을 반환합니다.

4.3 스트림 함수

자바 8에서는 리스트나 맵과 같은 컬렉션에 포함된 자료들을 손쉽게 다룰 수 있도록 스트림(stream) 기능을 제공합니다. 스트림에서 제공하는 여러 연산자들을 사용하면 컬렉션에 포함된 자료들을 다른 타입으로 변경하거나, 새로운 자료를 추가로 생성하는 등의 작업을 쉽게 구현할 수 있습니다.

코틀린에서는 스트림 대신 이와 유사한 역할을 하는 함수들을 표준 라이브러리에서 제공하며, 확장 함수 형태로 제공됩니다. 따라서 항상 stream() 메서드를 호출해야 했던 자바와 달리 컬렉션 객체에서 직접 이러한 함수들을 호출할 수 있어 편리합니다.

엄밀히 말하면 코틀린 표준 라이브러리에서 제공하는 함수들은 자바 8의 스트림 기능을 사용하지 않지만, 여기에서는 편의상 이러한 함수들을 '스트림 함수'라 지칭하겠습니다. 이어서, 코틀린에서 제공하는 스트림 함수 중 자주 사용하고 유용한 것들을 유형별로 분류하여 자세히 알아보도록 하겠습니다.

변환

map() 함수는 컬렉션 내 인자를 다른 값 혹은 타입으로 변환할 때 사용합니다.

```kotlin
val cities = listOf("Seoul", "Tokyo", "Mountain View")

// 도시 이름을 대문자로 변환합니다.
cities.map{ city -> city.toUpperCase() }
        .forEach { println(it) }

// 도시 이름을 받아, 이를 각 이름의 문자열 길이로 변환합니다.
cities.map{ city -> city.length }
        .forEach { println("length=$it")}
```

앞의 코드를 실행하면 다음과 같은 결과가 출력됩니다. 리스트 내에 있던 값이 map() 함수에 정의된 규칙에 따라 변환된 결과가 출력된 것을 확인할 수 있습니다.

```console
SEOUL
TOKYO
MOUNTAIN VIEW
length=5
length=5
length=13
```

mapIndexed() 함수를 사용하면 컬렉션 내 포함된 인자의 인덱스 값을 변환 함수 내에서 사용할 수 있습니다.

```kotlin
// 0부터 10까지 정수를 포함하는 범위
val numbers = 0..10

// 변환 함수에서 각 인자와 인덱스를 곱한 값을 반환합니다.
numbers.mapIndexed{ idx, number -> idx * number }
        .forEach { print("$it ")}
```

이를 실행하면 다음과 같은 결과가 출력됩니다.

```console
0 1 4 9 16 25 36 49 64 81 100
```

mapNotNull()은 컬렉션 내 각 인자를 변환함과 동시에, 변환한 결과가 널 값인 경우 이를 무시합니다.

```kotlin
val cities = listOf("Seoul", "Tokyo", "Mountain View")

// 도시 이름의 길이가 5 이하일 경우에는 이를 그대로 반환하고,
// 그렇지 않은 경우 널 값을 반환합니다.
cities.mapNotNull{ city -> if (city.length <= 5) city else null }
        .forEach{ println(it) }
```

이 코드를 실행하면 다음과 같은 결과가 출력됩니다. "Mountain View"는 이름의 길이가 5를 초과하므로 변환 함수에서 null을 반환하여 출력에서 제외되었음을 확인할 수 있습니다.

```console
Seoul
Tokyo
```

flatMap() 함수는 map() 함수와 유사하게 컬렉션 내 인자를 다른 형태로 변환해주는 역할을 합니다. 하지만 map() 함수와 달리 flatMap() 함수는 변환 함수의 반환형이 Interable입니다. 따라서 하나의 인자에서 여러 개의 인자로 매핑이 필요한 경우에 사용합니다.

```kotlin
val numbers = 1..6

// 1부터 시작하여 각 인자를 끝으로 하는 범위를 반환합니다.
numbers.flatMap{ number -> 1..number }
        .forEach{ println("$it ") }
```

변환 함수에서 각 인자를 끝으로 하는 새로운 범위를 반환하였으므로, 이 범위에 해당하는 정수들이 새롭게 스트림에 추가됩니다. 따라서 이 코드를 실행하면 다음과 같은 결과가 출력됩니다.

console

```
1 1 2 1 2 3 1 2 3 4 1 2 3 4 5 1 2 3 4 5 6
```

groupBy() 함수는 컬렉션 내 인자들을 지정한 기준에 따라 분류하며, 각 인자들의 리스트를 포함하는 맵 형태로 결과를 반환합니다.

kotlin

```
val cities = listOf("Seoul", "Tokyo", "Mountain View")

// 도시 이름의 길이가 5 이하면 "A" 그룹에, 그렇지 않으면 "B" 그룹에 대입합니다.
// 여기에서 지정하는 이름은 반환되는 맵의 키 이름으로 사용됩니다.
cities.groupBy { city -> if (city.length <= 5) "A" else "B" }
        .forEach{ key, cities -> println("key=$key cities=$cities") }
```

이 코드를 실행하면 다음과 같은 결과가 출력됩니다. 5 이하의 길이를 가지는 도시들은 "A" 키에 해당하는 리스트에 포함되어 있고, 그렇지 않은 도시는 "B" 키에 해당하는 리스트에 포함되어 있는 것을 확인할 수 있습니다.

console

```
key=A cities=[Seoul, Tokyo]
key=B cities=[Mountain View]
```

필터

filter() 함수는 컬렉션 내 인자들 중 주어진 조건과 일치하는 인자만 걸러주는 역할을 합니다.

kotlin

```
val cities = listOf("Seoul", "Tokyo", "Mountain View")

// 도시 이름의 길이가 5 이하인 항목만 통과시킵니다.
cities.filter { city -> city.length <= 5 }
        .forEach{ println(it) }
```

필터 함수에서 길이가 5 이하인 문자열만 받도록 설정하였으므로, "Seoul", "Tokyo" 문자열만 남고 나머지는 리스트에서 제외됩니다. 따라서 이 코드를 실행하면 다음과 같은 결과가 출력됩니다.

```
console
```
Seoul
Tokyo

take() 함수는 컬렉션 내 인자들 중 앞에서 take() 함수의 인자로 받은 개수만큼만을
인자로 갖는 리스트를 반환합니다. 이와 유사한 형태의 함수로는 takeLast() 함수와
takeWhile() 함수가 있습니다.

takeLast() 함수는 take() 함수와 반대로 뒤에서부터 이 함수의 인자로 받은 개수
만큼만을 인자로 갖는 리스트를 반환하고, takeWhile() 함수는 첫 번째 인자부터 시
작하여 주어진 조건을 만족하는 인자까지를 포함하는 리스트를 반환합니다.

takeLastWhile() 함수는 takeWhile() 함수와 반대로 뒤에서부터 주어진 조건을 만
족하는 인자까지를 포함하는 리스트를 반환합니다.

```kotlin
val cities = listOf("Seoul", "Tokyo", "Mountain View", "NYC", "Singapore")

// 첫 번째 인자로부터 하나의 인자만 포함하도록 합니다.
cities.take(1)
    .forEach { println(it) }

// 마지막 인자로부터 두 개의 인자만 포함하도록 합니다.
cities.takeLast(2)
    .forEach { println(it) }

// 문자열의 길이가 5 이하인 조건을 만족할 때까지 해당하는 항목을 반환합니다.
// "NYC"와 "Singapore"도 문자열의 길이가 5 이하이지만,
// "Mountain View"가 조건을 만족하지 않으므로 이후의 인자들은 모두 무시합니다.
cities.takeWhile { city -> city.length <= 5 }
    .forEach { println(it) }

// 뒤에서부터 시작하여, 문자열의 길이가 13 미만인 조건을 만족할 때까지 해당하는 항목을 반환합니다.
// 컬렉션 내 항목의 순서는 유지됩니다.
cities.takeLastWhile { city -> city.length < 13 }
    .forEach { println(it) }
```

다음은 이 코드를 실행한 결과입니다.

```
console
```
```
// cities.take(1)
Seoul

// cities.takeLast(2)
NYC
Singapore

// cities.takeWhile { city -> city.length <= 5 }
```

다음 쪽에 계속 ▶

```
Seoul
Tokyo

// cities.takeLastWhile { city -> city.length < 13 }
NYC
Singapore
```

drop() 함수는 take() 함수의 반대 역할을 하며, 조건을 만족하는 항목을 컬렉션에서 제외한 결과를 반환합니다. take() 함수와 유사하게 dropLast(), dropWhile(), dropLastWhile() 함수를 지원합니다.

kotlin

```kotlin
val cities = listOf("Seoul", "Tokyo", "Mountain View", "NYC", "Singapore")

// 첫 번째 인자로부터 하나의 인자를 제외합니다.
cities.drop(1)
    .forEach { println(it) }

// 마지막 인자로부터 두 개의 인자를 제외합니다.
cities.dropLast(2)
    .forEach { println(it) }

// 문자열의 길이가 5 이하인 조건을 만족할 때까지 해당하는 항목을 제외합니다.
// "NYC"의 문자열 길이도 5 이하이지만,
// "Mountain View"에서 조건을 만족하지 않게 되므로 이 이후의 항목들은 더 이상 제외되지 않습니다.
cities.dropWhile { city -> city.length <= 5 }
    .forEach { println(it) }

// 뒤에서부터 시작하여, 문자열의 길이가 13 미만인 조건을 만족할 때까지 해당하는 항목을 제외합니다.
// 컬렉션 내 항목의 순서는 유지됩니다.
cities.dropLastWhile { city -> city.length < 13 }
    .forEach { println(it) }
```

다음은 이 코드를 실행한 결과입니다.

console

```
// cities.drop(1)
Tokyo
Mountain View
NYC
Singapore

// cities.dropLast(2)
Seoul
Tokyo
Mountain View

// cities.dropWhile { city -> city.length <= 5 }
Mountain View
NYC
Singapore
```

다음 쪽에 계속 ▶

```
// cities.dropLastWhile { city -> city.length < 13 }
Seoul
Tokyo
Mountain View
```

first() 함수는 컬렉션 내 첫번째 인자를 반환합니다. 단순히 리스트 내에서 첫 번째에 위치하는 인자를 반환하는 것뿐 아니라, 특정 조건을 만족하는, 특정 조건을 만족하는 첫 번째 인자를 반환하도록 구성하는 것도 가능합니다. 조건을 만족하는 인자가 없는 경우 NoSuchElementException 예외를 발생시키며, firstOrNull() 함수를 사용하면 예외 대신 널 값을 반환하도록 할 수 있습니다.

last() 함수는 first() 함수와 반대의 역할을 수행하며, first() 함수와 마찬가지로 lastOrNull() 함수를 지원합니다.

kotlin

```kotlin
val cities = listOf("Seoul", "Tokyo", "Mountain View", "NYC", "Singapore")

// 첫 번째 인자를 반환합니다.
println(cities.first())

// 마지막 인자를 반환합니다.
println(cities.last())

// 문자열 길이가 5를 초과하는 첫 번째 인자를 반환합니다.
println(cities.first { city -> city.length > 5 })

// 문자열 길이가 5를 초과하는 마지막 인자를 반환합니다.
println(cities.last { city -> city.length > 5 })

try {
    // 조건을 만족하는 첫 번째 인자를 반환하며, 없을 경우 예외를 발생시킵니다.
    cities.first { city -> city.isEmpty() }
} catch (e: NoSuchElementException) {
    println("Not found")
}

try {
    // 조건을 만족하는 마지막 인자를 반환하며, 없을 경우 예외를 발생시킵니다.
    cities.last { city -> city.isEmpty() }
} catch (e: NoSuchElementException) {
    println("Not found")
}

// 조건을 만족하는 첫 번째 인자를 반환하며, 없을 경우 널 값을 반환합니다.
println(cities.firstOrNull { city -> city.isEmpty() })

// 조건을 만족하는 마지막 인자를 반환하며, 없을 경우 널 값을 반환합니다.
println(cities.lastOrNull { city -> city.isEmpty() })
```

다음은 이 코드를 실행한 결과입니다.

console

```
// cities.first()
Seoul

// cities.last()
Singapore

// cities.first { city -> city.length > 5 }
Mountain View

// cities.last { city -> city.length > 5 }
Singapore

// cities.first { city -> city.isEmpty() }
Not found

// cities.last { city -> city.isEmpty() }
Not found

// cities.firstOrNull { city -> city.isEmpty() }
null

// cities.lastOrNull { city -> city.isEmpty() }
null
```

distinct() 함수는 컬렉션 내에 포함된 항목 중 중복된 항목을 걸러낸 결과를 반환합니다. 이때 항목의 중복 여부는 equals()로 판단하며, distinctBy() 함수를 사용하면 비교에 사용할 키 값을 직접 설정할 수 있습니다.

kotlin

```
val cities = listOf("Seoul", "Tokyo", "Mountain View", "Seoul", "Tokyo")

// 도시 목록 중 중복된 항목을 제거합니다.
cities.distinct()
    .forEach { println(it) }

// 중복된 항목을 판단할 때, 도시 이름의 길이를 판단 기준으로 사용합니다.
cities.distinctBy { city -> city.length }
    .forEach { println(it) }
```

다음은 이 코드의 실행 결과를 보여줍니다. distinctBy() 예시에서는 문자열의 길이가 같은 경우 모두 같은 항목으로 판단하도록 지정하여 "Seoul"과 "Tokyo"가 같은 항목으로 간주되었고, "Seoul" 항목이 더 먼저 나오므로 그 뒤에 있는 "Tokyo" 항목은 제거되었습니다.

console

```
// cities.distinct()
Seoul
```

다음 쪽에 계속 ▶

```
Tokyo
Mountain View

// cities.distinctBy { city -> city.length }
Seoul
Mountain View
```

조합 및 합계

zip() 함수는 두 컬렉션 내의 자료들을 조합하여 새로운 자료를 만들 때 사용합니다. 두 컬렉션 간 자료의 개수가 달라도 사용할 수 있으며, 이 경우에 반환되는 컬렉션의 자료 수는 조합에 사용하는 컬렉션의 자료의 수 중 더 적은 쪽을 따라갑니다. 기본값으로는 조합된 결과를 Pair로 만들어주며, 원하는 경우 조합 규칙을 사용자가 정의하여 사용할 수도 있습니다.

kotlin

```kotlin
// 도시 코드를 담은 리스트로, 4개의 자료를 가지고 있습니다.
val cityCodes = listOf("SEO", "TOK", "MTV", "NYC")

// 도시 이름을 담은 리스트로, 3개의 자료를 가지고 있습니다.
val cityNames = listOf("Seoul", "Tokyo", "Mountain View")

// 단순히 zip 함수를 호출하는 경우, Pair 형태로 자료를 조합합니다.
cityCodes.zip(cityNames)
        .forEach { pair -> println("${pair.first}:${pair.second}") }

// 조합할 자료의 타입을 조합 함수를 통해 지정하면 해당 형태로 바꿔줍니다.
cityCodes.zip(cityNames) { code, name -> "$code ($name)" }
        .forEach { println(it) }
```

이 코드를 실행하면 다음과 같은 결과가 출력됩니다.

console

```
// cityCodes.zip(cityNames)
SEO:Seoul
TOK:Tokyo
MTV:Mountain View

// cityCodes.zip(cityNames) { code, name -> "$code ($name)" }
SEO (Seoul)
TOK (Tokyo)
MTV (Mountain View)
```

joinToString() 함수는 컬렉션 내 자료를 문자열 형태로 변환함과 동시에, 이를 조합하여 하나의 문자열로 생성합니다. 이는 컬렉션 내 자료를 간단히 직렬화할 때 매우 유용하게 사용할 수 있습니다.

아무런 인자 없이 이 함수를 호출하는 경우 기본 설정을 바탕으로 컬렉션 내 자료를 문자열로 변환하며, 몇 가지 인자를 함께 전달하면 자신이 원하는 형태로 출력 문자열을 구성하는 것도 가능합니다.

```kotlin
val cities = listOf("Seoul", "Tokyo", "Mountain View", "NYC", "Singapore")

// 기본 설정값을 사용하여 문자열 형태로 조합합니다.
println(cities.joinToString())

// 구분자로 다른 문자를 사용하도록 하였습니다.
// 구분자 이외에도 다른 설정을 변경할 수 있습니다. 자세한 내용은 레퍼런스 문서를 참고하세요.
println(cities.joinToString(separator = "|"))
```

이 코드를 실행하면 다음과 같은 결과가 출력됩니다.

```console
// cities.joinToString()
Seoul, Tokyo, Mountain View, NYC, Singapore

// cities.joinToString(separator = "|")
Seoul|Tokyo|Mountain View|NYC|Singapore
```

count() 함수는 컬렉션 내 포함된 자료의 개수를 반환하며, 별도의 조건식을 추가하면 해당 조건을 만족하는 자료의 개수를 반환하도록 할 수 있습니다.

```kotlin
val cities = listOf("Seoul", "Tokyo", "Mountain View", "NYC", "Singapore")

// 컬렉션 내 포함된 모든 자료의 개수를 반환합니다.
println(cities.count())

// 컬렉션 내 포함된 자료 중, 길이가 5 이하인 자료의 개수를 반환합니다.
println(cities.count { city -> city.length <= 5 })
```

이 코드를 실행하면 다음과 같은 결과가 출력됩니다.

```console
// cities.count()
5

// cities.count { city -> city.length <= 5 }
// Seoul, Tokyo, NYC가 위 조건을 만족합니다.
3
```

reduce() 함수는 컬렉션 내 자료들을 모두 합쳐 하나의 값으로 만들어주는 역할을 합

니다. 따라서 앞에서 알아본 joinToString() 함수는 reduce() 함수의 일종이라고 볼
수 있습니다.

reduce() 함수는 컬렉션 내 첫 번째 자료부터 조합을 시작하며, reduceRight() 함
수는 동일한 작업을 컬렉션 내 마지막 자료부터 시작합니다.

kotlin

```kotlin
val cities = listOf("Seoul", "Tokyo", "Mountain View", "NYC", "Singapore")

// 아래 예는 joinToString 함수와 동일한 형태의 문자열을 만들어줍니다.
// acc에는 지금까지 조합된 결과가, s에는 새로 조합할 자료가 들어갑니다.
println(cities.reduce { acc, s -> "$acc, $s" })

// reduceRight 함수는 마지막 인자부터 조합합니다.
println(cities.reduceRight { s, acc -> "$acc, $s" })
```

이 코드를 실행하면 다음과 같은 결과가 출력됩니다.

console

```
// cities.reduce { acc, s -> "$acc, $s" }
Seoul, Tokyo, Mountain View, NYC, Singapore

// cities.reduceRight { s, acc -> "$acc, $s" }
Singapore, NYC, Mountain View, Tokyo, Seoul
```

fold() 함수는 reduce() 함수와 거의 동일한 역할을 하나, 초깃값을 지정할 수 있습
니다. fold() 함수도 reduce() 함수와 마찬가지로 컬렉션 내 포함된 마지막 인자부터
작업을 수행하는 foldRight() 함수를 제공합니다.

kotlin

```kotlin
val cities = listOf("Seoul", "Tokyo", "Mountain View", "NYC", "Singapore")

// fold 함수의 초기값으로 "Initial" 문자를 대입합니다.
println(cities.fold("Initial") { acc, s -> "$acc, $s" })

// foldRight 함수는 마지막 인자부터 조합합니다.
print(cities.foldRight("Initial") {s, acc -> "$acc, $s"})
```

이 코드를 실행하면 다음과 같은 결과가 출력됩니다.

console

```
// cities.fold("Initial") { acc, s -> "$acc, $s" }
Initial, Seoul, Tokyo, Mountain View, NYC, Singapore

// cities.foldRight("Initial") {s, acc -> "$acc, $s"}
Initial, Singapore, NYC, Mountain View, Tokyo, Seoul
```

기타

any() 함수는 컬렉션 내 단 하나의 자료라도 존재하면 true를, 그렇지 않으면 false
를 반환합니다. any() 함수의 인자로 조건식을 전달할 경우, 해당 조건식을 만족하는
자료의 유무 여부를 반환합니다.

다음은 이 함수의 사용 예를 보여줍니다.

kotlin

```kotlin
val cities = listOf("Seoul", "Tokyo", "Mountain View", "NYC", "Singapore")

// cities 리스트 내에 자료가 존재하는지 확인합니다.
println(cities.any())

// 문자열 길이가 5 이하인 자료가 있는지 확인합니다.
print(cities.any { city -> city.length <= 5 })
```

이 코드를 실행하면 다음과 같은 결과가 출력됩니다.

console

```
// cities.any()
true

// cities.any { city -> city.length <= 5 }
// "Seoul", "Tokyo", "NYC"가 이 조건을 만족합니다.
true
```

none() 함수는 any() 함수와 반대 작업을 수행하며, 컬렉션이 비어있는지 여부를 반
환합니다. any() 함수와 마찬가지로 none() 함수의 인자로 조건식을 전달할 경우 해
당 조건식을 만족하는 자료가 하나도 존재하지 않는지 여부를 반환합니다.

kotlin

```kotlin
val cities = listOf("Seoul", "Tokyo", "Mountain View", "NYC", "Singapore")

// cities 리스트 내에 자료가 존재하지 않는지 확인합니다.
println(cities.none())

// 빈 문자열을 가진 자료가 존재하지 않는지 확인합니다.
print(cities.none { city -> city.isEmpty() })
```

이 코드를 실행하면 다음과 같은 결과가 출력됩니다.

console

```
// cities.none()
// cities 리스트는 비어있지 않습니다.
false
```

다음 쪽에 계속 ▶

```
// cities.none { city -> city.isEmpty() }
// 빈 문자열을 가진 자료가 없습니다.
true
```

max() 및 min() 함수는 숫자 타입의 자료를 갖는 컬렉션 내에서 각각 최댓값 및 최솟값을 찾아 반환합니다.

kotlin
```
val numbers = listOf(4, 2, 5, 3, 2, 0, 8)

// 최댓값을 찾아 반환합니다.
println(numbers.max())

// 최솟값을 찾아 반환합니다.
println(numbers.min())
```

이 코드를 실행하면 다음과 같은 결과가 출력됩니다.

console
```
// numbers.max()
8

// numbers.min()
0
```

average() 함수는 숫자 타입의 자료를 갖는 컬렉션 내 자료들의 평균을 반환합니다.

kotlin
```
val numbers = listOf(4, 2, 5, 3, 2, 0, 8)

// 컬렉션 내 자료들의 평균을 반환합니다.
println(numbers.average())
```

이 코드를 실행하면 다음과 같은 결과가 출력됩니다.

console
```
// numbers.average()
3.4285714285714284
```

4.4 범위 지정 함수

개발을 하다 보면 특정 객체에 있는 함수를 연속해서 사용하거나, 다른 함수의 인자로 전달하기 위해 변수를 선언하고 이를 다른 곳에서는 사용하지 않는 경우가 있습니다. 코틀린에서는 이러한 경우 유용하게 사용할 수 있는 함수를 표준 라이브러리를 통해 제공합니다.

let() 함수

let() 함수는 이 함수를 호출한 객체를 이어지는 함수 블록의 인자로 전달합니다. 이 함수의 정의는 다음과 같습니다.

- fun <T, R> T.let(block: (T) -> R): R

  이 함수를 호출하는 객체를 이어지는 함수형 인자 block의 인자로 전달하며, block 함수의 결과를 반환합니다.

let() 함수를 사용하면 불필요한 변수 선언을 방지할 수 있습니다. 커스텀 뷰를 작성하다 보면 길이를 계산한 값을 변수에 저장해 두고, 이를 함수 호출 시 인자로 전달하는 경우가 흔합니다. 다음은 커스텀 뷰에서 패딩 값을 설정하는 예입니다.

kotlin
```kotlin
// 단말기 환경에 맞게 패딩 값을 계산합니다.
val padding = TypedValue.applyDimension(
        TypedValue.COMPLEX_UNIT_DIP, 16f, resources.displayMetrics).toInt()

// 패딩 값을 설정합니다.
setPadding(padding, 0, padding, 0)
```

이 경우, let() 함수를 사용하면 값 padding의 선언 없이 계산된 패딩 값을 함수의 각 인자로 전달할 수 있습니다.

kotlin
```kotlin
TypedValue.applyDimension(TypedValue.COMPLEX_UNIT_DIP, 16f,
        resources.displayMetrics).toInt().let {
    // 계산된 값을 인자로 받으므로, 함수에 바로 대입할 수 있습니다.
    setPadding(it, 0, it, 0)
}
```

이 외에도, 널 값이 아닌 경우를 체크한 후 특정 작업을 수행하는 코드에도 let() 함수를 사용할 수 있습니다. if 문을 사용하는 일반적인 예는 다음과 같습니다.

kotlin
```kotlin
fun doSomething(message: String?) {
    // 인자로 받은 message가 널이 아닌 경우에만 토스트로 메시지를 표시합니다.
    if (null != message) {
```

다음 쪽에 계속 ▶

```kotlin
        Toast.makeText(this, message, Toast.LENGTH_SHORT).show()
    }
}
```

여기에 let() 함수와 안전한 호출을 함께 사용하면 앞의 예와 동일한 기능을 간편하게 구현할 수 있습니다.

```kotlin
fun doSomething(message: String?) {
    // message가 널이 아닌 경우에만 let 함수를 호출합니다.
    message?.let{
        Toast.makeText(this, it, Toast.LENGTH_SHORT).show()
    }
}
```

apply() 함수

apply() 함수는 이 함수를 호출한 객체를, 이어지는 함수 블록의 리시버(receiver)로 전달합니다. 다음은 이 함수의 정의를 보여줍니다.

- fun <T> T.apply(block: T.() -> Unit): T

  이 함수를 호출하는 객체를 이어지는 함수형 인자 block의 리시버로 전달하며, 함수를 호출한 객체를 반환합니다.

함수를 호출한 객체를 함수형 인자 block의 리시버로 전달하므로, 이 블록 내에서는 해당 객체 내의 프로퍼티나 함수를 직접 호출할 수 있습니다. 따라서 객체 이름을 일일이 명시하지 않아도 되므로 코드를 간략하게 만드는 데 큰 도움이 됩니다.

　다음은 뷰의 레이아웃 속성을 코드로 생성하는 예를 보여주고 있습니다. param 객체를 생성한 후, 해당 객체에 여러 속성을 변경하기 위해 객체 이름을 계속해서 호출하고 있습니다.

```kotlin
val param = LinearLayout.LayoutParams(0, LinearLayout.LayoutParams.WRAP_CONTENT)
param.gravity = Gravity.CENTER_HORIZONTAL
param.weight = 1f
param.topMargin = 100
param.bottomMargin = 100
```

apply() 함수를 사용하면 이를 다음과 같이 바꿀 수 있습니다. apply() 함수에 이어지는 블록에 param 객체를 리시버로 전달하므로, 객체 이름 없이 직접 해당 객체 내부의 속성에 접근할 수 있습니다.

```kotlin
val param = LinearLayout.LayoutParams(
    LinearLayout.LayoutParams.WRAP_CONTENT,
    LinearLayout.LayoutParams.WRAP_CONTENT).apply {
    gravity = Gravity.CENTER_HORIZONTAL
    weight = 1f
    topMargin = 100
    bottomMargin = 100
}
```

with() 함수

with() 함수는 인자로 받은 객체를 이어지는 함수 블록의 리시버로 전달합니다. 이 함수의 정의는 다음과 같습니다.

- fun <T, R> with(receiver: T, block: T.() -> R): R

  인자로 받은 객체 receiver를 이어지는 함수형 인자 block의 리시버로 전달하며, block 함수의 결과를 반환합니다.

with() 함수는 앞에서 알아본 let(), apply() 함수와 달리 이 함수에서 사용할 객체를 매개변수를 통해 받습니다. 따라서 안전한 호출을 사용하여 인자로 전달되는 객체가 널 값이 아닌 경우 함수의 호출 자체를 막는 방법을 사용할 수 없으므로 널 값이 아닌 것으로 확인된 객체에 이 함수를 사용하는 것을 권장합니다. 다음은 with() 함수를 사용하는 간단한 예입니다.

```kotlin
fun manipulateView(messageView: TextView) {

    // 인자로 받은 messageView의 여러 속성을 변경합니다.
    with(messageView) {
        text = "Hello, World"
        gravity = Gravity.CENTER_HORIZONTAL
    }
}
```

run() 함수

run() 함수는 인자가 없는 익명 함수처럼 사용하는 형태와 객체에서 호출하는 형태를 제공합니다. 각 함수들의 정의는 다음과 같습니다.

- fun <R> run(block: () -> R): R

  함수형 인자 block을 호출하고 그 결과를 반환합니다.

- fun <T, R> T.run(block: T.() -> R): R

이 함수를 호출한 객체를 함수형 인자 block의 리시버로 전달하고 그 결과를 반환합니다.

run() 함수를 인자가 없는 익명 함수처럼 사용하는 경우, 복잡한 계산을 위해 여러 임시 변수가 필요할 때 유용하게 사용할 수 있습니다. run() 함수 내부에서 선언되는 변수들은 블록 외부에 노출되지 않으므로 변수 선언 영역을 확실히 분리할 수 있습니다.

kotlin
```kotlin
val padding = run {
    // 이 블록 내부에서 선언하는 값들은 외부에 노출되지 않습니다.
    val defaultPadding = TypedValue.applyDimension(...)
    val extraPadding = TypedValue.applyDimension(...)

    // 계산된 값을 반환합니다.
    defaultPadding + extraPadding
}
```

객체에서 run() 함수를 호출하는 경우 with() 함수와 유사한 목적으로 사용할 수 있습니다. 단, run() 함수는 안전한 호출을 사용할 수 있으므로 널 값일 수 있는 객체의 속성이나 함수에 연속적으로 접근해야 할 때 유용합니다. 다음은 run() 함수를 사용하는 예입니다.

kotlin
```kotlin
override fun onCreate(savedInstanceState: Bundle?) {
    super.onCreate(savedInstanceState)

    // 액티비티 생성 시, 기존에 저장된 값이 있는 경우 UI 복원 수행
    savedInstanceState?.run {

        // Bundle 내에 저장된 값 추출
        val selection = getInt("last_selection")
        val text = getString("last_text")

        // UI 복원 수행
        ...
    }
}
```

5장

자바와 함께 사용하기

코틀린은 자바와 완벽히 호환되므로, 프로젝트 내 일부 코드만 코틀린으로 작성하고 나머지 자바 코드는 그대로 유지한 채로 사용할 수 있습니다. 하지만 코틀린과 자바는 언어 구성이 엄연히 다른 만큼 일부 기능은 자바와 코틀린 간 혼용을 위해 특별한 처리를 해야 합니다.

5.1 코틀린에서 자바 코드 사용하기

이 절에서는 코틀린 코드에서 자바 코드로 작성된 클래스 혹은 라이브러리를 사용할 때 유의해야 할 점을 알아봅니다.

Getter/Setter의 프로퍼티화

자바로 작성된 클래스 내 Getter/Setter의 일반적인 규칙을 만족하는 메서드는 코틀린에서 프로퍼티 형태로 사용할 수 있습니다.

Getter/Setter 메서드가 모두 정의되어 있다면, 코틀린에서는 이를 읽고 쓰기 모두가 가능한 프로퍼티처럼 사용할 수 있습니다. 반면에 둘 중 하나만 정의되어 있거나 특정 메서드가 규칙을 만족하지 않는다면 읽기 혹은 쓰기만 가능한 프로퍼티로 취급됩니다.

Getter/Setter가 프로퍼티로 취급되는 경우, 해당 프로퍼티의 이름은 get 혹은 set을 제외한 나머지 부분으로 구성됩니다(예: getName(), setName()은 프로퍼티 name으로 취급).

다음의 간단한 예시를 통해 살펴봅시다. 먼저 다음과 같이 자바로 간단한 클래스를 작성합니다. 필드 name, address에 대한 Getter/Setter를 구현하고 있으며, name 필드는 Getter만 구현된 것에 주목해 주세요.

java

```java
class Person {

    private String name;

    private String address;

    Person(String name, String address) {
        this.name = name;
        this.address = address;
    }

    public String getName() {
        return name;
    }

    public String getAddress() {
        return address;
    }

    public void setAddress(String address) {
        this.address = address;
    }
}
```

앞에서 정의한 클래스는 코틀린에서 다음과 같이 사용할 수 있습니다.

kotlin

```kotlin
// 코틀린에서 생성한 클래스와 동일하게 객체를 생성할 수 있습니다.
val person = Person("John Doe", "Somewhere")

// getName(), getAddress() 메서드를 프로퍼티의 값을 읽는 방법과 동일하게 사용합니다.
println("name: ${person.name} address: ${person.address}")

// 오류: setName() 메서드가 없으므로 사용할 수 없습니다.
person.name = "Jane Doe"

// 성공: setAddress() 메서드가 있으므로,
// 프로퍼티에 값을 대입하는 방법과 동일하게 값을 대입할 수 있습니다.
person.address = "Nowhere"
```

가변 인자를 받는 메서드

자바로 작성된, 가변 인자를 받는 메서드를 코틀린 코드에서 호출하는 경우 스프레드 연산자(*)를 사용하여 인자를 전달해야 합니다.

다음은 가변 인자를 받는 메서드의 예를 보여줍니다. 첫 번째 메서드는 자바의 원시 타입 중 하나인 int 형 자료를 인자로 받고, 두 번째 메서드는 String 형 자료를 인자로 받습니다.

java

```java
public class ArrayTest {

    // int 형 가변 인자를 받는 메서드
    public void doSomething(int... args) {
        ...
    }

    // String 형 가변 인자를 받는 메서드
    public void doNothing(String... args) {
        ...
    }
}
```

다음은 이 클래스 내 메서드를 코틀린에서 호출하는 모습입니다.

kotlin

```kotlin
val a = ArrayTest()

// 자바 원시 타입인 int 형 배열이므로 intArray를 사용합니다.
val intArgs = intArrayOf(1, 2, 3, 4, 5)

// 스프레드 연산자를 사용하여 인자를 전달합니다.
a.doSomething(*intArgs)

// 객체 타입 배열이므로 일반 배열을 사용합니다.
val stringArgs = arrayOf("Lorem", "ipsum", "dolor", "sit", "amet")

// 스프레드 연산자를 사용하여 인자를 전달합니다.
a.doNothing(*stringArgs)
```

Object 클래스 내 메서드

자바의 Object 클래스는 코틀린에서 Any 클래스로 처리됩니다. 하지만 코틀린은 JVM 플랫폼 외 다른 플랫폼(예: 자바스크립트)에서도 사용할 수 있도록 설계되었기에 Any 클래스에 Object 클래스 내 메서드 중 일부만 멤버 함수로 지원하고 있습니다. 코틀린의 Any 클래스에서 지원하는 멤버 함수는 다음과 같습니다.

- toString()
- hashCode()
- equals()

여기에 멤버 함수로 지원하고 있지 않은 wait() 및 notify() 함수는 자바의 Object 클래스의 확장 함수로 지원하고 있습니다.

```kotlin
val str = "Lorem ipsum"

// 자바 Object 클래스의 wait() 메서드를 호출합니다.
(str as java.lang.Object).wait()

// 자바 Object 클래스의 notify() 클래스를 호출합니다.
(str as java.lang.Object).notify()
```

자바에서 getClass() 메서드는 객체의 클래스를 얻을 때 사용합니다. 코틀린에서도 동일한 기능을 제공하나, 코틀린에서 사용하는 클래스 타입과 자바에서 사용하는 클래스 타입이 달라 각각 다른 방법을 사용해야 합니다. 코틀린 코드에서 객체의 코틀린 클래스 및 자바 클래스를 얻는 방법을 다음 예시에서 확인할 수 있습니다.

```kotlin
val str = "Lorem ipsum"

// ::class를 사용하면 객체의 코틀린 클래스를 반환합니다.
val kotlinClass: KClass<out String> = str::class

// ::class.java를 사용하면 객체의 자바 클래스를 반환합니다.
val javaClass: Class<out String> = str::class.java
```

코틀린에서 생성한 클래스에서 자바의 clone() 메서드를 재정의하려면 kotlin.Cloneable 인터페이스를 구현해야 합니다.

```kotlin
// kotlin.Cloneable 인터페이스를 구현합니다.
class Person(val name: String, val address: String) : Cloneable {

    // clone() 함수를 작성합니다.
    override fun clone(): Any {
        ...
    }
}
```

kotlin.Cloneable 인터페이스를 구현해야 했던 clone() 메서드와 달리, finalize() 메서드는 단순히 해당 함수를 클래스에 정의하기만 하면 됩니다. 단, 이 함수의 가시성이 private으로 정의되지 않아야 합니다. 다음은 코틀린으로 작성한 클래스에서 finalize() 메서드를 재정의하는 예를 보여주는 코드입니다.

```kotlin
class Person(val name: String, val address: String) {

    // 일반 함수를 정의하는 것과 동일하게 작성합니다.
    protected fun finalize() {
        ...
    }
}
```

SAM 변환

코틀린에서는 자바로 작성된 인터페이스에 대해 SAM(Single Abstract Method) 변환을 지원합니다. 따라서 SAM 변환이 가능한 인터페이스를 인자로 받는 함수를 호출할 때 인터페이스 구현 대신 함수를 전달할 수 있습니다.

가장 대표적인 예로 뷰의 클릭 리스너를 지정하는 메서드인 setOnClickListener(View.OnClickListener)를 들 수 있습니다. 다음은 자바 코드에서 뷰의 클릭 리스너를 설정하는 예입니다.

```java
// 버튼 인스턴스
Button button = ...

// 버튼에 리스너를 설정합니다.
button.setOnClickListener(new View.OnClickListener() {
    @Override
    public void onClick(View v) {
        ...
    }
});
```

이를 코틀린 코드로 그대로 변환하면 다음과 같은 형태가 됩니다.

```kotlin
// 버튼 인스턴스
val button = ...

// 버튼에 리스너를 설정합니다.
button.setOnClickListener(object: View.OnClickListener {
    override fun onClick(v: View) {
        ...
    }
})
```

여기서 View.OnClickListener 인터페이스는 단 하나의 함수만 포함하고 있습니다. 이 경우 SAM 변환이 지원되므로, 인터페이스 구현 대신 onClick() 함수만 전달할 수 있습니다. setOnClickListener() 함수의 인자로 인터페이스 대신 함수 구현을 전달하도록 변경한 코드는 다음과 같습니다.

kotlin

```
// 버튼 인스턴스
val button = ...

// onClick() 함수는 View를 인자로 받고 아무 인자도 반환하지 않으므로(void)
// 다음과 같이 함수형으로 표현할 수 있습니다.
button.setOnClickListener({ view: View -> Unit
    ...
})
```

onClick() 함수의 인자가 하나이므로 람다 표현식에서 인자를 생략할 수 있고, 람다 표현식에서 Unit을 반환하므로 반환 타입 또한 생략할 수 있습니다. 또한, setOnClickListener() 함수의 유일한 인자이자 마지막 인자로 함수형 인자가 전달되므로, 괄호를 생략할 수 있습니다. 따라서 앞의 리스너는 다음과 같이 간략하게 구현할 수 있습니다.

kotlin

```
// 함수형 인자를 전달하므로 괄호를 생략하고 간략히 표현할 수 있습니다.
button.setOnClickListener {
    ...
}
```

코틀린은 자바와 달리 함수형 타입을 자유자재로 사용할 수 있기에 코틀린으로 작성된 인터페이스에는 SAM 변환이 지원되지 않습니다. 따라서 하나의 함수만을 포함하는 인터페이스가 필요한 부분에는 인터페이스 대신 함수형 타입을 사용하기를 적극 권장합니다.

5.2 자바에서 코틀린 코드 사용하기

여기에서는 자바 코드에서 코틀린 코드로 작성된 클래스 혹은 라이브러리를 사용할 때 유의할 점을 알아봅니다.

프로퍼티의 Getter/Setter화

코틀린에서 생성한 클래스를 자바에서 사용하는 경우, 클래스 내 정의된 프로퍼티는 Getter/Setter 형태로 값을 읽거나 설정할 수 있습니다.

다음은 코틀린으로 작성된 간단한 클래스입니다. 멤버 프로퍼티 중 name은 값이 한번 설정되면 변경이 불가한 val로 선언된 것에 주목하세요.

kotlin

```kotlin
class Person(val name: String, var address: String, var isAdult: Boolean)
```

이 클래스는 자바에서 다음과 같이 사용할 수 있습니다.

java

```java
Person p = new Person("John Doe", "Somewhere", false);

// 멤버 프로퍼티의 값은 Getter 함수로 읽을 수 있습니다.
System.out.println("name: " + p.getName()
        + " address: " + p.getAddress()
        + " adult: " + p.isAdult());

// 오류: name 프로퍼티는 읽기 전용이므로 setName() 메서드가 지원되지 않습니다.
p.setName("Jane Doe");

// 성공: address 프로퍼티는 수정이 가능하므로 setAddress() 메서드가 지원됩니다.
p.setAddress("Nowhere");

// 성공: adult 프로퍼티는 수정이 가능하므로 setAdult() 메서드가 지원됩니다.
p.setAdult(true);
```

기본 매개변수가 있는 함수

코틀린에서는 함수의 매개변수에 기본 매개변수를 설정할 수 있지만, 자바는 그렇지 않습니다. 때문에, 별다른 처리 없이 기본 매개변수가 있는 함수를 자바에서 사용하려면 함수에 모든 인자를 넣어주어야 합니다.

하지만 기본 매개변수를 사용하는 함수에 @JvmOverloads 어노테이션을 추가하면 자바에서도 기본 매채변수의 이점을 누릴 수 있도록 매개변수에 맞게 함수를 여러 벌 생성해 줍니다.

이는 함수뿐 아니라 생성자에도 동일하게 적용할 수 있습니다. 기본 매개변수를 사용하는 생성자 및 함수에 이 어노테이션을 사용한 코드는 다음과 같습니다.

kotlin

```kotlin
// 기본 매개변수가 있는 주 생성자에 @JvmOverloads 어노테이션을 적용합니다.
class Person @JvmOverloads constructor(
        val name: String, var address: String = "",
        var isAdult: Boolean = false) {

    // 기본 매개변수가 있는 함수에 @JvmOverloads 어노테이션을 적용합니다.
    @JvmOverloads
    fun doSomething(a: String, b: Int = 0, c: Boolean = false) {
        ...
    }
}
```

이 클래스는 자바 코드에서도 코틀린의 기본 매개변수를 사용하는 것과 유사한 형태로 메서드를 호출할 수 있도록 합니다.

```java
// 기본 매개변수를 사용하는 것과 유사하게, 일부 인자만으로도 객체를 생성할 수 있습니다.
Person p1 = new Person("Lorem ipsum");
Person p2 = new Person("Lorem ipsum", "Somewhere");

// 모든 인자를 다 입력할 수도 있습니다.
Person p3 = new Person("Lorem ipsum", "Somewhere", true);

// 기본 매개변수를 사용하는 것과 유사하게, 일부 인자만으로도 메서드를 호출할 수 있습니다.
p1.doSomething("foo");
p1.doSomething("foo", 1);

// 모든 인자를 다 입력할 수도 있습니다.
p1.doSomething("foo", 1, true);
```

패키지 단위 함수/변수

코틀린에서 패키지 단위로 선언된 함수 혹은 변수가, 자바 코드에서 필요한 경우 해당 함수 및 변수가 선언된 파일의 이름을 사용하여 접근할 수 있습니다. 코틀린에서는 이들이 마치 자바 클래스의 정적 메서드 및 필드로 선언된 것처럼 처리해주며, 이때 사용하는 클래스 이름은 [파일 이름]Kt 형태로 구성됩니다. 다음 코드는 Foo.kt 파일에 선언된 패키지 단위 함수 및 변수들의 예입니다.

```kotlin
// Foo.kt

package com.foo.bar

// 패키지 단위로 선언된 정적 값
const val BAR = "bar"

// 패키지 단위로 선언된 함수
fun baz() {
    ...
}
```

이를 자바 코드에서 사용하는 경우 FooKt를 통해 이들에 접근할 수 있습니다.

```java
// 패키지 단위로 선언된 값 BAR에 접근합니다.
String bar = FooKt.BAR;

// 패키지 단위로 선언된 함수 baz()를 호출합니다.
FooKt.baz();
```

패키지 단위 함수 및 변수가 정의된 파일에 @JvmName 어노테이션을 사용하면 FooKt 대신 원하는 이름을 사용할 수 있습니다.

kotlin

```kotlin
// Foo.kt

// 자바에서 이 패키지 내 함수 및 변수에 접근할 때 FooUtils이라는 이름을 사용하도록 합니다.
@file:JvmName("FooUtils")

package com.foo.bar

// 패키지 단위로 선언된 정적 값
const val BAR = "bar"

// 패키지 단위로 선언된 함수
fun baz() {
    ...
}
```

@JvmName을 사용하여 자바에서 이 패키지 내 정의된 함수나 변수에 접근할 때 사용하는 이름을 FooUtils로 변경하였습니다. 따라서 다음과 같이 자바 코드에서도 변경된 이름으로 접근할 수 있습니다.

java

```java
// 패키지 단위로 선언된 값 BAR에 접근합니다.
String bar = FooUtils.BAR;

// 패키지 단위로 선언된 함수 baz()를 호출합니다.
FooUtils.baz();
```

동반 객체 및 싱글톤

코틀린 코드에서는 코틀린 클래스의 동반 객체(companion object) 내 선언된 함수나 변수를 클래스 이름만으로 접근할 수 있습니다. 동반 객체를 포함하는 코틀린 클래스와, 이 클래스의 동반 객체 내에 있는 값 및 변수에 접근하는 코틀린 코드는 다음과 같습니다.

kotlin

```kotlin
class Foo {

    // 동반 객체를 선언합니다.
    companion object {

        val BAR = "bar"

        fun baz() {
```

다음 쪽에 계속 ▶

```
            ...
        }
    }
}

// Foo의 동반 객체 내 값 및 함수에 접근합니다.

// 동반 객체 내 값 BAR에 접근합니다.
val bar = Foo.BAR

// 동반 객체 내 함수 baz()를 호출합니다.
Foo.baz()
```

자바에서 Foo 함수의 동반 객체 내에 있는 항목들에 접근하려면 Foo.Companion과 같이 동반 객체를 명시적으로 호출해야 합니다. 다음은 앞에서 Foo 함수 내 항목들에 접근하는 자바 코드의 예입니다.

java
```
// 동반 객체 내 값 BAR에 접근합니다.
// 코틀린 프로퍼티의 변환 규칙에 따라 Getter 형태로 변환되었습니다.
String bar = Foo.Companion.getBAR();

// 동반 객체 내 함수 baz()를 호출합니다.
Foo.Companion.baz();
```

동반 객체 내 항목들을 코틀린에서 사용하는 것과 동일하게 사용하고 싶은 경우 @JvmField, @JvmStatic 어노테이션을 사용하면 됩니다.

kotlin
```
class Foo {

    companion object {

        // 값 bar를 자바의 정적 필드처럼 사용할 수 있도록 합니다.
        @JvmField
        val BAR = "bar"

        // baz() 함수를 자바의 정적 함수처럼 사용할 수 있도록 합니다.
        @JvmStatic
        fun baz() {
            ...
        }
    }
}
```

이제, 자바 코드에서도 다음과 같이 동반 객체 내 항목에 직접 접근할 수 있는 것을 확인할 수 있습니다.

```java
// 동반 객체 내 값 BAR에 접근합니다.
String bar = Foo.BAR;

// 동반 객체 내 함수 baz()를 호출합니다.
Foo.baz();
```

자바 원시 타입 혹은 문자열 타입의 값이나 변수는 @JvmField 어노테이션 대신 const 키워드를 사용하면 자바 코드에서 정적 필드처럼 취급합니다. 다음은 앞의 값 BAR에 const 키워드를 적용한 코드입니다.

```kotlin
class Foo {

    companion object {

        // 상수로 선언하면 자바에서 필드처럼 접근할 수 있습니다.
        const val BAR = "bar"

        ...
    }
}
```

코틀린의 싱글톤(object)도 클래스의 동반 객체와 유사하게 사용합니다. 다음은 코틀린 코드로 작성된 간단한 싱글톤 클래스의 예입니다.

```kotlin
object Foo {

    val BAR = "bar"

    fun baz() {
        ...
    }
}
```

코틀린에서 정의한 싱글톤 클래스를 자바 코드에서 사용하는 경우, 해당 클래스 내의 변수 및 함수에 접근할 때 INSTANCE를 통해야 합니다. 동반 객체와 마찬가지로 값 bar는 Getter 함수를 사용하여 값에 접근해야 합니다.

```java
// 싱글톤 내 값 BAR에 접근합니다.
// 코틀린 프로퍼티의 변환 규칙에 따라 Getter 형태로 변환되었습니다.
String bar = Foo.INSTANCE.getBAR();

// 싱글톤 내 함수 baz()를 호출합니다.
Foo.INSTANCE.baz();
```

동반 객체와 마찬가지로 값이나 변수는 const 혹은 @JvmField 어노테이션을, 함수는 @JvmStatic 어노테이션을 사용하면 자바의 정적 필드나 함수를 호출하는 것과 동일하게 사용할 수 있습니다.

kotlin

```kotlin
object Foo {

    const val BAR = "bar"

    @JvmStatic
    fun baz() {
        ...
    }
}
```

이제, 자바 코드에서도 다음과 같이 싱글톤 내 항목에 INSTANCE를 통하지 않고 직접 접근할 수 있는 것을 확인할 수 있습니다.

java

```java
// 싱글톤 내 값 BAR에 접근합니다.
String bar = Foo.BAR;

// 싱글톤 내 함수 baz()를 호출합니다.
Foo.baz();
```

Checked exception

코틀린은 Checked exception을 검사하지 않습니다. 때문에, 자바에서 이러한 예외를 발생시키는 메서드에 사용했던 throws와 같은 문법이 존재하지 않습니다. 다음은 코틀린으로 작성된, 함수 내부에서 예외를 발생시키는 간단한 예입니다.

kotlin

```kotlin
class Foo {

    // 이 함수에서 IOException을 발생시키므로 예외 처리가 필요합니다.
    fun doSomething() {
        ...
        throw IOException()
    }
}
```

이 함수에서 발생하는 예외를 처리하려면 try-catch 문을 이용해야 합니다. 예외 처리 코드를 자바 코드로 작성하면 다음과 같이 작성할 수 있지만, doSomething() 함수에서 예외를 발생시킨다는 것이 명시되어 있지 않기에 컴파일 오류가 발생합니다.

java

```
Foo foo = new Foo();

try {
    // 예외를 발생시킬 수 있는 함수를 사용합니다.
    foo.doSomething();

// doSomething() 함수에서 예외를 발생시킬 수 있다는 사실이 명시되어 있지 않으므로
// 컴파일 에러가 발생합니다.
} catch (IOException e) {
    // 예외가 발생했을 때 처리할 작업 구현
}
```

따라서 자바 코드에서 doSomething() 함수를 호출하면서 예외 처리를 수행하려면 @
Throws 어노테이션을 사용하여 이 함수에서 발생시키는 예외의 종류를 자바 쪽에 알
려주어야 합니다.

kotlin

```
// 이 함수에서 IOException을 발생시킬 수 있음을 표시합니다.
@Throws(IOException::class)
fun doSomething() {
    ...
    throw IOException()
}
```

K u n n y ' s   K o t l i n

코틀린 개발환경 설정

6.1 안드로이드 스튜디오 및 코틀린 IDE 플러그인 설정

코틀린을 사용하는 안드로이드 애플리케이션을 개발하려면, 안드로이드 개발에 사용하던 환경에 코틀린 IDE 플러그인을 설치해야 합니다. 안드로이드 스튜디오 버전이 3.0 이상이라면 이 플러그인이 기본으로 설치되어 있으므로 따로 설치할 필요가 없습니다.

IntelliJ IDEA 사용자 및 구버전 안드로이드 스튜디오 사용자 또한 별도로 코틀린 IDE 플러그인을 설치해야 하며, 설치 절차는 다음과 같습니다.

IDE를 실행한 후 설정 다이얼로그를 엽니다. OS X에서는 [앱 이름 〉 Preferences…] 메뉴를, 윈도우에서는 [File 〉 Settings…] 메뉴를 선택하면 됩니다.

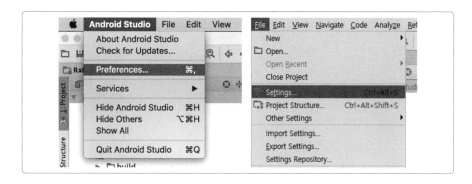

왼쪽 리스트에서 [Plugins] 메뉴를 선택하면 현재 설치되어 있는 플러그인의 목록이 표시됩니다. 여기서 [Install JetBrains plugin…] 버튼을 선택합니다.

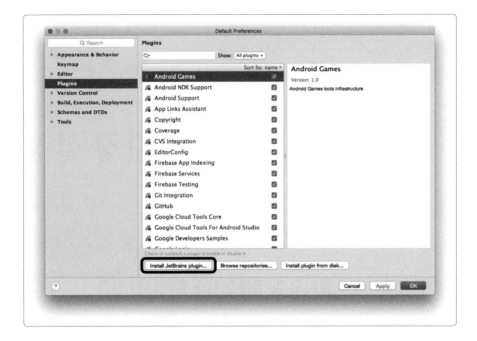

플러그인 설치 화면이 표시되면 왼쪽 상단 검색 창에서 'Kotlin'을 입력합니다. 잠시 후 검색 결과에 코틀린 플러그인이 표시되며, 이 항목을 선택 후 'Install' 버튼을 눌러 플러그인을 설치합니다.

다음과 같이 플러그인 다운로드 및 설치가 시작됩니다. 설치가 완료된 후 안내에 따라 IDE를 재시작하면 코틀린 IDE 플러그인 설치가 완료됩니다.

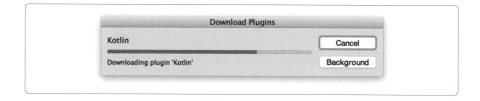

6.2 코틀린을 지원하는 프로젝트 구조 설정

안드로이드 프로젝트에서 코틀린을 지원하게 하려면 다음과 같은 과정이 필요합니다.

- 빌드스크립트 classpath에 코틀린 그래들 플러그인(kotlin-gradle-plugin) 추가
- 애플리케이션 빌드스크립트에 코틀린 안드로이드 플러그인(kotlin-android) 적용
- 애플리케이션 의존성에 코틀린 표준 라이브러리(kotlin-stdlib) 추가

위 항목들을 적용하는 방법에는 크게 두 가지가 있습니다. 하나는 새로운 프로젝트를 생성하는 방법이고 다른 하나는 기존의 프로젝트를 수정하는 방법입니다.

새 프로젝트 생성하기

안드로이드 스튜디오 3.0을 사용하면 코틀린을 지원하는 안드로이드 프로젝트를 쉽게 생성할 수 있습니다.

안드로이드 스튜디오를 연 후, [File 〉 New 〉 New Project…]를 선택합니다.

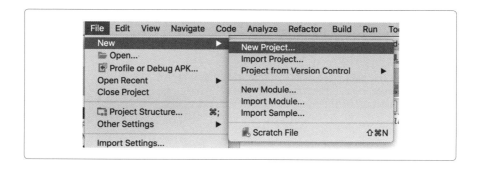

새 프로젝트 생성 다이얼로그에서 프로젝트 이름 및 패키지 이름을 지정한 후, 'Include Kotlin support' 체크박스를 선택합니다.

이후 표시되는 항목들은 원하는 대로 선택하면 됩니다. 빈 액티비티를 생성하도록 선택한 경우 다음과 같이 코틀린으로 작성된 빈 액티비티가 추가된 것을 확인할 수 있습니다.

kotlin
```kotlin
package com.androidhuman.example.kotlin.firstapp

import android.support.v7.app.AppCompatActivity
import android.os.Bundle

class MainActivity : AppCompatActivity() {

    override fun onCreate(savedInstanceState: Bundle?) {
        super.onCreate(savedInstanceState)
        setContentView(R.layout.activity_main)
    }
}
```

프로젝트에서 코틀린을 지원하기 위해 어떤 요소들이 추가되었을까요? 이를 알아보기 위해 먼저, 프로젝트 루트 경로의 build.gradle 파일을 살펴봅시다.

여기에는 프로젝트에서 사용할 코틀린의 버전이 정의되어 있으며, 애플리케이션 모듈에서 코틀린 플러그인을 사용할 수 있도록 빌드스크립트의 classpath에 코틀린 그래들 필드 플러그인이 추가되어 있습니다.

gradle

```gradle
buildscript {

    // 프로젝트에서 사용하는 코틀린 버전을 지정합니다.
    ext.kotlin_version = '1.1.60'

    repositories {
        google()
        jcenter()
    }

    dependencies {
        classpath 'com.android.tools.build:gradle:3.0.0'

        // 코틀린 그래들 빌드 플러그인을 추가합니다.
        classpath "org.jetbrains.kotlin:kotlin-gradle-plugin:$kotlin_version"
    }
}

...
```

다음으로 애플리케이션 모듈의 build.gradle 파일을 살펴봅시다. 이 애플리케이션 모듈에서 코틀린을 지원할 수 있도록 코틀린 안드로이드 플러그인(kotlin-android) 이 적용되어 있고, 이 모듈의 코드에서 코틀린에서 제공하는 기능을 사용할 수 있도록 코틀린 표준 라이브러리(kotlin-stdlib)가 의존성으로 추가되어 있습니다.

kotlin

```kotlin
apply plugin: 'com.android.application'

// 코틀린 안드로이드 플러그인이 적용되어 있습니다.
apply plugin: 'kotlin-android'
apply plugin: 'kotlin-android-extensions'

android {
    compileSdkVersion 27
    buildToolsVersion "27.0.1"

    defaultConfig {
        applicationId "com.androidhuman.example.kotlin.firstapp"
        minSdkVersion 15
        targetSdkVersion 27
        versionCode 1
        versionName "1.0"
```

다음 쪽에 계속 ▶

```
            testInstrumentationRunner "android.support.test.runner.AndroidJUnitRunner"
    }

    buildTypes {
        release {
            minifyEnabled false
            proguardFiles getDefaultProguardFile('proguard-android.txt'),
                'proguard-rules.pro'
        }
    }
}

dependencies {
    implementation fileTree(dir: 'libs', include: ['*.jar'])

    // 코틀린 표준 라이브러리가 의존성으로 추가되어 있습니다.
    implementation"org.jetbrains.kotlin:kotlin-stdlib-jre7:$kotlin_version"
    implementation 'com.android.support:appcompat-v7:27.0.1'
    implementation 'com.android.support.constraint:constraint-layout:1.0.2'

    testImplementation 'junit:junit:4.12'

    androidTestImplementation 'com.android.support.test:runner:1.0.0'
    androidTestImplementation 'com.android.support.test.espresso:espresso-core:3.0.0'
}
```

이 코드에는 코틀린 안드로이드 플러그인뿐 아니라 코틀린 안드로이드 익스텐션
(kotlin-android-extensions) 플러그인도 적용되어 있습니다. 코틀린 안드로이드
익스텐션에 관련된 내용은 9.4절에서 더 자세히 알아볼 수 있습니다.

> 📖 **kotlin-stdlib-jre7은 kotlin-stdlib 라이브러리와 무엇이 다른가요?**
>
> kotlin-stdlib-jre7은 기본 코틀린 표준 함수에 자바 7.0을 위한 기능이 추가된 라이브러리
> 입니다. 또한, 자바 8.0을 위한 기능이 추가된 kotlin-stdlib-jre8 라이브러리도 제공하고 있
> 습니다.
>
> 이들은 자바 7.0 및 8.0을 타깃으로 하는 프로젝트를 위한 라이브러리입니다. 따라서 이 라
> 이브러리에서 추가된 기능을 자신의 프로젝트에서 사용하지 않는다면 기본 라이브러리인
> kotlin-stdlib을 사용해도 무방합니다.
>
> 각 버전의 라이브러리에서 추가된 기능은 다음 링크에서 자세히 확인할 수 있습니다.
>
> · kotlin-stdlib-jre7: *https://github.com/JetBrains/kotlin/tree/master/libraries/*
>   *stdlib/jre7*
>
> · kotlin-stdlib-jre8: *https://github.com/JetBrains/kotlin/tree/master/libraries/*
>   *stdlib/jre8*

기존 프로젝트에 코틀린 지원 추가하기

기존 프로젝트에도 어렵지 않게 코틀린 지원을 추가할 수 있습니다. 먼저, 코틀린 그래들 플러그인을 사용할 수 있도록 프로젝트 루트 경로의 build.gradle 파일의 classpath에 항목을 추가합니다.

gradle

```gradle
buildscript {

    // 프로젝트에서 사용할 코틀린 버전을 선언합니다.
    ext.kotlin_version = '1.1.60'

    repositories {
        google()
        jcenter()
    }

    dependencies {
        classpath 'com.android.tools.build:gradle:3.0.0'

        // 코틀린 그래들 빌드 플러그인을 추가합니다.
        classpath "org.jetbrains.kotlin:kotlin-gradle-plugin:$kotlin_version"
    }
}

...
```

그 다음, 코틀린을 사용할 모듈의 빌드스크립트에 코틀린 플러그인을 적용하고 의존성에 코틀린 표준 라이브러리를 추가합니다.

보통은 기본 형태의 코틀린 표준 라이브러리(kotlin-stdlib)를 사용하며, 필요한 경우 자바 7.0 및 자바 8.0의 새로운 기능을 함께 지원하는 kotlin-stdlib-jre7 혹은 kotlin-stdlib-jre8을 사용할 수 있습니다.

kotlin

```kotlin
apply plugin: 'com.android.application'

// 코틀린 안드로이드 플러그인을 적용합니다.
apply plugin: 'kotlin-android'

android {
    ...
}

dependencies {

    // 코틀린 표준 라이브러리를 의존성으로 추가합니다.
    implementation "org.jetbrains.kotlin:kotlin-stdlib:$kotlin_version"

    ...
}
```

자바 코드와 코틀린 코드 분리하기

안드로이드 프로젝트에서 자바 코드는 java 폴더에 저장합니다. 재미있게도 코틀린으로 작성된 코드를 이 폴더에 두어도 빌드에는 전혀 지장이 없으며, 여기에 있는 코틀린 코드도 모두 정상적으로 처리됩니다.

하지만 자바 코드가 많은 기존 프로젝트를 코틀린 코드로 변환할 때 자바 코드와 코틀린 코드를 구분하지 않고 저장한다면 차후 관리하기가 어려울 수 있습니다. 따라서 자바 코드와 코틀린 코드는 가급적 분리하여 관리하는 것을 추천합니다.

코틀린 코드를 저장하는 폴더의 이름은 보통 kotlin을 사용하며, 자바 코드를 저장하는 폴더와 같은 단계에 두면 됩니다. 다음은 코틀린 코드를 저장할 폴더를 생성한 모습입니다.

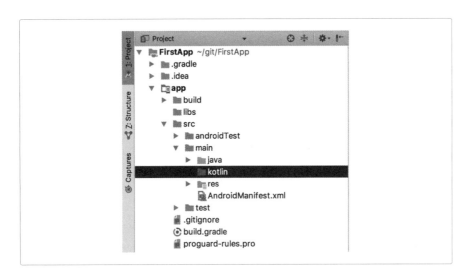

폴더를 생성한 후, 다음과 같이 모듈의 빌드스크립트에서 추가한 폴더를 소스 코드 폴더로 인식하게끔 설정합니다.

gradle

```gradle
android {

    ...

    // 'kotlin' 폴더를 소스 코드 폴더로 인식하도록 설정합니다.
    sourceSets {
        main.java.srcDirs += 'src/main/kotlin'
    }
}
```

이와 같이 빌드스크립트를 수정한 후, 빌드스크립트 상단에 표시되는 안내 문구 우측의 'Sync Now'를 클릭하거나 [Tools 〉 Android 〉 Sync Project with Gradle Files] 메뉴를 선택하여 그래들 스크립트의 변경사항을 프로젝트에 반영합니다.

정상적으로 반영되었다면, 다음과 같이 kotlin 폴더를 우클릭할 경우 소스 코드와 관련된 작업을 할 수 있는 메뉴가 표시됩니다.

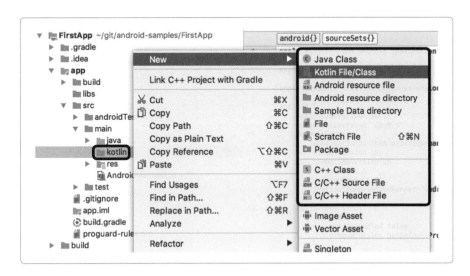

다음은 자바 코드와 코틀린 코드를 분리하여 관리하는 프로젝트 구조의 예를 보여줍니다.

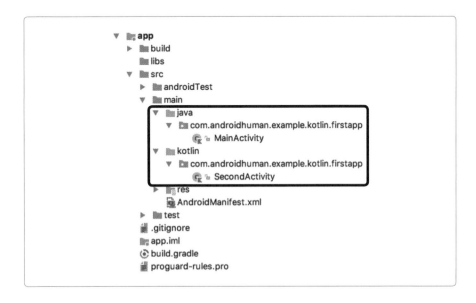

7장

코틀린 IDE 플러그인 소개

코틀린 IDE 플러그인은 구문 강조, 자동 완성 등 코틀린을 사용하여 개발을 수행할 때 필수적인 기능과 그 외 다양한 부가 기능을 제공합니다. 그 중에서도 특히 유용한 기능 몇 가지를 자세히 알아보겠습니다.

7.1 자바-코틀린 코드 컨버터

새로운 프로그래밍 언어를 배우기 시작하면, 그 언어가 쉽든 어렵든 간에 익숙해지기 전까지는 코드를 자유자재로 작성하기 어렵습니다. 코틀린과 자바는 문법상 차이가 크지는 않지만, 변수의 선언 순서나 자주 사용하는 구문의 사용 방법이 미묘하게 달라 초기에 혼란을 겪기 쉽습니다.

아직 코틀린에 익숙하지 않은 개발자들을 위해, 코틀린 IDE 플러그인에서는 자바로 작성된 코드를 코틀린 코드로 변환하는 기능을 제공합니다.

자바 파일을 코틀린으로 변환하기

[Code 〉 Convert Java FIle to Kotlin File] 메뉴를 선택하면 자바로 작성된 파일을 코틀린으로 변환할 수 있습니다.

자바 파일을 에디터에서 연 후 이 기능을 실행하면 해당 파일만 코틀린 코드로 변환되며, 여러 자바 파일을 선택할 경우 선택한 모든 파일이 코틀린 코드로 변환됩니다.

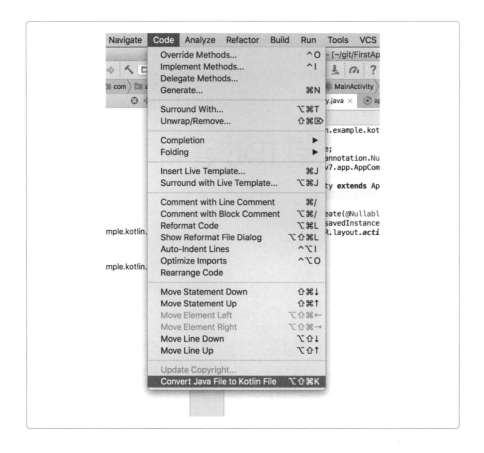

자바로 작성된 코드 블록을 코틀린으로 변환하기

자바로 작성된 코드 블록을 코틀린 코드에 붙여넣기 하면, 즉석에서 자바 코드를 코틀린 코드로 변환할 수 있습니다.

자바로 작성된 코드를 복사하여 코틀린 코드에 붙여넣으면, 다음과 같이 해당 코드를 코틀린 코드로 변환할지 여부를 묻는 다이얼로그가 표시됩니다. 'Yes'를 선택하면 붙여넣은 자바 코드를 코틀린 코드로 변환해 줍니다. 자신이 직접 수동으로 변환하고 싶은 경우 'No'를 선택하여 붙여넣은 코드를 그대로 유지할 수 있습니다.

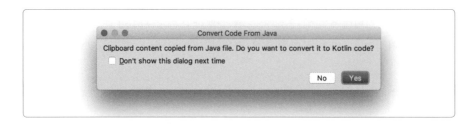

> 📖 **코틀린 컨버터로 변환된 코드에 에러가 있습니다. 왜 그런가요?**
>
> 자바-코틀린 컨버터는 대부분의 자바 코드를 이에 상응하는 코틀린 코드로 변환할 수 있습니다. 하지만 영어-한국어 번역기를 통해 번역된 결과물이 항상 완벽하지 않은 것처럼 자바-코틀린 컨버터도 간혹 문법적인 오류가 있는 코드를 반환하곤 합니다.
>
> 혹은, 문법적인 오류는 없지만 기존 자바 코드의 스타일이 그대로 남아있어 코틀린 코드의 스타일과는 동떨어진 코드가 만들어지기도 합니다.
>
> 따라서 코틀린 컨버터를 기존에 작성된 자바 코드를 일괄로 코틀린 코드로 변환하는 데 사용하기보다는 간단한 클래스를 변환할 때 사용하거나 코틀린을 학습할 때 참고 용도로만 사용하기를 권장합니다.

7.2 코틀린 코드 디컴파일러

코틀린에 입문한 지 얼마 안 된 상태에서 코틀린으로 코드를 작성하다 보면, 과연 내가 올바른 코드를 작성하고 있는지 의구심이 들 때가 있습니다. 이러한 궁금증을 해소해주기 위해, 코틀린 IDE 플러그인은 즉석에서 코틀린 코드의 바이트코드를 확인할 수 있는 기능을 제공합니다.

코틀린 코드를 연 후, [Tools 〉 Kotlin 〉 Show Kotlin Bytecode] 메뉴를 선택하면 해당 코틀린 코드의 바이트코드가 다음과 같이 'Kotlin Bytecode' 탭에 표시됩니다.

'Kotlin Bytecode' 탭의 좌측 상단에 있는 'Decompile' 버튼을 누르면 현재 표시되고 있는 바이트코드를 자바 코드로 보여줍니다. 이를 활용하면 작성하고 있는 코틀린 코드가 자바 코드로 어떻게 구현되는지 확인할 수 있으므로, 코틀린으로 작성한 코드가 의도대로 작성되었는지 확인할 때 매우 유용합니다.

다음은 이 기능을 사용하여 앞의 예제에서 확인한 코틀린 바이트코드를 자바 코드로 디컴파일한 결과를 보여줍니다. 코틀린 안드로이드 익스텐션에서 사용하기 위해 생성한 몇몇 추가 요소들(viewCache와 관련된 필드 및 메서드)과 메타데이터를 저장하기 위한 어노테이션을 제외하면 원본 코틀린 코드와 거의 동일하게 구성된 것을 확인할 수 있습니다.

```java
package com.androidhuman.example.kotlin.firstapp;

import android.os.Bundle;
import android.support.v7.app.AppCompatActivity;
import android.view.View;
import java.util.HashMap;
import kotlin.Metadata;
import org.jetbrains.annotations.Nullable;

@Metadata(
  mv = {1, 1, 7},
  bv = {1, 0, 2},
  k = 1,
  d1 = {"\u0000\u0018\n\u0002\u0018\u0002\n\u0002\u0018\u0002\n\u0002\b\u0002\
        n\u0002\u0010\u0002\n\u0000\n\u0002\u0018\u0002\n\u0000\u0018\u00002\
        u00020\u001B\u0005¢\u0006\u0002\u0010\u0002J\u0012\u0010\u0003\u001a\
        u00020\u00042\b\u0010\u0005\u001a\u0004\u0018\u00010\u0006H\u0014¨\
        u0006\u0007"},
  d2 = {"Lcom/androidhuman/example/kotlin/firstapp/SecondActivity;",
        "Landroid/support/v7/app/AppCompatActivity;", "()V", "onCreate", "",
        "savedInstanceState", "Landroid/os/Bundle;",
        "production sources for module app"}
)
public final class SecondActivity extends AppCompatActivity {
  private HashMap _$_findViewCache;

  protected void onCreate(@Nullable Bundle savedInstanceState) {
      super.onCreate(savedInstanceState);
      this.setContentView(2131296284);
  }

  public View _$_findCachedViewById(int var1) {
      if(this._$_findViewCache == null) {
          this._$_findViewCache = new HashMap();
      }

      View var2 = (View)this._$_findViewCache.get(Integer.valueOf(var1));
```

다음 쪽에 계속 ▶

```
        if(var2 == null) {
            var2 = this.findViewById(var1);
            this._$_findViewCache.put(Integer.valueOf(var1), var2);
        }

        return var2;
    }

    public void _$_clearFindViewByIdCache() {
        if(this._$_findViewCache != null) {
            this._$_findViewCache.clear();
        }

    }
}
```

7.3 코틀린 REPL

코틀린 IDE 플러그인은, 즉석에서 간단한 코틀린 코드를 작성하고 실행할 수 있는 코틀린 REPL(Read-Eval-Print-Loop)을 제공합니다.

[Tools 〉 Kotlin 〉 Kotlin REPL] 메뉴를 선택하면 다음과 같이 코틀린 REPL 탭이 표시됩니다. 코틀린 REPL 탭의 왼쪽에는 현재 REPL에서 사용하고 있는 모듈을 다시 빌드하는 버튼과 입력한 코드를 실행하는 버튼, 그리고 REPL을 종료하는 버튼이 있습니다.

현재 열려있는 프로젝트에서 코틀린 REPL을 처음 실행하거나 클린 빌드 후 실행하는 경우, 다음과 같이 실행 컨텍스트를 선택하는 화면이 표시됩니다. 여기에 표시되는 모듈 중, 코틀린 표준 라이브러리가 의존성에 추가되어 있는 모듈을 선택하면 됩니다.

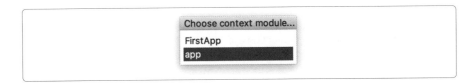

코틀린 REPL의 사용법은 일반적인 REPL의 사용법과 크게 다르지 않습니다. 간단한 계산식의 결과를 확인하거나 코드의 실행 결과를 확인할 수 있으며, 단축키(맥: Command+Enter / 윈도우: Ctrl+Enter)를 사용하여 입력한 코드를 좀 더 편리하게 실행할 수 있습니다.

다음은 코틀린 REPL을 사용하는 예를 보여줍니다. 간단한 계산뿐 아니라 값 선언 및 함수 호출, 클래스 선언까지 모든 기능을 사용할 수 있는 것을 확인할 수 있습니다.

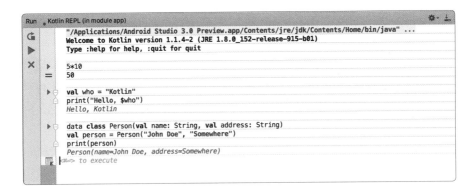

K　u　n　n　y　'　s　　　K　o　t　l　i　n

코틀린 안드로이드 익스텐션

8.1 코틀린 안드로이드 익스텐션 소개

findViewById() 메서드는 액티비티나 프래그먼트 등 레이아웃 파일에 선언된 여러 개의 뷰(view)로 구성된 화면에서 특정 뷰의 인스턴스를 얻기 위해 사용합니다.

하지만 이 메서드에서 반환한 뷰 객체를 잘못된 타입의 뷰로 캐스팅하거나 다른 레이아웃에 선언된 ID를 잘못 사용하면 널 값을 반환합니다. 즉, 실수로 버그를 발생 시키기 매우 쉬워 안드로이드 앱 개발자에게 이 메서드는 애증의 존재입니다.

이뿐만 아니라, 화면을 구성하는 뷰의 인스턴스를 얻기 위해 각 컴포넌트의 초기 화 시점에 인스턴스가 필요한 뷰의 개수만큼 findViewById() 메서드를 사용해야 합 니다. 때문에, 복잡한 구조로 구성된 화면을 다루는 경우 뷰 인스턴스를 받는 코드만 몇십 줄을 차지하여 코드의 가독성이 떨어집니다.

java

```java
public class MainActivity extends AppCompatActivity

    // 뷰 인스턴스 선언
    private TextView tvTitle;
    private TextView tvSubTitle;
    private ImageView ivProfile;
    private Button btnEdit;
    private TextView tvAddress;
    private TextView tvMemo;

    protected void onCreate(Bundle savedInstanceState) {
        super.onCreate(savedInstanceState)
        setContentView(R.layout.activity_main);
```

다음 쪽에 계속 ▶

```
    // 뷰 인스턴스 초기화 수행
    tvTitle = (TextView) findViewById(R.id.tv_title);
    tvSubTitle = (TextView) findViewById(R.id.tv_sub_title);
    ivProfile = (ImageView) findViewById(R.id.iv_profile);
    btnEdit = (Button) findViewById(R.id.btn_edit);
    tvAddress = (TextView) findViewById(R.id.tv_address);
    tvMemo = (TextVIew) findViewById(R.id.tv_memo);

    ...
  }
}
```

하지만 코틀린 안드로이드 익스텐션을 사용하면 이러한 불편을 말끔히 해결할 수 있습니다.

8.2 코틀린 안드로이드 익스텐션 설정

코틀린 안드로이드 익스텐션을 사용하려면 이를 사용할 모듈의 빌드스크립트에 kotlin-android-extensions 플러그인을 적용해야 합니다. 단, 이 플러그인을 적용하기 위해 kotlin-android 플러그인도 함께 적용합니다.

다음은 빌드스크립트에 코틀린 안드로이드 익스텐션 플러그인을 적용한 모습을 보여줍니다.

gradle

```
apply plugin: 'com.android.application'
apply plugin: 'kotlin-android'

// 코틀린 안드로이드 익스텐션을 이 모듈에 적용합니다.
apply plugin: 'kotlin-android-extensions'

android {
    ...
}

dependencies {
    ...
    compile "org.jetbrains.kotlin:kotlin-stdlib:${kotlinVersion}"
}
```

코틀린 안드로이드 익스텐션은 현재 액티비티, 프래그먼트, 리사이클러뷰에서 사용할 수 있습니다. 이들 컴포넌트에서 사용하는 레이아웃에 포함된 뷰를 프로퍼티처럼 사용할 수 있도록 지원하며, 각 뷰의 ID를 프로퍼티 이름으로 사용합니다.

레이아웃 내 선언된 뷰를 프로퍼티처럼 사용하기 위해, 코틀린 안드로이드 익스텐선을 사용하는 컴포넌트에서는 특별한 import 문을 추가해야 합니다. 코틀린 안드로이드 익스텐션을 위한 import 문의 형태는 다음과 같습니다.

kotlin

```
import kotlinx.android.synthetic.{sourceSet}.{layout}.*
```

src/main/res/layout/activity_main.xml 레이아웃을 사용하는 경우를 예로 들어 봅시다. 이 파일은 main 소스 셋(Source Set)에 포함되어 있고 activity_main이라는 이름을 가지고 있습니다.

따라서 코틀린 안드로이드 익스텐션을 통해 이 레이아웃 내 뷰를 사용하는 컴포넌트에서는 다음과 같은 import 문을 추가해야 합니다.

kotlin

```
import kotlinx.android.synthetic.main.activity_main.*
```

import 문이 다소 복잡해 보이지만 걱정하지 않아도 됩니다. 코틀린 안드로이드 익스텐션 또한 자동 완성을 지원하므로, 일반적인 경우 다음과 같이 뷰의 이름을 입력하기 시작하면 사용할 수 있는 뷰의 목록이 표시되며 이들 중 하나를 선택하면 자동으로 import 문이 추가됩니다.

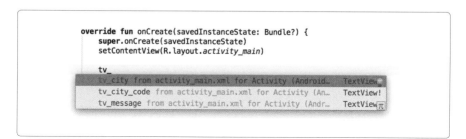

8.3 액티비티에서 사용하기

다음과 같이 구성된 액티비티를 예로 들어보겠습니다. EditText를 통해 이름을 입력받고, 버튼을 누르면 입력한 이름과 함께 메시지가 출력되는 기능을 갖추고 있습니다.

이 액티비티를 구성하는 레이아웃 파일은 다음과 같습니다.

xml

```xml
<?xml version="1.0" encoding="utf-8"?>
<LinearLayout xmlns:android="http://schemas.android.com/apk/res/android"
    xmlns:tools="http://schemas.android.com/tools"
    android:layout_width="match_parent"
    android:layout_height="match_parent"
    android:orientation="vertical">

    <EditText android:id="@+id/et_name"
        android:layout_width="match_parent"
        android:layout_height="wrap_content"
        android:hint="Enter name"/>

    <Button android:layout_width="match_parent"
        android:layout_height="wrap_content"
        android:text="Submit"
        android:id="@+id/btn_submit" />

    <TextView android:id="@+id/tv_message"
        android:layout_width="match_parent"
```

다음 쪽에 계속 ▶

```
        android:layout_height="wrap_content"
        android:textAppearance="?android:attr/textAppearanceMedium"
        android:gravity="center"
        android:layout_marginTop="12dp"/>
</LinearLayout>
```

다음은 이 액티비티의 기능을 구현하는 코드를 자바로 작성한 예입니다. 뷰 인스턴스를 선언하고 findViewById() 메서드를 사용하여 인스턴스를 받아오는 절차가 들어 있는 것을 확인할 수 있습니다.

java
```
public class MainActivity extends AppCompatActivity {

    // 뷰 인스턴스 선언

    EditText etName;

    Button btnSubmit;

    TextView tvMessage;

    @Override
    protected void onCreate(Bundle savedInstanceState) {
        super.onCreate(savedInstanceState);
        setContentView(R.layout.activity_main);

        // findViewById()를 사용하여 뷰 인스턴스를 받아옵니다.
        etName = (EditText) findViewById(R.id.et_name);
        btnSubmit = (Button) findViewById(R.id.btn_submit);
        tvMessage = (TextView) findViewById(R.id.tv_message);

        btnSubmit.setOnClickListener(new View.OnClickListener() {
            @Override
            public void onClick(View v) {
                tvMessage.setText("Hello, " + etName.getText().toString());
            }
        });
    }
}
```

코틀린 안드로이드 익스텐션을 사용하면 앞의 자바 코드를 다음과 같이 표현할 수 있습니다. setContentView() 메서드를 사용하여 액티비티에서 사용할 레이아웃을 설정하는 것은 기존과 동일하지만 뷰의 ID를 사용하여 해당 뷰의 인스턴스에 바로 접근할 수 있으므로 코드의 양이 비약적으로 줄었습니다.

kotlin
```
// activity_main 레이아웃에 있는 뷰를 사용하기 위한 import 문
import kotlinx.android.synthetic.main.activity_main.*
```

다음 쪽에 계속 ▶

```
...

class MainActivity : AppCompatActivity() {

    override fun onCreate(savedInstanceState: Bundle?) {
        super.onCreate(savedInstanceState)
        setContentView(R.layout.activity_main)

        // 뷰 ID를 사용하여 인스턴스에 바로 접근합니다.
        btn_submit.setOnClickListener {
            tv_message.text = "Hello, " + et_name.text.toString()
        }
    }
}
```

8.4 프래그먼트에서 사용하기

앞의 액티비티 예제에서 사용한 레이아웃과 동일한 뷰 구조와 기능을 갖지만, 레이아웃 이름만 fragment_main인 프래그먼트를 예로 들어보겠습니다.

프래그먼트를 구성하는 레이아웃을 onCreateView()에서 반환하는 것은 기존과 동일하며, 프래그먼트에서 표시할 뷰가 생성된 이후인 onViewCreated()부터 코틀린 안드로이드 익스텐션을 사용하여 뷰 인스턴스에 접근할 수 있습니다. 다음은 프래그먼트 코드의 구성 예입니다.

kotlin

```
// fragment_main 레이아웃에 있는 뷰를 사용하기 위한 import 문
import kotlinx.android.synthetic.main.fragment_main.*
...

class MainFragment : Fragment() {

    override fun onCreateView(inflater: LayoutInflater, container: ViewGroup?,
            savedInstanceState: Bundle?): View? {
        return inflater.inflate(R.layout.fragment_main, container, false)
    }

    override fun onViewCreated(view: View?, savedInstanceState: Bundle?) {
        // 뷰 ID를 사용하여 인스턴스에 바로 접근합니다.
        btn_submit.setOnClickListener {
            tv_message.text = "Hello, " + et_name.text.toString()
        }
    }
}
```

8.5 리사이클러뷰에서 사용하기

리사이클러뷰는 각 항목을 표시하기 위해 뷰홀더를 사용하며, 뷰홀더에서 표시할 뷰를 구성하기 위해 주로 레이아웃 파일을 사용합니다. 때문에, 액티비티나 프래그먼트와 마찬가지로 findViewById()를 사용하여 뷰의 인스턴스를 받아 사용해야 했습니다.

다음에서 리사이클러뷰를 사용하여 도시의 이름과 해당 도시의 코드를 표시하는 간단한 애플리케이션을 예로 들어 보겠습니다.

목록에 표시되는 항목의 레이아웃(item_city.xml)은 다음과 같이 도시 이름과 코드를 표시하기 위한 TextView 두 개로 구성되어 있습니다.

xml

```xml
<?xml version="1.0" encoding="utf-8"?>
<LinearLayout xmlns:android="http://schemas.android.com/apk/res/android"
    android:layout_width="match_parent"
```

다음 쪽에 계속 ▶

```xml
            android:layout_height="?attr/listPreferredItemHeight"
            android:orientation="vertical"
            android:padding="8dp">

        <TextView android:id="@+id/tv_city_name"
            android:layout_width="wrap_content"
            android:layout_height="wrap_content"
            android:textAppearance="?android:attr/textAppearanceMedium" />

        <TextView android:id="@+id/tv_city_code"
            android:layout_width="wrap_content"
            android:layout_height="wrap_content"
            android:textAppearance="?android:attr/textAppearanceSmall" />

</LinearLayout>
```

다음은 도시 이름과 코드를 표시해주는 어댑터를 자바 코드로 작성한 예입니다. 각 항목을 리스트에 표시하기 위해 사용하는 뷰홀더(여기에서는 Holder 클래스) 내부에서 액티비티와 프래그먼트와 유사하게 findViewById() 메서드를 사용하는 것을 확인할 수 있습니다.

java

```java
public class CityAdapter extends RecyclerView.Adapter<CityAdapter.Holder> {

    private List<Pair<String, String>> cities;

    public CityAdapter() {
        cities = new ArrayList<>();
        cities.add(Pair.create("Seoul", "SEO"));
        cities.add(Pair.create("Tokyo", "TOK"));
        cities.add(Pair.create("Mountain View", "MTV"));
        cities.add(Pair.create("Singapore", "SIN"));
        cities.add(Pair.create("New York", "NYC"));
    }

    @Override
    public Holder onCreateViewHolder(ViewGroup parent, int viewType) {
        return new Holder(parent);
    }

    @Override
    public void onBindViewHolder(Holder holder, int position) {
        Pair<String, String> item = cities.get(position);

        // 각 부분에 해당하는 값을 반영합니다.
        holder.cityName.setText(item.first);
        holder.cityCode.setText(item.second);
    }

    @Override
    public int getItemCount() {
```

다음 쪽에 계속 ▶

```java
        return null != cities ? cities.size() : 0;
    }

    class Holder extends RecyclerView.ViewHolder {

        // 뷰 인스턴스 선언

        TextView cityName;

        TextView cityCode;

        Holder(ViewGroup parent) {
            super(LayoutInflater.from(parent.getContext()).
                    inflate(R.layout.item_city, parent, false));

            // findViewById()를 사용하여 뷰 인스턴스를 받아옵니다.
            cityName = (TextView) itemView.findViewById(R.id.tv_city_name);
            cityCode = (TextView) itemView.findViewById(R.id.tv_city_code);
        }
    }
}
```

코틀린 안드로이드 익스텐션을 사용하면 앞의 자바 코드를 다음과 같이 표현할 수 있습니다. 코틀린 안드로이드 익스텐션은 뷰홀더의 itemView를 통해 레이아웃 내 뷰에 접근할 수 있도록 지원합니다.

kotlin

```kotlin
// item_city.xml 레이아웃에 있는 뷰를 사용하기 위한 import 문
import kotlinx.android.synthetic.main.item_city.view.*
...

class CityAdapter : RecyclerView.Adapter<CityAdapter.Holder>() {

    private val cities = listOf(
            "Seoul" to "SEO",
            "Tokyo" to "TOK",
            "Mountain View" to "MTV",
            "Singapore" to "SIN",
            "New York" to "NYC")

    override fun onCreateViewHolder(parent: ViewGroup, viewType: Int) = Holder(parent)

    override fun onBindViewHolder(holder: Holder, position: Int) {
        val (city, code) = cities[position]

        // 코틀린 안드로이드 익스텐션을 사용하여 레이아웃 내 뷰에 접근하려면
        // 뷰홀더 내의 itemView를 거쳐야 합니다.
        with(holder.itemView) {

            // 뷰 ID를 사용하여 인스턴스에 바로 접근합니다.
            tv_city_name.text = city
            tv_city_code.text = code
```

다음 쪽에 계속 ▶

```
            }
        }

        override fun getItemCount() = cities.size

        inner class Holder(parent: ViewGroup)
            : RecyclerView.ViewHolder(LayoutInflater.from(parent.context)
                .inflate(R.layout.item_city, parent, false))
}
```

9장

Anko

9.1 Anko 소개

Anko는 코틀린 언어의 제작사인 젯브레인에서 직접 제작하여 배포하는 코틀린 라이브러리로, 안드로이드 애플리케이션 개발에 유용한 유틸리티 함수를 제공합니다.

Anko에서는 유틸리티 함수의 성격에 따라 다음과 같이 네 종류의 라이브러리를 제공합니다.

- Anko Commons
- Anko Layouts
- Anko SQLite
- Anko Coroutines

이 라이브러리 중 대다수의 애플리케이션에서 유용하게 사용할 수 있는 Anko Commons과 Anko Layouts에 대해 이어지는 절에서 자세히 알아보도록 하겠습니다.

 Anko SQLite는 SQLite 데이터베이스를 다룰 때 유용한 함수를, Anko Coroutines은 코틀린 코루틴 라이브러리(kotlinx.coroutines)와 함께 사용할 수 있는 함수를 제공합니다.

이 책에서는 Anko SQLite와 Anko Coroutines 항목은 다루지 않습니다. 더 자세한 정보가 필요하신 분은 다음 링크를 참조하세요.

- Anko SQLite: *https://github.com/Kotlin/anko/wiki/Anko-SQLite*
- Anko Coroutines: *https://github.com/Kotlin/anko/wiki/Anko-Coroutines*

Anko 라이브러리의 최신 버전 정보는 공식 홈페이지(*https://github.com/Kotlin/anko*)에서 확인할 수 있으며, 이 책에서는 버전 0.10.1을 기준으로 설명합니다.

9.1 Anko Commons

Anko Commons은 안드로이드 애플리케이션을 작성할 때 일반적으로 자주 구현하는 기능을 간편하게 추가할 수 있는 유틸리티 함수를 제공합니다. Anko Commons을 사용하려면 이를 사용할 모듈의 빌드스크립트에 다음과 같이 의존성을 추가하면 됩니다.

gradle

```
// build.gradle

android {
    ...
}

dependencies {

    // Anko Commons 라이브러리를 추가합니다.
    compile "org.jetbrains.anko:anko-commons:0.10.2"

    ...
}
```

서포트 라이브러리에 포함된 클래스를 사용하는 경우, 필요에 따라 anko-appcompat-v7-commons 혹은 anko-support-v4-commons을 다음과 같이 빌드스크립트 내 의존성에 추가하면 됩니다.

gradle

```
// build.gradle

android {
    ...
}

dependencies {

    // Anko Commons 라이브러리를 추가합니다.
    compile "org.jetbrains.anko:anko-commons:0.10.2"

    // appcompat-v7용 Anko Commons 라이브러리를 추가합니다.
    compile "org.jetbrains.anko:anko-appcompat-v7-commons:0.10.2"

    // support-v4용 Anko Commons 라이브러리를 추가합니다.
    compile "org.jetbrains.anko:anko-support-v4-commons:0.10.2"
}
```

토스트 표시하기

toast() 및 toastLong() 함수를 사용하면 토스트 메시지를 간편하게 표시할 수 있습니다. 토스트를 표시하려면 Context 클래스의 인스턴스가 필요하므로, 이 클래스 혹은 이를 상속하는 클래스(액티비티, 프래그먼트) 내부에서만 사용할 수 있습니다.

kotlin

```kotlin
// 다음 코드와 동일한 역할을 합니다.
// Toast.makeText(Context, "Hello, Kotlin!", Toast.LENGTH_SHORT).show()
toast("Hello, Kotlin!")

// 다음 코드와 동일한 역할을 합니다.
// Toast.makeText(Context, R.string.hello, Toast.LENGTH_SHORT).show()
toast(R.string.hello)

// 다음 코드와 동일한 역할을 합니다.
// Toast.makeText(Context, "Hello, Kotlin!", Toast.LENGTH_LONG).show()
longToast("Hello, Kotlin!")
```

다이얼로그 생성 및 표시하기

alert() 함수를 사용하면 AlertDialog를 생성할 수 있으며, 토스트와 마찬가지로 Context 클래스 혹은 이를 상속하는 클래스(액티비티, 프래그먼트) 내부에서만 사용할 수 있습니다. 다음은 alert() 함수를 사용하여 다이얼로그 객체를 생성하고 이를 화면에 표시하는 코드입니다.

kotlin

```kotlin
// 다이얼로그의 제목과 본문을 지정합니다.
alert(title = "Message", message = "Let's learn Kotlin!") {

    // AlertDialog.Builder.setPositiveButton()에 대응합니다.
    positiveButton("Yes") {
        // 버튼을 클릭했을 때 수행할 동작을 구현합니다.
        toast("Yay!")
    }

    // AlertDialog.Builder.setNegativeButton()에 대응합니다.
    negativeButton("No") {
        // 버튼을 클릭했을 때 수행할 동작을 구현합니다.
        longToast("No way...")
    }
}.show()
```

다음은 이 코드로 생성되는 다이얼로그가 화면에 표시된 모습입니다.

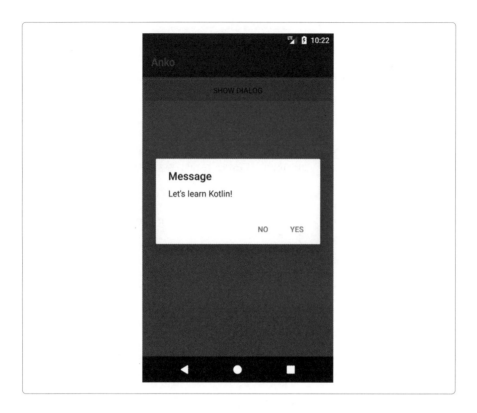

프레임워크에서 제공하는 다이얼로그가 아닌 서포트 라이브러리에서 제공하는 다이얼로그(android.support.v7.app.AlertDialog)를 생성하려면, anko-appcompat-v7-commons을 의존성에 추가한 후 다음과 같이 Appcompat을 함수 인자에 추가하면 됩니다.

kotlin

```kotlin
// import 문이 추가됩니다.
import org.jetbrains.anko.appcompat.v7.Appcompat

// Appcompat을 인자에 추가합니다.
alert(Appcompat, title = "Message", message = "Let's learn Kotlin!") {
    ...
}.show()
```

여러 항목 중 하나를 선택하도록 할 때 사용하는 리스트 다이얼로그는 selector() 함수를 사용하여 생성할 수 있습니다. 다음은 리스트 다이얼로그를 생성하고 화면에 표시하는 코드를 보여줍니다.

kotlin

```kotlin
// 다이얼로그에 표시할 목록을 생성합니다.
val cities = listOf("Seoul", "Tokyo", "Mountain View", "Singapore")

// 리스트 다이얼로그를 생성하고 표시합니다.
selector(title = "Select City", items = cities) { dlg, selection ->

    // 항목을 선택했을 때 수행할 동작을 구현합니다.
    toast("You selected ${cities[selection]}!")
}
```

이 코드로 생성되는 다이얼로그는 다음과 같이 표시됩니다.

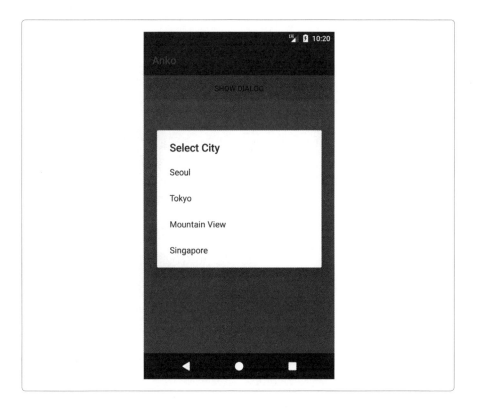

작업의 진행 상태를 표시할 때 사용하는 프로그레스 다이얼로그는 progressDialog()
와 indeterminateProgressDialog() 함수를 사용하여 생성할 수 있습니다.

progressDialog() 함수는 파일 다운로드 상태와 같이 진행률을 표시해야 하는 다
이얼로그를 생성할 때 사용하며, indeterminateProgressDialog() 함수는 진행률을
표시하지 않는 다이얼로그를 생성할 때 사용합니다. 다음은 진행률을 표시하는 다이
얼로그와 그렇지 않은 다이얼로그를 생성하고 표시하는 코드를 보여줍니다.

```kotlin
// 진행률을 표시하는 다이얼로그를 생성합니다.
val pd = progressDialog(title = "File Download", message = "Downloading...")

// 다이얼로그를 표시합니다.
pd.show()

// 진행률을 50으로 조정합니다.
pd.progress = 50

// 진행률을 표시하지 않는 다이얼로그를 생성하고 표시합니다.
indeterminateProgressDialog(message = "Please wait...").show()
```

다음은 앞의 코드로 생성한 다이얼로그가 화면에 표시된 모습을 보여줍니다.

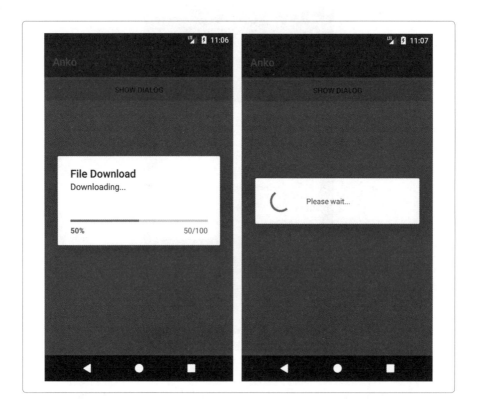

인텐트 생성 및 사용하기

인텐트는 컴포넌트 간에 데이터를 전달할 때에도 사용하지만 주로 액티비티나 서비스를 실행하는 용도로 사용합니다. 다른 컴포넌트를 실행하기 위해 인텐트를 사용하는 경우, 이 인텐트는 대상 컴포넌트에 대한 정보와 기타 부가 정보를 포함합니다.

다음은 DetailActivity 액티비티를 실행하기 위한 인텐트를 생성하는 예를 보여줍니다.

kotlin

```
// DetailActivity 액티비티를 대상 컴포넌트로 지정하는 인텐트
val intent = Intent(this, DetailActivity::class.java)

// DetailActivity를 실행합니다.
startActivity(intent)
```

이 인텐트에 부가 정보를 추가하거나 플래그를 설정하는 경우 인텐트를 생성하는 코드는 다음과 같이 길어집니다.

kotlin

```
val intent = Intent(this, DetailActivity::class.java)

// 인텐트에 부가정보를 추가합니다.
intent.putExtra("id", 150L)
intent.putExtra("title", "Awesome item")

// 인텐트에 플래그를 설정합니다.
intent.setFlag(Intent.FLAG_ACTIVITY_NO_HISTORY)
```

하지만 intentFor() 함수를 사용하면 훨씬 간소한 형태로 동일한 역할을 하는 인텐트를 생성할 수 있습니다. 다음은 intentFor() 함수를 사용하여 앞의 예제에서 생성한 인텐트와 동일한 인텐트를 생성하는 코드입니다.

kotlin

```
val intent = intentFor<DetailActivity>(

        // 부가 정보를 Pair 형태로 추가합니다.
        "id" to 150L, "title" to "Awesome item")

        // 인텐트 플래그를 설정합니다.
        .noHistory()
```

인텐트에 플래그를 지정하지 않는다면, startActivity() 함수나 startService() 함수를 사용하여 인텐트 생성과 컴포넌트 호출을 동시에 수행할 수 있습니다.

이들 함수는 모두 Context 클래스를 필요로 하므로, 이 클래스 혹은 이를 상속하는 클래스(액티비티, 프래그먼트) 내부에서만 사용할 수 있습니다.

kotlin

```
// 부가정보 없이 DetailActivity를 실행합니다.
startActivity<DetailActivity>()
```

다음 쪽에 계속 ▶

```kotlin
// 부가정보를 포함하여 DetailActivity를 실행합니다.
startActivity<DetailActivity>("id" to 150L, "title" to "Awesome item")

// 부가정보 없이 DataSyncService를 실행합니다.
startService<DataSyncService>()

// 부가정보를 포함하여 DataSyncService를 실행합니다.
startService<DataSyncService>("id" to 1000L)
```

이 외에도, 자주 사용하는 특정 작업을 바로 수행할 수 있는 함수들을 제공합니다. 이러한 함수들의 종류 및 사용 예를 다음 코드에서 확인할 수 있습니다.

```kotlin
// 전화를 거는 인텐트를 실행합니다.
makeCall(number = "01012345678")

// 문자메시지를 발송하는 인텐트를 실행합니다.
sendSMS(number = "01012345678", text = "Hello, Kotlin!")

// 웹 페이지를 여는 인텐트를 실행합니다.
browse(url = "https://google.com")

// 이메일을 발송하는 인텐트를 실행합니다.
email(email = "jyte82@gmail.com", subject = "Hello, Taeho Kim",
    text = "How are you?")
```

로그 메시지 기록하기

안드로이드 애플리케이션에서 로그 메시지를 기록하려면 android.util.Log 클래스에서 제공하는 메서드를 사용해야 합니다. 하지만 로그를 기록하는 함수를 호출할 때마다 매번 태그를 함께 입력해야 하므로 다소 불편합니다.

Anko 라이브러리에서 제공하는 AnkoLogger를 사용하면 훨씬 편리하게 로그 메시지를 기록할 수 있습니다. AnkoLogger에서는 다음과 같이 android.util.Log 클래스의 로그 기록 메서드에 대응하는 함수를 제공합니다.

android.util.Log	AnkoLogger
v()	verbose()
d()	debug()
i()	info()
w()	warn()
e()	error()
wtf()	wtf()

AnkoLogger를 사용하려면 이를 사용할 클래스에서 AnkoLogger 인터페이스를 구현하면 됩니다. AnkoLogger 인터페이스를 구현한 액티비티에서의 사용 예는 다음 코드에서 확인할 수 있습니다. 출력할 메시지의 타입으로 String만 허용하는 android.util.Log 클래스와 달리 모든 타입을 허용하는 모습을 확인할 수 있습니다.

kotlin

```kotlin
// AnkoLogger 인터페이스를 구현합니다.
class MainActivity : AppCompatActivity(), AnkoLogger {

    fun doSomething() {

        // Log.INFO 레벨로 로그 메시지를 기록합니다.
        info("doSomething() called")
    }

    fun doSomethingWithParameter(number: Int) {

        // Log.DEBUG 레벨로 로그 메시지를 기록합니다.
        // String 타입이 아닌 인자는 해당 인자의 toString() 함수 반환값을 기록합니다.
        debug(number)
    }
    ...
}
```

AnkoLogger에서 제공하는 함수를 사용하여 로그 메시지를 기록하는 경우, 로그 태그로 해당 함수가 호출되는 클래스의 이름을 사용합니다. 따라서 앞의 예제에서는 "MainActivity"를 로그 태그로 사용합니다. 로그 태그를 바꾸고 싶다면 다음과 같이 loggerTag 프로퍼티를 오버라이드하면 됩니다.

kotlin

```kotlin
class MainActivity : AppCompatActivity(), AnkoLogger {

    // 이 클래스 내에서 출력되는 로그 태그를 "Main"으로 지정합니다.
    override val loggerTag: String
        get() = "Main"

    ...
}
```

단위 변환하기

안드로이드는 다양한 기기를 지원하기 위해 픽셀(px) 단위 대신 dip(혹은 dp; device independent pixels)나 sp(scale independent pixels)를 사용합니다. dp나 sp 단위는 각 단말기의 화면 크기나 밀도에 따라 화면에 표시되는 크기를 일정 비율로 조정하므로, 다양한 화면 크기나 밀도를 가진 단말기에 대응하는 UI를 작성할 때 유용합니다.

하지만 커스텀 뷰 내부와 같이 뷰에 표시되는 요소의 크기를 픽셀 단위로 다루는 경우 dp나 sp단위를 픽셀 단위로 변환하기 위해 복잡한 과정을 거쳐야 합니다. 다음은 각 단위를 픽셀 단위로 변환하는 코드입니다.

kotlin

```kotlin
class MainActivity : AppCompatActivity() {

    fun doSomething() {

        // 100dp를 픽셀 단위로 변환합니다.
        val dpInPixel = TypedValue.applyDimension(
                TypedValue.COMPLEX_UNIT_DIP, 100f, resources.displayMetrics)

        // 16sp를 픽셀 단위로 변환합니다.
        val spInPixel = TypedValue.applyDimension(
                TypedValue.COMPLEX_UNIT_SP, 16f, resources.displayMetrics)
    }

    ...
}
```

Anko에서 제공하는 dip() 및 sp() 함수를 사용하면 이러한 단위를 매우 간단히 변환할 수 있습니다. 단위를 변환하기 위해 단말기의 화면 정보를 담고 있는 Display Metrics 객체가 필요하므로, 이 함수들은 단말기 화면 정보에 접근할 수 있는 클래스인 Context를 상속한 클래스 혹은 커스텀 뷰 클래스 내에서 사용할 수 있습니다.

다음은 dip() 함수 및 sp() 함수를 사용하여 앞의 코드를 간단하게 표현한 모습입니다. TypedValue.applyDimension() 메서드는 Float 형 인자만 지원했지만, dip() 및 sp() 함수는 Int 형 인자도 지원합니다.

kotlin

```kotlin
// 100dp를 픽셀 단위로 변환합니다.
val dpInPixel = dip(100)

// 16sp를 픽셀 단위로 변환합니다.
val spInPixel = sp(16)
```

반대로, 픽셀 단위를 dp나 sp 단위로 변환하는 함수도 제공합니다. 각각 px2dip(), px2sp() 함수를 사용합니다.

kotlin

```kotlin
// 300px를 dp 단위로 변환합니다.
val pxInDip = px2dip(300)


// 80px를 sp 단위로 변환합니다.
val pxInSp = px2sp(80)
```

기타

여러 단말기 환경을 지원하는 애플리케이션은, 단말기 환경에 따라 다른 형태의 UI 를 보여주도록 구현하는 경우가 많습니다. 이러한 경우, configuration() 함수를 사용하면 특정 단말기 환경일 때에만 실행할 코드를 간단하게 구현할 수 있습니다. 다음은 configuration() 함수를 통해 지정할 수 있는 단말기 환경 목록입니다.

매개변수 이름	단말기 환경 종류
density	화면 밀도
language	시스템 언어
long	화면 길이
nightMode	야간 모드 여부
orientation	화면 방향
rightToLeft	RTL(Right-to-Left) 레이아웃 여부
screenSize	화면 크기
smallestWidth	화면의 가장 작은 변의 길이
uiMode	UI 모드 (일반, TV, 차량, 시계, VR 등)

다음은 configuration() 함수를 사용하는 예입니다. 이 함수 또한 단말기 환경에 접근해야 하므로 이 정보에 접근할 수 있는 Context 클래스 혹은 이를 상속한 클래스 (액티비티, 프래그먼트)에서만 사용할 수 있습니다.

kotlin

```kotlin
class MainActivity : AppCompatActivity() {

    fun doSomething() {

        configuration(orientation = Orientation.PORTRAIT) {

            // 단말기가 세로 방향일 때 수행할 코드를 작성합니다.
            ...
        }
```

다음 쪽에 계속 ▶

```
        configuration(orientation = Orientation.LANDSCAPE, language = "ko") {

            // 단말기가 가로 방향이면서 시스템 언어가 한국어로 설정되어 있을 때
            // 수행할 코드를 작성합니다.
            ...
        }
    }
    ...
}
```

단순히 단말기의 OS 버전에 따라 분기를 수행하는 경우 doFromSdk()와 doIfSdk()를 사용할 수 있습니다.

```
doFromSdk(Build.VERSION_CODES.O) {
    // 안드로이드 8.0 이상 기기에서 수행할 코드를 작성합니다.
    ...
}

doIfSdk(Build.VERSION_CODES.N) {
    // 안드로이드 7.0 기기에서만 수행할 코드를 작성합니다.
    ...
}
```

9.2 Anko Layouts

안드로이드 애플리케이션을 작성할 때, 대부분 XML 레이아웃을 사용하여 화면을 구성합니다. 소스 코드(자바 혹은 코틀린 코드)를 사용하여 화면을 구성하는 것도 가능하지만 XML 레이아웃에 비해 복잡하고 까다로워 대다수의 사람들이 선호하지 않습니다.

하지만 XML로 작성된 레이아웃을 사용하려면 이 파일에 정의된 뷰를 파싱하는 작업을 먼저 수행해야 합니다. 때문에 소스 코드를 사용하여 화면을 구성한 경우에 비해 애플리케이션의 성능이 저하되고, 파싱 과정에서 자원이 더 필요한 만큼 배터리도 더 많이 소모합니다.

Anko Layouts는 소스 코드로 화면을 구성할 때 유용하게 사용할 수 있는 여러 함수들을 제공하며, 이를 사용하면 XML 레이아웃을 작성하는 것처럼 편리하게 소스코드로도 화면을 구성할 수 있습니다. Anko Layouts을 사용하려면 이를 사용할 모듈의 빌드스크립트에 의존성을 추가하면 되며, 애플리케이션의 minSdkVersion에 따라 사용하는 라이브러리가 달라집니다. 애플리케이션의 minSdkVersion 대응하는 Anko Layouts 라이브러리는 다음과 같습니다.

minSdkVersion	Anko Layouts 라이브러리
15 이상 19 미만	anko-sdk15
19 이상 21 미만	anko-sdk19
21 이상 23 미만	anko-sdk21
23 이상 25 미만	anko-sdk23
25 이상	anko-sdk25

다음은 minSdkVersion이 15인 모듈에 Anko Layouts 라이브러리를 의존성에 추가한 예제입니다.

gradle

```
android {
    defaultConfig {

        // minSdkVersion이 15로 설정되어 있습니다.
        minSdkVersion 15
        targetSdkVersion 27
        ...
    }
    ...
}

dependencies {

    // minSdkVersion에 맞추어 Anko Layouts 라이브러리를 추가합니다.
    compile "org.jetbrains.anko:anko-sdk15:0.10.2"
    ...
}
```

서포트 라이브러리에 포함된 뷰를 사용하는 경우, 사용하는 뷰가 포함된 라이브러리에 대응하는 Anko Layouts 라이브러리를 의존성에 추가하면 됩니다. 각 서포트 라이브러리에 대응하는 Anko Layouts 라이브러리는 다음과 같습니다.

서포트 라이브러리	Anko Layouts 라이브러리
appcompat-v7	anko-appcompat-v7
cardview-v7	anko-cardview-v7
design	anko-design
gridlayout-v7	anko-gridlayout-v7
recyclerview-v7	anko-recyclerview-v7
support-v4	anko-support-v4

다음은 서포트 라이브러리와 이에 대응하는 Anko Layouts 라이브러리를 의존성으로 추가한 예입니다.

gradle

```
android {
    ...
}

dependencies {

    // appcompat-v7 서포트 라이브러리 추가
    compile "com.android.support:appcompat-v7:27.0.1"

    // appcompat-v7용 Anko Layouts 라이브러리를 추가합니다.
    compile "org.jetbrains.anko:anko-appcompat-v7:0.10.2"
}
```

DSL로 화면 구성하기

Anko Layouts을 사용하면 소스 코드에서 화면을 DSL(Domain Specific Language) 형태로 정의할 수 있습니다. 다음은 DSL을 사용하여 화면을 구성하는 간단한 예를 보여줍니다. XML 레이아웃으로 정의할 때보다 더 간단하게 화면을 구성할 수 있는 것을 확인할 수 있습니다.

kotlin

```kotlin
verticalLayout {
    padding = dip(12)

    textView("Enter Login Credentials")

    editText {
        hint = "E-mail"
    }

    editText {
        hint = "Password"
    }

    button("Submit")
}
```

앞의 코드에서 사용한 verticalLayout(), textView(), editText(), button()은 Anko Layouts에서 제공하는 함수로, 뷰 혹은 다른 뷰를 포함할 수 있는 레이아웃을 생성하는 역할을 합니다. 다음은 여기에서 제공하는 함수 중 자주 사용하는 함수 몇 개의 목록입니다.

함수	생성하는 뷰	비고
button()	android.widget.Button	
checkBox()	android.widget.CheckBox	
editText()	android.widget.EditText	
frameLayout()	android.widget.FrameLayout	
imageView()	android.widget.ImageView	
linearLayout()	android.widget.LinearLayout	
radioButton()	android.widget.RadioButton	
relativeLayout()	android.widget.RelativeLayout	
switch()	android.widget.Switch	서포트 라이브러리에서 제공하는 뷰는 switchCompat() 사용
verticalLayout()	android.widget.LinearLayout	orientation 값으로 LinearLayout.VERTICAL을 갖는 LinearLayout
webView()	android.webkit.WebView	

XML 레이아웃 파일에 XML로 구성한 레이아웃을 저장하듯이, DSL로 구성한 뷰는
AnkoComponent 클래스를 컨테이너로 사용합니다. AnkoComponent에는 정의되어 있는
화면을 표시할 대상 컴포넌트의 정보를 포함하며, 다음은 MainActivity 액티비티에
표시할 뷰의 정보를 가지는 AnkoComponent의 코드 예시를 보여줍니다.

kotlin

```kotlin
class MainActivityUI : AnkoComponent<MainActivity> {

    override fun createView(ui: AnkoContext<MainActivity>) = ui.apply {
        verticalLayout {

            // LinearLayout의 padding을 12dp로 설정합니다.
            padding = dip(12)

            // TextView를 추가합니다.
            textView("Enter Login Credentials")

            // EditText를 추가하고, 힌트 문자열을 설정합니다.
            editText {
                hint = "E-mail"
            }

            editText {
                hint = "Password"
            }

            // 버튼을 추가합니다.
            button("Submit")
        }
    }.view
}
```

액티비티에서 사용하기

AnkoComponent.setContentView(Activity) 함수를 사용하면 AnkoComponent 내에 정의된 화면을 액티비티 화면으로 설정할 수 있습니다. 다음은 간단한 예를 보여줍니다.

kotlin

```kotlin
class MainActivity : AppCompatActivity() {

    override fun onCreate(savedInstanceState: Bundle?) {
        super.onCreate(savedInstanceState)

        // AnkoComponent에 정의된 뷰를 액티비티 화면으로 설정합니다.
        MainActivityUI().setContentView(this)
    }
}

// MainActivity에 표시할 화면을 구성합니다.
class MainActivityUI : AnkoComponent<MainActivity> {

    override fun createView(ui: AnkoContext<MainActivity>) = ui.apply {
        verticalLayout {
            padding = dip(12)

            textView("Enter Login Credentials")

            editText {
                hint = "E-mail"
            }

            editText {
                hint = "Password"
            }

            button("Submit")
        }
    }.view
}
```

이 코드를 실행한 화면은 다음과 같습니다. 액티비티 레이아웃이 정상적으로 잘 표시되는 것을 확인할 수 있습니다.

추가로, 액티비티에서는 AnkoComponent 없이 직접 액티비티 내에서 DSL을 사용하여 화면을 구성할 수 있습니다.

다음은 앞의 코드와 동일한 레이아웃을 AnkoComponent 없이 구성하는 예입니다. 이 방식으로 화면을 구성하는 경우 setContentView()를 호출하지 않아도 됩니다.

kotlin

```kotlin
class MainActivity : AppCompatActivity() {

    override fun onCreate(savedInstanceState: Bundle?) {
        super.onCreate(savedInstanceState)

        // setContentView()가 없어도 됩니다.
        verticalLayout {
            padding = dip(12)

            textView("Enter Login Credentials")

            editText {
                hint = "E-mail"
            }

            editText {
```

다음 쪽에 계속 ▶

```
                hint = "Password"
            }

            button("Submit")
        }
    }
}
```

프래그먼트에서 사용하기

프래그먼트에서 Anko Layouts을 사용하려면 프래그먼트를 위한 AnkoComponent를
만들고, onCreateView()에서 createView()를 직접 호출하여 프래그먼트의 화면으로
사용할 뷰를 반환하면 됩니다.

createView()를 직접 호출하려면 AnkoContext 객체를 직접 만들어 인자로 전달하
면 됩니다.

kotlin

```kotlin
class MainFragment : Fragment() {

    override fun onCreateView(inflater: LayoutInflater,
            container: ViewGroup?, savedInstanceState: Bundle?): View? {

        // AnkoComponent.createView() 함수를 호출하여 뷰를 반환합니다.
        return MainFragmentUI().createView(AnkoContext.create(context, this))
    }
}

// 프래그먼트를 위한 AnkoComponent를 만듭니다.
class MainFragmentUI : AnkoComponent<MainFragment> {
    override fun createView(ui: AnkoContext<MainFragment>) = ui.apply {
        verticalLayout {
            padding = dip(12)

            textView("Enter Login Credentials")

            editText {
                hint = "E-mail"
            }

            editText {
                hint = "Password"
            }

            button("Submit")
        }
    }.view
}
```

Anko Support Plugin

Anko Support Plugin은 Anko와 같이 사용할 수 있는 부가 기능을 제공하는 IDE 플러그인입니다. 플러그인을 설치하려면 코틀린 IDE 플러그인을 설치하는 과정과 동일하게 진행하면 되며, 플러그인 검색 다이얼로그에서 다음과 같이 'Anko Support'를 선택하여 설치하면 됩니다.

Anko Support Plugin에서는 AnkoComponent로 작성한 화면이 어떻게 표시되는지 미리 확인할 수 있는 레이아웃 프리뷰 기능을 제공합니다.

　레이아웃 프리뷰를 사용하려면, 먼저 프리뷰 기능으로 확인하고 싶은 Anko Component가 구현되어 있는 파일을 연 후 다음과 같이 AnkoComponent의 구현부 내부 아무곳에 커서를 둡니다.

```
class MainActivityUI: AnkoComponent<MainActivity> {
    override fun createView(ui: AnkoContext<MainActivity>) = ui.apply {
        verticalLayout {
            padding = dip( value: 12)

            textView( text: "Enter Login Credentials")

            editText {
                hint = "E-mail"
            }

            editText {
                hint = "Password"
            }

            button( text: "Submit")
        }
    }.view
}
```

그 다음, [View 〉 Tools Windows 〉 Anko Layout Preview]를 선택하여 레이아웃
프리뷰 창을 띄웁니다.

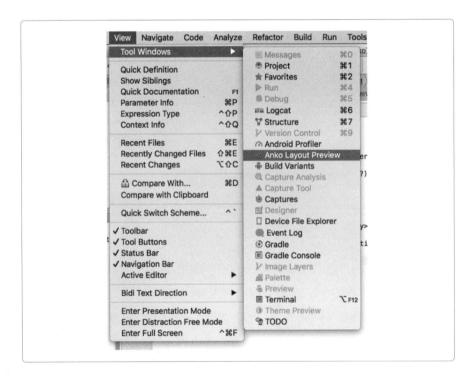

레이아웃 프리뷰 창은 다음과 같이 XML 레이아웃 프리뷰 창과 거의 유사한 형태로
구성되어 있습니다. 앞에서 선택한 AnkoComponent의 레이아웃 프리뷰를 보여주며,
화면이 표시되지 않거나 바뀐 내용이 반영되지 않았다면 프로젝트를 다시 빌드하면
됩니다.

Kunny's Kotlin

실무에 바로 적용할 수 있는
안드로이드 앱 개발하기

Simple Github 예제 프로젝트 소개

앞 장에서 소개된 내용으로 코틀린 코드를 어떻게 작성하는지 알게 되었으니, 당장이라도 안드로이드 앱의 코드를 코틀린으로 작성하고 싶은 마음이 굴뚝같을 겁니다.

프로젝트를 새로 시작하는 경우라면 모든 코드를 코틀린으로 작성할 수 있을 것입니다. 하지만 기존에 자바로 작성된 프로젝트가 있다면 그것을 코틀린 코드로 바꿔보는 것이 코틀린에 더 빨리 익숙해지는 방법입니다. 이와 더불어, 기존 코드의 구현 로직은 그대로 유지하면서 코드의 안정성 및 가독성을 높일 수 있는 장점도 있습니다.

자바-코틀린 컨버터를 사용하면 자바 코드를 코틀린으로 쉽게 변환할 수 있습니다. 그러나 일부 코드는 완벽하게 변환되지 않기도 하며, 변환이 완료된 코드도 최적화 작업을 별도로 해야 하는 경우가 많습니다. 때문에, 자바로 작성된 코드를 코틀린으로 변환하는 과정은 코틀린으로 새로운 코드를 작성해 보는 것 못지 않게 중요합니다.

자바로 작성된 코드를 코틀린으로 변환하는 과정을 살펴보기에 앞서, 이 장에서는 자바로 작성된 Simple Github 예제 프로젝트가 어떻게 구성되어 있는지 먼저 알아봅니다. 이 장에서 다루는 예제 프로젝트의 전체 소스코드는 다음 링크를 통해 확인할 수 있습니다.

- 프로젝트 저장소: *https://github.com/kunny/kunny-kotlin-book/tree/java*
- 프로젝트 압축 파일 다운로드: *https://github.com/kunny/kunny-kotlin-book/archive/java.zip*

10.1 예제 프로젝트의 기능 및 사용하는 라이브러리

예제 프로젝트는 Github API(*https://developer.github.com/v3/*)를 사용하여 저장소를 검색하고, 선택한 저장소에 대한 간단한 정보를 표시하는 기능을 제공합니다. 또한, Github API를 원활하게 사용하기 위해 간단한 사용자 인증 처리를 함께 구현합니다.

프로젝트의 복잡도를 줄이기 위해, 예제 프로젝트에는 Github API에서 제공하는 스펙을 모두 구현하지는 않았습니다. 하지만 일부 기능이 제한될 뿐 REST API를 사용하는 애플리케이션 데모를 위한 목적으로는 충분하므로 크게 걱정하지 않아도 됩니다.

이 프로젝트에 사용한 Github API의 제약사항은 다음과 같습니다.

- 사용자 인증: 웹 애플리케이션을 위한 인증 절차(web application flow)만 사용합니다.
- 검색: 검색 결과가 많은 경우 이를 페이징 처리할 수 있도록 제공하나, 예제 애플리케이션에서는 첫 번째 페이지의 결과만 표시합니다.
- 데이터 모델: Github API를 통해 반환되는 여러 정보 중, 필요한 정보만 사용하기 위해 사용하지 않는 정보를 위한 필드는 제거했습니다.

예제 프로젝트의 기능을 구현하기 위해 사용하는 라이브러리는 현재 대다수의 안드로이드 앱 개발자가 많이 사용하는 라이브러리와 동일한 라이브러리를 사용합니다. 각 기능별로 사용하는 라이브러리 목록은 다음과 같습니다.

라이브러리 이름	패키지 이름	구현하는 기능
Android Support Library	com.android.support	안드로이드 하위 버전 호환성 지원 및 추가 기능 제공
Glide	com.github.bumptech.glide	이미지 표시 지원
Gson	com.google.code.gson	JSON 처리 지원
OkHttp	com.squareup.okhttp3	네트워크 통신 지원
Retrofit	com.squareup.retrofit2	REST API 인터페이스 작성 및 통신 지원

 예제 프로젝트는 안드로이드 그래들 플러그인 3.0 이상 버전과 호환됩니다. 따라서 이전 버전의 그래들 플러그인 버전과 의존성을 추가하는 방법이 상이합니다.

자세한 내용은 안드로이드 개발자 사이트의 관련 문서(*https://developer.android.com/studio/build/gradle-plugin-3-0-0-migration.html#new_configurations*)를 참조하세요.

10.2 예제 프로젝트를 실행하기 위한 준비

Github API를 원활하게 사용하려면 사용자 인증이 필요하며, 인증 후 액세스 토큰을 발급받아야 합니다. 이 작업을 위해서는, 별도의 Github 애플리케이션을 등록해야 합니다.

Github 애플리케이션을 등록하려면 먼저 Github 홈페이지에 접속한 후 로그인해야 합니다. 로그인한 후, 우측 상단에 표시되는 프로필 사진을 클릭하고 'Settings' 메뉴를 선택합니다.

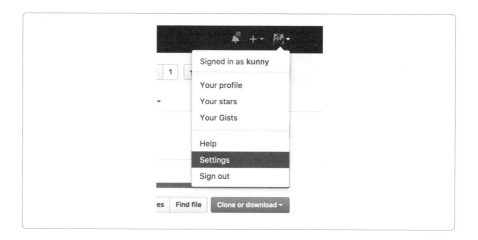

표시되는 페이지에서 왼쪽 사이드바에 있는 메뉴 중 'Developer Settings' 섹션 내 'OAuth Apps' 메뉴를 선택합니다.

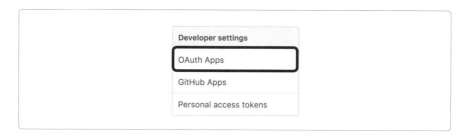

메뉴를 선택하면 현재 내가 생성한 OAuth 애플리케이션의 목록이 표시됩니다. 이 화면에서 우측 상단의 'Register a new application' 버튼을 눌러 새로운 애플리케이션을 생성하는 화면으로 이동합니다.

새로운 애플리케이션을 등록하는 화면이 표시되면, 각 항목에 다음과 같이 정보를 입력합니다.

항목	입력하는 값	비고
Application name	Simple Github	애플리케이션 이름을 입력합니다.
Homepage URL	*https://github.com/kunny/ kunny-kotlin-book*	애플리케이션의 홈페이지를 입력합니다.
Application description	Simple Github App	(선택사항) 애플리케이션 설명을 입력합니다.
Authorization callback URL	*simplegithub://authorize*	사용자 인증이 완료되었을 때 이동할 주소를 입력합니다.

 앞에서 입력한 정보들은 예제 애플리케이션을 위한 것으로, 다른 애플리케이션에서 사용하기 위해 새로운 Github 애플리케이션을 생성할 때는 해당 애플리케이션에 맞도록 입력 값을 수정해야 합니다.

모든 정보를 입력했다면 하단의 'Register application'을 눌러 애플리케이션을 등록합니다.

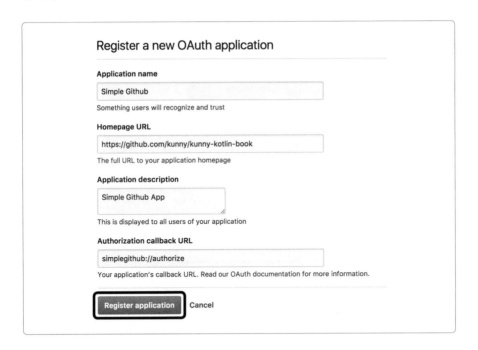

애플리케이션 등록이 완료되면 다음과 같이 애플리케이션의 Client ID 및 Client Secret 키가 발급됩니다. 이는 사용자 인증 시 유효한 애플리케이션을 통해 인증 요청이 들어왔는지 구분하기 위해 사용되는 값으로, 외부로 유출되지 않도록 유의해야 합니다.

10.3 빌드스크립트 및 매니페스트 구성 살펴보기

프로젝트 루트 폴더의 빌드스크립트(build.gradle)는 프로젝트에 전체적으로 적용
되는 항목들을 설정합니다. 프로젝트에서 사용하는 라이브러리나 SDK 버전을 효
율적으로 관리할 수 있도록 버전과 관련된 항목들은 별도의 파일인 dependencies.
gradle에 정의합니다. 그리고 여기에 정의된 버전 정보를 모든 프로젝트에서 사용할
수 있도록 설정합니다.

코드 10-1 build.gradle

```
buildscript {
    // dependencies.gradle에 정의된 내용을 모든 프로젝트에서 사용할 수 있도록 합니다.
    apply from: file('dependencies.gradle')

    repositories {
        // 그래들 빌드 플러그인 3.0 이후 버전은 Google Maven Repository를 통해 제공됩니다.
        google()
        jcenter()
    }

    dependencies {
        // dependencies.gradle 내 정의된 값을 참조합니다.
        classpath "com.android.tools.build:gradle:$androidPluginVersion"
    }
}

allprojects {
    repositories {
        // 서포트 라이브러리 26.0.0 이후 버전은 Google Maven Repository를 통해 제공됩니다.
        google()
        jcenter()
    }
}

task clean(type: Delete) {
    delete rootProject.buildDir
}
```

dependencies.gradle 파일은 앞의 빌드스크립트와 마찬가지로 프로젝트 루트 폴더
에 있습니다. 플러그인 버전뿐 아니라 빌드 툴 버전, SDK 버전까지 모두 이 파일에
서 관리합니다.

코드 10-2 dependencies.gradle

```
ext {
    // Build configuration
    buildToolsVersion = '27.0.1'
    minSdkVersion = 15
    compileSdkVersion = 27
    targetSdkVersion = 27

    // Gradle plugin
    androidPluginVersion = '3.0.0'

    // Library
    glideVersion = '4.1.1'
    gsonVersion = '2.7'
    okHttpVersion = '3.8.1'
    retrofitVersion = '2.3.0'
    supportLibVersion = '27.0.1'
}
```

다음은 애플리케이션의 빌드스크립트를 확인할 차례입니다. simple-github/build.
gradle 파일은 다음과 같이 구성되어 있습니다. dependencies.gradle에서 정의한
값을 사용하는 것을 확인할 수 있으며, Github 애플리케이션의 Client ID와 Client
Secret 값을 코드 내에서 사용할 수 있도록 BuildConfig 내 필드로 노출해주는 모습
을 확인할 수 있습니다.

코드 10-3 simple-github/build.gradle

```
apply plugin: 'com.android.application'

android {
    // dependencies.gradle에 정의된 값을 참조합니다.
    compileSdkVersion rootProject.ext.compileSdkVersion
    buildToolsVersion rootProject.ext.buildToolsVersion

    defaultConfig {
        applicationId "com.androidhuman.example.simplegithub"
        minSdkVersion rootProject.ext.minSdkVersion
        targetSdkVersion rootProject.ext.targetSdkVersion
        versionCode 1
        versionName "1.0"

        // 그래들 프로퍼티에 정의된 값을 BuildConfig 내 필드로 변환해줍니다.
        // 프로퍼티가 정의되어 있지 않다면 "NOT_FOUND" 값이 BuildConfig 내 필드에 대입됩니다.
        buildConfigField "String", "GITHUB_CLIENT_ID",
                project.properties["GITHUB_CLIENT_ID"] ?: "\"NOT_FOUND\""

        buildConfigField "String", "GITHUB_CLIENT_SECRET",
                project.properties["GITHUB_CLIENT_SECRET"] ?: "\"NOT_FOUND\""
    }

    buildTypes {
        release {
```

다음 쪽에 계속 ▶

```
                minifyEnabled false
                proguardFiles getDefaultProguardFile('proguard-android.txt'),
                                                     'proguard-rules.pro'
        }
    }
}

dependencies {
    implementation "com.android.support:appcompat-v7:$supportLibVersion"
    implementation "com.android.support:customtabs:$supportLibVersion"
    implementation "com.android.support:design:$supportLibVersion"
    implementation "com.android.support:recyclerview-v7:$supportLibVersion"
    implementation "com.github.bumptech.glide:glide:$glideVersion"
    implementation "com.google.code.gson:gson:$gsonVersion"
    implementation "com.squareup.okhttp3:logging-interceptor:$okHttpVersion"
    implementation "com.squareup.okhttp3:okhttp:$okHttpVersion"
    implementation "com.squareup.retrofit2:converter-gson:$retrofitVersion"
    implementation "com.squareup.retrofit2:retrofit:$retrofitVersion"

    // Glide 4.0의 Generated API를 위해 필요합니다.
    // 자세한 사항은 뒷 부분의 'UI 표시부 구성'을 참조하세요.
    annotationProcessor "com.github.bumptech.glide:compiler:$glideVersion"
}
```

Github 애플리케이션의 Client ID 및 Client Secret 값은 그래들 프로퍼티로 정의하도록 구성되어 있습니다. 그래들 프로퍼티는 gradle.properties 파일에 정의할 수 있으며, 예제 프로젝트의 simple-github/gradle.properties 파일 안에는 다음과 같이 여러분이 만든 Github 애플리케이션의 정보를 넣을 수 있도록 필드가 마련되어 있습니다.

코드 10-4 simple-github/build.properties

```
GITHUB_CLIENT_ID="YOUR_GITHUB_CLIENT_ID"
GITHUB_CLIENT_SECRET="YOUR_GITHUB_CLIENT_SECRET"
```

이곳에 여러분이 만든 Github 애플리케이션의 Client ID 및 Client Secret을 대입하면 됩니다. 만약 Client ID가 abcdedcba이고 Client Secret이 abcde12345edcba라면, gradle.properties의 내용을 다음과 같이 수정하면 됩니다.

코드 10-5 simple-github/build.properties

```
GITHUB_CLIENT_ID="abcdedcba"
GITHUB_CLIENT_SECRET="abcde12345edcba"
```

애플리케이션의 매니페스트(AndroidManifest.xml)는 다음과 같이 구성되어 있습니다. 4개의 액티비티로 구성되어 있으며, 로그인 액티비티(SignInActivity)는 Github 사용자 인증 완료 시 전달되는 정보를 받을 수 있도록 앞에서 설정한 콜백

URL(simplegithub://authorize)을 받아 처리할 수 있도록 별도의 인텐트 필터를 등록했습니다.

코드 10-6 AndroidManifest.xml

```xml
<?xml version="1.0" encoding="utf-8"?>
<manifest xmlns:android="http://schemas.android.com/apk/res/android"
    xmlns:tools="http://schemas.android.com/tools"
    package="com.androidhuman.example.simplegithub"
    tools:ignore="UnusedAttribute">

    <!-- 외부 서버와 통신이 필요하므로 인터넷 권한이 필요합니다. -->
    <uses-permission android:name="android.permission.INTERNET" />

    <application
        android:allowBackup="false"
        android:icon="@mipmap/ic_launcher"
        android:label="@string/app_name"
        android:roundIcon="@mipmap/ic_launcher_round"
        android:supportsRtl="false"
        android:theme="@style/AppTheme">

        <activity
            android:name=".ui.main.MainActivity"
            android:label="@string/app_name" />

        <activity
            android:name=".ui.signin.SignInActivity"
            android:label="@string/app_name"
            android:launchMode="singleTask">
            <intent-filter>
                <action android:name="android.intent.action.MAIN" />

                <category android:name="android.intent.category.LAUNCHER" />
            </intent-filter>

            <!-- 사용자 인증 완료 시 콜백 주소로 전달되는 정보를 받을 수 있도록 합니다. -->
            <intent-filter>
                <action android:name="android.intent.action.VIEW" />

                <category android:name="android.intent.category.DEFAULT" />
                <category android:name="android.intent.category.BROWSABLE" />

                <data
                    android:host="authorize"
                    android:scheme="simplegithub" />
            </intent-filter>
        </activity>

        <activity
            android:name=".ui.search.SearchActivity"
            android:label="@string/search"
            android:parentActivityName=".ui.main.MainActivity">
            <meta-data
                android:name="android.support.PARENT_ACTIVITY"
```

다음 쪽에 계속 ▶

```
                    android:value="com.androidhuman.example.simplegithub.ui.main.
                                    MainActivity" />

        </activity>

        <activity
            android:name=".ui.repo.RepositoryActivity"
            android:label="@string/view_repository"
            android:parentActivityName=".ui.main.MainActivity">

            <meta-data
                android:name="android.support.PARENT_ACTIVITY"
                android:value="com.androidhuman.example.simplegithub.ui.main.
                                MainActivity" />
        </activity>
    </application>

</manifest>
```

10.4 UI 표시부 구성

SignInActivity는 애플리케이션 진입점이며 사용자 로그인을 처리합니다. 액티비티 최초 실행 시 사용자가 Github 계정을 통해 로그인을 할 수 있도록 'Start with Github' 버튼이 표시되며, 버튼을 누르면 Github 웹 인증 과정을 통해 사용자 인증을 처리할 수 있도록 합니다.

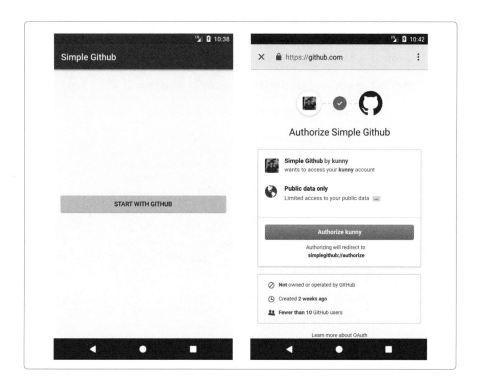

SignInActivity 코드의 주요 부분을 살펴보겠습니다. 액티비티 중앙에 표시되는 btnStart 버튼을 누르면 Github 사용자 인증을 위한 웹 페이지로 이동하며, 웹 페이지 주소에 앞에서 생성한 Github 애플리케이션의 Client ID를 넣어줍니다. 웹 페이지는 구현이 복잡한 커스텀 웹뷰(webview) 대신 크롬 커스텀 탭을 사용하여 표시합니다.

버튼 초기화가 끝난 후에는 authTokenProvider를 사용하여 사용자 인증 토큰이 있는지 여부를 확인하고, 만약 인증 토큰이 있다면 메인 액티비티로 이동합니다.

코드 10-7 SignInActivity.java

```java
public class SignInActivity extends AppCompatActivity {

    Button btnStart;

    ProgressBar progress;

    AuthApi api;

    AuthTokenProvider authTokenProvider;

    Call<GithubAccessToken> accessTokenCall;

    @Override
    protected void onCreate(@Nullable Bundle savedInstanceState) {
        super.onCreate(savedInstanceState);
        setContentView(R.layout.activity_sign_in);

        btnStart = findViewById(R.id.btnActivitySignInStart);
        progress = findViewById(R.id.pbActivitySignIn);

        btnStart.setOnClickListener(new View.OnClickListener() {
            @Override
            public void onClick(View view) {

                // 사용자 인증을 처리하는 URL을 구성합니다.
                // 형식: https:/github.com/login/oauth/
                //       authorize?client_id={애플리케이션의 Client ID}
                Uri authUri = new Uri.Builder().scheme("https")
                        .authority("github.com")
                        .appendPath("login")
                        .appendPath("oauth")
                        .appendPath("authorize")
                        .appendQueryParameter("client_id",
                                        BuildConfig.GITHUB_CLIENT_ID)
                        .build();

                // 크롬 커스텀 탭으로 웹 페이지를 표시합니다.
                CustomTabsIntent intent = new CustomTabsIntent.Builder().build();
                intent.launchUrl(SignInActivity.this, authUri);
            }
```

다음 쪽에 계속 ▶

```
            });

            api = GithubApiProvider.provideAuthApi();
            authTokenProvider = new AuthTokenProvider(this);

            // 저장된 액세스 토큰이 있다면 메인 액티비티로 이동합니다.
            if (null != authTokenProvider.getToken()) {
                launchMainActivity();
            }
        }

        ...

    }
```

이어서 SignInActivity에서 사용자 인증 결과를 받아 이를 액세스 토큰과 교환하는 부분을 살펴보겠습니다.

웹 페이지에서 사용자 인증이 완료되면 simplegithub://authorize?code={**액세스 토큰 교환용 코드**} 형태의 주소로 페이지가 리디렉션됩니다. 이때, SignInActivity가 이 형태의 주소를 열 수 있도록 매니페스트에 선언했으므로 SignInActivity가 열리며, 액티비티가 열리는 시점에 SignInActivity가 화면에 표시되고 있는 상태이므로 onCreate() 콜백 대신 onNewIntent() 콜백이 호출됩니다.

이때, 인텐트 내 **data** 필드에는 이 액티비티를 호출하기 위해 사용한 주소가 들어 있으며, 이 주소에는 액세스 토큰과 교환할 수 있는 코드가 쿼리 매개변수(query parameter) 형태로 포함되어 있습니다. 따라서 코드를 주소에서 추출하여 액세스 토큰을 요청합니다.

액세스 토큰은 REST API를 사용하여 발급받으며, Github 애플리케이션의 Client ID와 Client Secret, 그리고 앞에서 사용자 인증이 완료된 후 받은 코드를 함께 전달합니다. 액세스 토큰을 정상적으로 발급받았다면 이후 이를 계속 사용할 수 있도록 저장한 후 메인 액티비티로 이동합니다.

코드 10-8 SignInActivity.java

```
@Override
protected void onNewIntent(Intent intent) {
    super.onNewIntent(intent);

    showProgress();

    // 사용자 인증 완료 후 리디렉션된 주소를 가져옵니다.
    Uri uri = intent.getData();
    if (null == uri) {
        throw new IllegalArgumentException("No data exists");
```

다음 쪽에 계속 ▶

```
        }

        // 주소에서 액세스 토큰 교환에 필요한 코드를 추출합니다.
        String code = uri.getQueryParameter("code");
        if (null == code) {
            throw new IllegalStateException("No code exists");
        }

        getAccessToken(code);
    }

    private void getAccessToken(@NonNull String code) {
        showProgress();

        // 액세스 토큰을 요청하는 REST API
        accessTokenCall = api.getAccessToken(
                BuildConfig.GITHUB_CLIENT_ID, BuildConfig.GITHUB_CLIENT_SECRET, code);

        // 비동기 방식으로 액세스 토큰을 요청합니다.
        accessTokenCall.enqueue(new Callback<GithubAccessToken>() {
            @Override
            public void onResponse(Call<GithubAccessToken> call,
                    Response<GithubAccessToken> response) {
                hideProgress();

                GithubAccessToken token = response.body();
                if (response.isSuccessful() && null != token) {

                    // 발급받은 액세스 토큰을 저장합니다.
                    authTokenProvider.updateToken(token.accessToken);

                    // 메인 액티비티로 이동합니다.
                    launchMainActivity();
                } else {
                    showError(new IllegalStateException(
                            "Not successful: " + response.message()));
                }
            }

            @Override
            public void onFailure(Call<GithubAccessToken> call, Throwable t) {
                hideProgress();
                showError(t);
            }
        });
    }
```

MainActivity의 모습은 다음과 같습니다.

이 액티비티는 현재 저장소 검색 액티비티를 호출하는 기능만 구현되어 있으며, 14.3절에서 이 화면에 최근 검색한 키워드를 표시하는 기능을 구현합니다.

코드 10-9 MainActivity.java

```java
public class MainActivity extends AppCompatActivity {

    FloatingActionButton btnSearch;

    @Override
    protected void onCreate(@Nullable Bundle savedInstanceState) {
        super.onCreate(savedInstanceState);
        setContentView(R.layout.activity_main);

        btnSearch = findViewById(R.id.btnActivityMainSearch);
        btnSearch.setOnClickListener(new View.OnClickListener() {
            @Override
            public void onClick(View view) {
                // 저장소 검색 액티비티를 호출합니다.
                startActivity(new Intent(MainActivity.this, SearchActivity.class));
            }
        });
    }
}
```

저장소 검색 액티비티의 구현을 보기 전에, SimpleGithubGlideModule을 먼저 보겠습니다. Glide 4.0은 기존 버전과 달리 이미지 표시 요청 API와, 요청 시 추가 옵션을 선택하는 API가 분리되었습니다.

따라서 기존과 같이 이미지 요청과 추가 옵션을 한번에 사용하려면 어노테이션 프로세서를 통해 GlideApp 클래스를 생성하도록 설정해야 합니다. GlideApp 클래스를 생성하려면 다음과 같이 AppGlideModule을 상속한 클래스에 GlideModule 어노테이션을 추가하기만 하면 됩니다.

코드 10-10 SimpleGithubGlideModule.java

```java
@GlideModule
public class SimpleGithubGlideModule extends AppGlideModule {
    // Intentionally left blank
}
```

GlideModule 어노테이션은 Glide 어노테이션 컴파일러(com.github.bumptech. glide:compiler)를 통해 처리되므로 이를 의존성에 추가해야 합니다. simple-github/build.gradle의 의존성 선언 부분을 보면 Glide 어노테이션 컴파일러가 다음과 같이 추가되어 있는 것을 확인할 수 있습니다.

코드 10-11 simple-github/build.gradle

```gradle
dependencies {
    ...

    // Glide 어노테이션 컴파일러가 의존성에 추가되어 있습니다.
    annotationProcessor "com.github.bumptech.glide:compiler:$glideVersion"
}
```

Glide 개발자 문서(*http://bumptech.github.io/glide/doc/generatedapi.html*)를 참조하면 더 자세한 정보를 확인할 수 있습니다.

다음으로 저장소 검색을 수행하는 SearchActivity의 구현을 확인해 보겠습니다. 액티비티의 UI는 다음과 같이 구성되어 있습니다.

SearchActivity에서는 검색어를 입력받기 위해 SearchView를 사용하며, 검색 결과는 리사이클러뷰를 통해 표시합니다. 다음은 액티비티에서 사용하는 컴포넌트를 초기화하는 부분과 SearchView를 설정하는 코드를 보여줍니다.

코드 10-12 SearchActivity.java

```
public class SearchActivity extends AppCompatActivity implements SearchAdapter.
ItemClickListener {

    RecyclerView rvList;

    ProgressBar progress;

    TextView tvMessage;

    MenuItem menuSearch;

    SearchView searchView;

    SearchAdapter adapter;

    GithubApi api;

    Call<RepoSearchResponse> searchCall;

    @Override
    protected void onCreate(@Nullable Bundle savedInstanceState) {
```

다음 쪽에 계속 ▶

```
        super.onCreate(savedInstanceState);
        setContentView(R.layout.activity_search);

        rvList = findViewById(R.id.rvActivitySearchList);
        progress = findViewById(R.id.pbActivitySearch);
        tvMessage = findViewById(R.id.tvActivitySearchMessage);

        // 검색 결과를 표시할 어댑터를 리사이클러뷰에 설정합니다.
        adapter = new SearchAdapter();
        adapter.setItemClickListener(this);
        rvList.setLayoutManager(new LinearLayoutManager(this));
        rvList.setAdapter(adapter);

        api = GithubApiProvider.provideGithubApi(this);
    }

    @Override
    public boolean onCreateOptionsMenu(Menu menu) {
        getMenuInflater().inflate(R.menu.menu_activity_search, menu);
        menuSearch = menu.findItem(R.id.menu_activity_search_query);

        // 검색어를 처리할 SearchView를 설정합니다.
        searchView = (SearchView) menuSearch.getActionView();
        searchView.setOnQueryTextListener(new SearchView.OnQueryTextListener() {
            @Override
            public boolean onQueryTextSubmit(String query) {
                updateTitle(query);
                hideSoftKeyboard();
                collapseSearchView();
                searchRepository(query);
                return true;
            }

            @Override
            public boolean onQueryTextChange(String newText) {
                return false;
            }
        });

        // menuSearch 내 액션뷰인 SearchView를 펼칩니다.
        menuSearch.expandActionView();

        return true;
    }

    @Override
    public boolean onOptionsItemSelected(MenuItem item) {
        if (R.id.menu_activity_search_query == item.getItemId()) {
            // 검색 버튼이 눌리면 SearchView를 펼칩니다.
            item.expandActionView();
            return true;
        }
        return super.onOptionsItemSelected(item);
    }

    ...
}
```

SearchActivity에서 리사이클러뷰에 표시된 검색 결과 중 하나를 선택하면, 선택한 항목의 자세한 정보를 표시하는 액티비티를 호출합니다. 이를 위해 SearchAdapter의 아이템 선택 리스너인 SearchAdapter.ItemClickListener 인터페이스를 구현합니다.

검색을 수행하면 REST API를 사용하여 서버에 검색 결과를 요청하며, 검색 결과를 받으면 이를 어댑터에 반영한 후 리사이클러뷰를 갱신하여 결과를 화면에 표시합니다.

코드 10-13 SearchActivity.java

```java
@Override
public void onItemClick(GithubRepo repository) {
    // 검색 결과를 선택하면 자세한 정보를 표시하는 액티비티를 실행합니다.
    Intent intent = new Intent(this, RepositoryActivity.class);
    intent.putExtra(RepositoryActivity.KEY_USER_LOGIN, repository.owner.login);
    intent.putExtra(RepositoryActivity.KEY_REPO_NAME, repository.name);
    startActivity(intent);
}

private void searchRepository(String query) {
    clearResults();
    hideError();
    showProgress();

    searchCall = api.searchRepository(query);
    searchCall.enqueue(new Callback<RepoSearchResponse>() {
        @Override
        public void onResponse(Call<RepoSearchResponse> call,
                Response<RepoSearchResponse> response) {
            hideProgress();

            RepoSearchResponse searchResult = response.body();
            if (response.isSuccessful() && null != searchResult) {
                // 검색 결과를 어댑터에 반영하고 갱신합니다.
                adapter.setItems(searchResult.items);
                adapter.notifyDataSetChanged();

                // 검색 결과가 없을 경우 에러 메시지를 표시합니다.
                if (0 == searchResult.totalCount) {
                    showError(getString(R.string.no_search_result));
                }
            } else {
                showError("Not successful: " + response.message());
            }
        }

        @Override
        public void onFailure(Call<RepoSearchResponse> call, Throwable t) {
            hideProgress();
            showError(t.getMessage());
        }
    });
}
```

다음 쪽에 계속 ▶

```java
// 검색어를 액티비티 부제목으로 표시합니다.
private void updateTitle(String query) {
    ActionBar ab = getSupportActionBar();
    if (null != ab) {
        ab.setSubtitle(query);
    }
}

private void hideSoftKeyboard() {
    InputMethodManager imm = (InputMethodManager) getSystemService(INPUT_METHOD_SERVICE);
    imm.hideSoftInputFromWindow(searchView.getWindowToken(), 0);
}

private void collapseSearchView() {
    menuSearch.collapseActionView();
}

private void clearResults() {
    adapter.clearItems();
    adapter.notifyDataSetChanged();
}

private void showProgress() {
    progress.setVisibility(View.VISIBLE);
}

private void hideProgress() {
    progress.setVisibility(View.GONE);
}

private void showError(String message) {
    tvMessage.setText(message);
    tvMessage.setVisibility(View.VISIBLE);
}

private void hideError() {
    tvMessage.setText("");
    tvMessage.setVisibility(View.GONE);
}
```

검색 결과를 표시할 때 사용하는 SearchAdapter의 구현은 다음과 같습니다. 일반적인 리사이클러뷰 어댑터의 구현과 크게 다르지 않으며, 클래스 내에 검색 결과 클릭 리스너 인터페이스인 ItemClickListener를 함께 정의하고 있는 것을 확인할 수 있습니다.

코드 10-14 SearchAdapter.java

```java
public class SearchAdapter extends RecyclerView.Adapter<SearchAdapter.
RepositoryHolder> {

    private List<GithubRepo> items = new ArrayList<>();

    private ColorDrawable placeholder = new ColorDrawable(Color.GRAY);
```

다음 쪽에 계속 ▶

```
@Nullable
private ItemClickListener listener;

@Override
public RepositoryHolder onCreateViewHolder(ViewGroup parent, int viewType) {
    return new RepositoryHolder(parent);
}

@Override
public void onBindViewHolder(RepositoryHolder holder, int position) {
    final GithubRepo repo = items.get(position);

    // 저장소 소유자의 프로필 사진을 표시합니다.
    GlideApp.with(holder.itemView.getContext())
            .load(repo.owner.avatarUrl)
            .placeholder(placeholder)
            .into(holder.ivProfile);

    // 저장소 정보를 표시합니다.
    holder.tvName.setText(repo.fullName);
    holder.tvLanguage.setText(TextUtils.isEmpty(repo.language)
            ? holder.itemView.getContext().getText(R.string.no_language_specified)
            : repo.language);

    // 리스트 항목 클릭 리스너를 지정합니다.
    holder.itemView.setOnClickListener(new View.OnClickListener() {
        @Override
        public void onClick(View view) {
            if (null != listener) {
                listener.onItemClick(repo);
            }
        }
    });
}

@Override
public int getItemCount() {
    return items.size();
}

public void setItems(@NonNull List<GithubRepo> items) {
    this.items = items;
}

public void setItemClickListener(@Nullable ItemClickListener listener) {
    this.listener = listener;
}

public void clearItems() {
    this.items.clear();
}

// 리스트에 표시될 항목의 뷰를 담당하는 뷰홀더를 정의합니다.
static class RepositoryHolder extends RecyclerView.ViewHolder {

    ImageView ivProfile;
```

다음 쪽에 계속 ▶

```
    TextView tvName;

    TextView tvLanguage;

    RepositoryHolder(ViewGroup parent) {
        super(LayoutInflater.from(parent.getContext())
                .inflate(R.layout.item_repository, parent, false));

        ivProfile = itemView.findViewById(R.id.ivItemRepositoryProfile);
        tvName = itemView.findViewById(R.id.tvItemRepositoryName);
        tvLanguage = itemView.findViewById(R.id.tvItemRepositoryLanguage);
    }
}

// 항목 클릭 리스너 인터페이스를 정의합니다.
public interface ItemClickListener {

    void onItemClick(GithubRepo repository);
}
}
```

마지막으로, 검색 결과에서 선택한 저장소의 자세한 정보를 표시하는 Repository Activity를 살펴보겠습니다. RepositoryActivity의 UI 구성은 다음과 같습니다.

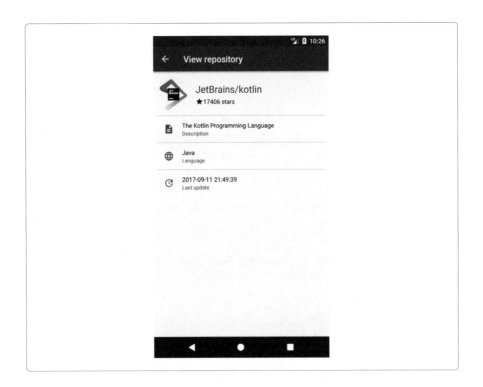

RepositoryActivity에서는 액티비티 호출 시 받은 사용자 이름과 저장소 이름을 사용하여 REST API를 호출하며, 이를 통해 받은 저장소 정보를 화면에 출력합니다.

코드 10-15 RepositoryActivity.java

```java
public class RepositoryActivity extends AppCompatActivity {

    public static final String KEY_USER_LOGIN = "user_login";

    public static final String KEY_REPO_NAME = "repo_name";

    LinearLayout llContent;

    ImageView ivProfile;

    TextView tvName;

    TextView tvStars;

    TextView tvDescription;

    TextView tvLanguage;

    TextView tvLastUpdate;

    ProgressBar pbProgress;

    TextView tvMessage;

    GithubApi api;

    Call<GithubRepo> repoCall;

    // REST API 응답에 포함된 날짜 및 시간 표시 형식입니다.
    SimpleDateFormat dateFormatInResponse = new SimpleDateFormat(
            "yyyy-MM-dd'T'HH:mm:ssX", Locale.getDefault());

    // 화면에서 사용자에게 보여줄 날짜 및 시간 표시 형식입니다.
    SimpleDateFormat dateFormatToShow = new SimpleDateFormat(
            "yyyy-MM-dd HH:mm:ss", Locale.getDefault());

    @Override
    protected void onCreate(@Nullable Bundle savedInstanceState) {
        super.onCreate(savedInstanceState);
        setContentView(R.layout.activity_repository);

        llContent = findViewById(R.id.llActivityRepositoryContent);
        ivProfile = findViewById(R.id.ivActivityRepositoryProfile);
        tvName = findViewById(R.id.tvActivityRepositoryName);
        tvStars = findViewById(R.id.tvActivityRepositoryStars);
        tvDescription = findViewById(R.id.tvActivityRepositoryDescription);
        tvLanguage = findViewById(R.id.tvActivityRepositoryLanguage);
        tvLastUpdate = findViewById(R.id.tvActivityRepositoryLastUpdate);
        pbProgress = findViewById(R.id.pbActivityRepository);
        tvMessage = findViewById(R.id.tvActivityRepositoryMessage);
```

다음 쪽에 계속 ▶

```
        api = GithubApiProvider.provideGithubApi(this);

        // 액티비티 호출 시 전달받은 사용자 이름과 저장소 이름을 추출합니다.
        String login = getIntent().getStringExtra(KEY_USER_LOGIN);
        if (null == login) {
            throw new IllegalArgumentException("No login info exists in extras");
        }
        String repo = getIntent().getStringExtra(KEY_REPO_NAME);
        if (null == repo) {
            throw new IllegalArgumentException("No repo info exists in extras");
        }

        showRepositoryInfo(login, repo);
    }

    private void showRepositoryInfo(String login, String repoName) {
        showProgress();

        repoCall = api.getRepository(login, repoName);
        repoCall.enqueue(new Callback<GithubRepo>() {
            @Override
            public void onResponse(Call<GithubRepo> call, Response<GithubRepo> response) {
                hideProgress(true);

                GithubRepo repo = response.body();
                if (response.isSuccessful() && null != repo) {
                    // 저장소 소유자의 프로필 사진을 표시합니다.
                    GlideApp.with(RepositoryActivity.this)
                            .load(repo.owner.avatarUrl)
                            .into(ivProfile);

                    // 저장소 정보를 표시합니다.
                    tvName.setText(repo.fullName);
                    tvStars.setText(getResources()
                            .getQuantityString(R.plurals.star, repo.stars, repo.stars));
                    if (null == repo.description) {
                        tvDescription.setText(R.string.no_description_provided);
                    } else {
                        tvDescription.setText(repo.description);
                    }
                    if (null == repo.language) {
                        tvLanguage.setText(R.string.no_language_specified);
                    } else {
                        tvLanguage.setText(repo.language);
                    }

                    try {
                        // 응답에 포함된 마지막 업데이트 시각을 Date 형식으로 변환합니다.
                        Date lastUpdate = dateFormatInResponse.parse(repo.updatedAt);

                        // 마지막 업데이트 시각을 yyyy-MM-dd HH:mm:ss 형태로 표시합니다.
                        tvLastUpdate.setText(dateFormatToShow.format(lastUpdate));
                    } catch (ParseException e) {
                        tvLastUpdate.setText(getString(R.string.unknown));
                    }
                } else {
```

다음 쪽에 계속 ▶

```
                    showError("Not successful: " + response.message());
                }
            }

            @Override
            public void onFailure(Call<GithubRepo> call, Throwable t) {
                hideProgress(false);
                showError(t.getMessage());
            }
        });
    }

    private void showProgress() {
        llContent.setVisibility(View.GONE);
        pbProgress.setVisibility(View.VISIBLE);
    }

    private void hideProgress(boolean isSucceed) {
        llContent.setVisibility(isSucceed ? View.VISIBLE : View.GONE);
        pbProgress.setVisibility(View.GONE);
    }

    private void showError(String message) {
        tvMessage.setText(message);
        tvMessage.setVisibility(View.VISIBLE);
    }
}
```

10.5 데이터 처리부 구성

예제 애플리케이션의 데이터 처리부는 액세스 토큰을 처리하는 부분과 REST API를 처리하는 부분으로 나뉩니다. 이 중, 액세스 토큰을 처리하는 AuthTokenProvider의 구현을 먼저 살펴보겠습니다.

AuthTokenProvider는 액세스 토큰을 SharedPreferences에 저장하고, 여기에 저장된 액세스 토큰을 제공합니다. 이 클래스의 구현은 다음과 같습니다.

코드 10-16 AuthTokenProvider.java

```
public final class AuthTokenProvider {

    private static final String KEY_AUTH_TOKEN = "auth_token";

    private Context context;

    public AuthTokenProvider(@NonNull Context context) {
        this.context = context;
    }

    // SharedPreferences에 액세스 토큰을 저장합니다.
    public void updateToken(@NonNull String token) {
```

다음 쪽에 계속 ▶

```
        PreferenceManager.getDefaultSharedPreferences(context).edit()
                .putString(KEY_AUTH_TOKEN, token)
                .apply();
    }

    // SharedPreferences에 저장되어 있는 액세스 토큰을 반환합니다.
    // 저장되어 있는 액세스 토큰이 없는 경우 널 값을 반환합니다.
    @Nullable
    public String getToken() {
        return PreferenceManager.getDefaultSharedPreferences(context)
                .getString(KEY_AUTH_TOKEN, null);
    }

}
```

다음으로 REST API를 처리하는 부분을 살펴보겠습니다. Retrofit에서는 사용할 API를 인터페이스 내 메서드로 선언하며, 여기에 호출 방식이나 경로, 반환되는 데이터의 타입과 같은 정보를 지정합니다.

먼저, 사용자 액세스 토큰을 받는 API를 선언하는 AuthApi 인터페이스의 구현을 살펴보겠습니다. POST 방식으로 정보를 전송하고 GithubAccessToken에 정의된 데이터 형식으로 응답을 받으며 메서드의 인자로 받은 정보들(clientId, clientSecret, code)을 필드의 데이터로 넣어 전송하도록 선언되어 있습니다.

코드 10-17 AuthApi.java

```java
public interface AuthApi {

    @FormUrlEncoded
    @POST("login/oauth/access_token")
    @Headers("Accept: application/json")
    Call<GithubAccessToken> getAccessToken(
            @NonNull @Field("client_id") String clientId,
            @NonNull @Field("client_secret") String clientSecret,
            @NonNull @Field("code") String code);
}
```

예제 애플리케이션에서는 Retrofit을 통해 JSON 형태로 받은 응답을 Gson 라이브러리를 사용하여 클래스 형태로 변환하며, JSON 응답에 있는 필드와 클래스에 있는 필드 이름이 일치하는 경우 데이터를 자동으로 매핑해 줍니다.

이때, JSON 응답에 있는 필드와 클래스에 있는 필드의 이름을 다르게 사용하고 싶다면 클래스 내 필드에 SerializedName 어노테이션을 사용하여 JSON 응답에서 매핑할 필드의 이름을 넣어주면 됩니다.

다음은 액세스 토큰 정보를 표현하는 GithubAccessToken 클래스의 모습입니다. JSON 필드에 access_token으로 저장되어 있는 값을 클래스 내 accessToken 필드에

매핑하기 위해 SerializedName 어노테이션을 사용한 모습을 확인할 수 있습니다.

코드 10-18 GithubAccessToken.java

```java
public final class GithubAccessToken {

    @SerializedName("access_token")
    public final String accessToken;

    public final String scope;

    @SerializedName("token_type")
    public final String tokenType;

    public GithubAccessToken(String accessToken, String scope, String tokenType) {
        this.accessToken = accessToken;
        this.scope = scope;
        this.tokenType = tokenType;
    }
}
```

다음은 Github API의 저장소 검색 API와 저장소 정보 읽기 API를 구현한 GithubApi
인터페이스의 모습입니다. 각 API별로 호출에 필요한 인자와 반환 형식을 확인할 수
있습니다.

코드 10-19 GithubApi.java

```java
public interface GithubApi {

    @GET("search/repositories")
    Call<RepoSearchResponse> searchRepository(@Query("q") String query);

    @GET("repos/{owner}/{name}")
    Call<GithubRepo> getRepository(@Path("owner") String ownerLogin,
                                   @Path("name") String repoName);
}
```

GithubApi에 정의된 API의 응답을 표현하기 위한 클래스들은 다음과 같이 구성되어
있습니다. 응답 내에 객체나 리스트 형태로 표현되는 필드는 해당 형태에 맞게 타입
을 지정한 모습을 확인할 수 있습니다.

코드 10-20 API 응답을 표현하기 위한 클래스들

```java
// RepoSearchResponse.java
public class RepoSearchResponse {

    @SerializedName("total_count")
    public final int totalCount;

    // GithubRepo 형태의 리스트를 표현합니다.
    public final List<GithubRepo> items;
```

다음 쪽에 계속 ▶

```java
        public RepoSearchResponse(int totalCount, List<GithubRepo> items) {
            this.totalCount = totalCount;
            this.items = items;
        }
    }

    // GithubRepo.java
    public final class GithubRepo {

        public final String name;

        @SerializedName("full_name")
        public final String fullName;

        // GithubOwner 형태의 객체를 표현합니다.
        public final GithubOwner owner;

        public final String description;

        public final String language;

        @SerializedName("updated_at")
        public final String updatedAt;

        @SerializedName("stargazers_count")
        public final int stars;

        public GithubRepo(String name, String fullName,
                GithubOwner owner, String description, String language,
                String updatedAt, int stars) {
            this.name = name;
            this.fullName = fullName;
            this.owner = owner;
            this.description = description;
            this.language = language;
            this.updatedAt = updatedAt;
            this.stars = stars;
        }
    }

    // GithubOwner.java
    public final class GithubOwner {

        public final String login;

        @SerializedName("avatar_url")
        public final String avatarUrl;

        public GithubOwner(String login, String avatarUrl) {
            this.login = login;
            this.avatarUrl = avatarUrl;
        }
    }
```

마지막으로, 앞에서 정의한 REST API를 실제로 호출할 수 있는 객체를 만들어주는

GithubApiProvider 클래스의 구현을 살펴보겠습니다. Retrofit을 통해 REST API를 호출하려면 크게 다음과 같은 요소가 필요합니다.

- 호스트 서버 주소
- 네트워크 통신에 사용할 클라이언트 구현
- REST API 응답을 변환할 컨버터
- REST API가 정의된 인터페이스

예제 애플리케이션은 총 두 개의 API(AuthApi, GithubApi)와 각 API에 알맞은 호스트 서버 주소를 사용합니다. 네트워크 통신용 클라이언트는 OkHttp를 사용하고, GsonConverterFactory를 사용하여 JSON 형태의 REST API 응답을 객체 형태로 변환합니다.

추가로, 저장소 정보에 접근하는 GithubApi는 사용자 인증 정보를 헤더로 전달해야 하므로 AuthInterceptor 클래스를 사용하여 매 요청에 인증 헤더를 추가하도록 구현합니다. 다음은 GithubApiProvider 클래스를 구현한 코드입니다.

코드 10-21 GithubApiProvider.java

```java
public final class GithubApiProvider {

    // 액세스 토큰 획득을 위한 객체를 생성합니다.
    public static AuthApi provideAuthApi() {
        return new Retrofit.Builder()
                .baseUrl("https://github.com/")
                .client(provideOkHttpClient(provideLoggingInterceptor(), null))
                .addConverterFactory(GsonConverterFactory.create())
                .build()
                .create(AuthApi.class);
    }

    // 저장소 정보에 접근하기 위한 객체를 생성합니다.
    public static GithubApi provideGithubApi(@NonNull Context context) {
        return new Retrofit.Builder()
                .baseUrl("https://api.github.com/")
                .client(provideOkHttpClient(provideLoggingInterceptor(),
                        provideAuthInterceptor(provideAuthTokenProvider(context))))
                .addConverterFactory(GsonConverterFactory.create())
                .build()
                .create(GithubApi.class);
    }

    // 네트워크 통신에 사용할 클라이언트 객체를 생성합니다.
    private static OkHttpClient provideOkHttpClient(
            @NonNull HttpLoggingInterceptor interceptor,
            @Nullable AuthInterceptor authInterceptor) {
        OkHttpClient.Builder b = new OkHttpClient.Builder();
```

다음 쪽에 계속 ▶

```java
        if (null != authInterceptor) {
            // 매 요청의 헤더에 액세스 토큰 정보를 추가합니다.
            b.addInterceptor(authInterceptor);
        }
        // 이 클라이언트를 통해 오고 가는 네트워크 요청/응답을 로그로 표시하도록 합니다.
        b.addInterceptor(interceptor);
        return b.build();
    }

    // 네트워크 요청/응답을 로그에 표시하는 Interceptor 객체를 생성합니다.
    private static HttpLoggingInterceptor provideLoggingInterceptor() {
        HttpLoggingInterceptor interceptor = new HttpLoggingInterceptor();
        interceptor.setLevel(HttpLoggingInterceptor.Level.BODY);
        return interceptor;
    }

    // 액세스 토큰을 헤더에 추가하는 Interceptor 객체를 생성합니다.
    private static AuthInterceptor provideAuthInterceptor(@NonNull
                                              aAuthTokenProvider provider) {
        String token = provider.getToken();
        if (null == token) {
            throw new IllegalStateException("authToken cannot be null.");
        }
        return new AuthInterceptor(token);
    }

    private static AuthTokenProvider provideAuthTokenProvider(
        @NonNull Context context) {
        return new AuthTokenProvider(context.getApplicationContext());
    }


    static class AuthInterceptor implements Interceptor {

        private final String token;

        AuthInterceptor(String token) {
            this.token = token;
        }

        @Override
        public Response intercept(Chain chain) throws IOException {
            Request original = chain.request();

            // 요청의 헤더에 액세스 토큰 정보를 추가합니다.
            Request.Builder b = original.newBuilder()
                    .addHeader("Authorization", "token " + token);

            Request request = b.build();
            return chain.proceed(request);
        }
    }
}
```

여기에서는 Retrofit이나 OkHttp와 관련된 내용을 자세히 다루지 않습니다. 앞의 코드에서 구현된 부분 중 추가로 궁금한 사항이 있는 경우 다음 사이트를 참고하세요.

- Retrofit
  - 홈페이지: *http://square.github.io/retrofit/*
  - 컨버터: *https://github.com/square/retrofit/wiki/Converters*
- OkHttp
  - 홈페이지: *http://square.github.io/okhttp/*
  - Interceptors: *https://github.com/square/okhttp/wiki/Interceptors*

10.6 이어지는 장의 독자 수준별 권장 학습 방법 안내

뒤에서 이어지는 내용 중 일부는 특정 라이브러리에 대한 사용 경험이 없거나 아직 안드로이드 앱 개발 경험이 많지 않다면 이해가 어려울 수 있습니다. 이 때문에 안드로이드 앱 개발에 갓 입문하신 분들이 불필요한 좌절을 겪는 불상사를 방지하고자 각 장별로 권장하는 독자 수준을 안내합니다.

11장, 12장

예제 프로젝트를 코틀린 코드로 변환하는 과정과 코틀린 안드로이드 익스텐션, Anko를 사용하는 방법을 다룹니다. 변환 과정에서 겪을 수 있는 각종 문제에 대한 해결 방법뿐 아니라 '코틀린 다운' 코틀린 코드를 작성하기 위한 방법들을 많이 다루고 있으므로 모든 분들께 적합합니다.

13장

13장과 15장은 RxJava와 대거를 다룹니다. 각 라이브러리를 사용해 본 경험이 없다면 내용을 이해하기 다소 어려울 수 있으니 이 장들을 보려는 분들은 사전에 각 라이브러리에 대한 학습이 필요합니다.

14장

14장은 구글 I/O 2017에서 소개된 안드로이드 아키텍처 컴포넌트에서 제공하는 여러 라이브러리를 코틀린과 함께 사용하는 방법을 다룹니다. Lifecycle과 Room 라이브러리는 그 역할과 구성이 비교적 간단해 작동 원리를 이해하기가 좀 더 쉽습니다. 하지만 13장에서 다룬 RxJava가 적용된 상태에서 작업을 진행하므로 RxJava에 익숙하지 않으신 분들은 Lifecycle과 Room 라이브러리 소개 부분만 학습하시고 이들을 코드에 적용하는 부분은 참고 삼아 보시는 것을 권장합니다.

ViewModel 라이브러리는 MVP, MVVM과 같은 아키텍처에 익숙하지 않으신 분에게 다소 어려울 수 있습니다. Lifecycle과 Room의 예제와 마찬가지로 코드에서 RxJava를 함께 사용하므로, 앱 개발 경험이 어느 정도 있는 분에게 적합한 내용입니다.

15장

15장에서는 14장까지 작업했던 예제 코드를 기반으로, 대거(Dagger) 라이브러리를 사용하여 의존성 주입(dependency injection)을 구현하는 방법을 다룹니다. 13장과 14장에서 다룬 RxJava와 안드로이드 아키텍처 컴포넌트가 모두 적용된 상태에서 작업을 진행하므로 각 장에서 다룬 내용을 모두 이해하고 있어야 15장을 수월하게 학습할 수 있습니다.

14장까지를 모두 이해한다 하더라도 대거 라이브러리 및 의존성 주입을 다뤄 보지 않은 분들께는 다소 어렵게 느껴질 수 있습니다. 따라서 대거 라이브러리 및 의존성 주입과 관련된 내용을 필히 익히신 후에 이 장을 학습하는 것을 권장합니다.

11장

코틀린 변환 1단계: 컨버터로 자바 코드를 코틀린 코드로 변환하기

이 장에서는 자바로 작성된 애플리케이션을 코틀린으로 변환하는 첫 단계에서 필요한 작업들을 다룹니다. 프로젝트에 코틀린 개발환경을 설정하고 자바-코틀린 코드 컨버터를 사용하여 UI 코드를 코틀린으로 변환합니다. 이 과정에서 발생하는 오류를 수정하는 방법도 함께 살펴봅니다.

이 장에서 다룬 내용들이 모두 반영된 예제 프로젝트의 전체 소스코드는 다음 링크를 통해 확인할 수 있습니다.

- 프로젝트 저장소: *https://github.com/kunny/kunny-kotlin-book/tree/kotlin-step-1*
- 프로젝트 압축 파일 다운로드: *https://github.com/kunny/kunny-kotlin-book/archive/kotlin-step-1.zip*

11.1 빌드스크립트 수정하기

프로젝트에서 사용하는 코틀린 버전을 용이하게 관리하기 위해, 프로젝트 루트 폴더의 dependencies.gradle 파일을 열어 다음과 같이 kotlinVersion 항목을 추가합니다.

코드 11-1 dependencies.gradle

```
ext {
    ...
    // 프로젝트에서 사용할 코틀린 버전을 지정합니다.
    kotlinVersion = '1.1.60'
}
```

다음으로 같은 폴더 내 build.gradle 파일을 연 후 dependencies 하위에 코틀린 그래들 플러그인을 추가합니다.

코드 11-2 build.gradle

```
buildscript {
    apply from: file('dependencies.gradle')

    repositories {
        google()
        jcenter()
    }

    dependencies {
        classpath "com.android.tools.build:gradle:$androidPluginVersion"

        // 코틀린 그래들 플러그인을 추가합니다.
        classpath "org.jetbrains.kotlin:kotlin-gradle-plugin:$kotlinVersion"
    }
}

...
```

다음으로, 애플리케이션에서 코틀린을 사용할 수 있도록 빌드스크립트를 설정해야
합니다.

kotlin-android 플러그인과 코틀린 표준 라이브러리(kotlin-stdlib)는 안드로이
드 애플리케이션에서 코틀린 코드를 사용하기 위해 꼭 필요한 요소입니다. kotlin-
kapt 플러그인은 코틀린 코드에서 어노테이션 프로세싱을 사용하기 위해 필요하며,
예제 애플리케이션의 Glide 라이브러리가 이 기능을 사용합니다.

추가로, 이 절에서는 UI 코드만 코틀린으로 변환합니다. 따라서 자바 코드와 명
확히 구분하기 위해 코틀린 코드를 위한 폴더를 별도로 사용합니다. 이를 위해
sourceSets에서 코틀린 코드를 저장할 폴더를 소스 디렉터리로 등록해야 합니다. 다
음은 이러한 변경사항들이 반영된 빌드스크립트 파일(simple-github/build.gradle)
의 모습입니다.

코드 11-3 simple-github/build.gradle

```
apply plugin: 'com.android.application'

// 코틀린 안드로이드 플러그인을 적용합니다.
apply plugin: 'kotlin-android'

// 코틀린 코드에서 어노테이션 프로세싱을 사용할 수 있도록 kotlin-kapt 플러그인을 추가로 적용합니다.
apply plugin: 'kotlin-kapt'

android {
    ...

    // 코틀린 코드를 저장할 폴더를 소스 디렉터리로 등록합니다.
    sourceSets {
```

다음 쪽에 계속 ▶

```
        main.java.srcDirs += 'src/main/kotlin'
    }
}

dependencies {
    ...

    // 코틀린 표준 라이브러리를 의존성에 추가합니다.
    implementation "org.jetbrains.kotlin:kotlin-stdlib:$kotlinVersion"

    // 코틀린 어노테이션 프로세서에서 처리될 수 있도록 의존성에 추가합니다.
    kapt "com.github.bumptech.glide:compiler:$glideVersion"
}
```

빌드스크립트 수정이 모두 완료되었다면, [Tools 〉Android 〉Sync Project with Gradle Files] 메뉴를 선택하여 변경사항을 프로젝트에 반영합니다.

 빌드스크립트와 프로젝트 간 동기화 작업이 완료된 후에는 [Build > Clean Project] 메뉴를 선택하여 중간 산출물을 모두 제거하는 것을 권장합니다. 기존의 자바 빌드 시스템을 통해 빌드된 중간 산출물로 인한 충돌을 방지하기 위함입니다.

11.2 자바-코틀린 코드 컨버터로 UI 코드 변환하기

이 절에서는 com.androidhuman.example.simplegithub.ui 패키지에 있는 코드를 코틀린 코드로 변환합니다. 변환 작업을 시작하기 전에, 코틀린으로 변환된 코드를 저장할 폴더를 생성해야 합니다.

먼저, 작업이 용이하도록 프로젝트 탭의 보기 옵션을 'Project'로 설정한 후 src/main 폴더 하위에 다음과 같이 kotlin 폴더를 생성합니다.

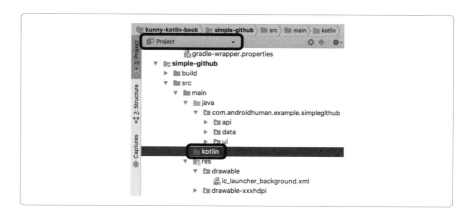

그 다음, com.androidhuman.example.simplegithub.ui 패키지를 선택한 후 오른쪽 마우스를 클릭하여 나오는 컨텍스트 메뉴 중 [Refactor 〉 Move…] 항목을 선택합니다.

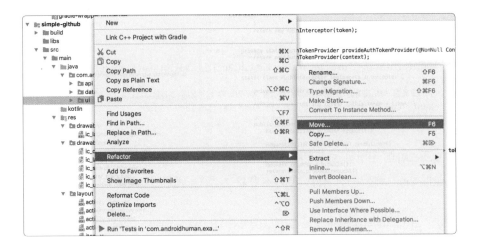

이후 표시되는 다이얼로그에서 세 번째 항목인 'Move everything from … to another directory'를 선택한 후, 이어서 표시되는 'Move' 다이얼로그에서 다음과 같이 설정합니다.

• To directory: 디렉터리 경로 중간의 java를 kotlin으로 변경 후, 마지막의 simple github/ui 부분에서 ui를 제거
• Don't move to another source folder 체크 해제

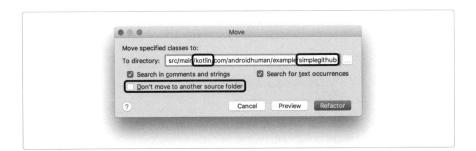

설정 완료 후 'Refactor' 버튼을 누르면 선택한 패키지 내의 모든 소스가 main/src/ kotlin 하위로 이동됩니다. 다음과 같이 패키지 구조에서 확인할 수 있습니다.

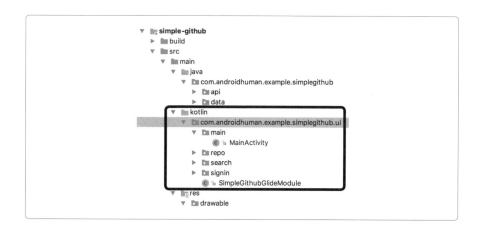

이것으로 변환을 위한 모든 준비가 끝났습니다. 이제 본격적으로 자바 코드를 코틀린 코드로 변환해 보겠습니다.

SimpleGithubGlideModule 변환

SimpleGithubGlideModule은 AppGlideModule을 상속하고 어노테이션을 추가한 것 외에 특별한 구현이 없습니다. 따라서 자바-코틀린 코드 컨버터로 변환을 수행한 후 추가로 수정해야 할 부분이 없습니다.

코틀린 코드로 변환하려면 SimpleGithubGlideModule 파일을 연 후 메뉴에서 [Code 〉 Convert Java File to Kotlin File] 항목을 선택합니다. 변환된 결과는 다음과 같습니다. 코틀린은 클래스 내부에 프로퍼티나 함수 정의가 없는 경우 함수 본체를 생략할 수 있으므로 자바로 작성한 코드에 비해 훨씬 깔끔해진 것을 확인할 수 있습니다.

코드 11-4 SimpleGuithubGlideModule.kt

```
@GlideModule

class SimpleGithubGlideModule : AppGlideModule()
```

SignInActivity 변환

SignInActivity를 연 후, 메뉴에서 [Code 〉 Convert Java File to Kotlin File] 항목을 선택하여 이를 코틀린 코드로 변환합니다.

변환을 수행하면 다음과 같이 일부 수정이 필요한 부분이 있다고 알려줍니다. 'OK' 버튼을 누르면 잘못된 부분이 일부 자동으로 수정되지만, 모든 오류를 수정하는 것은 아니므로 남은 오류는 수동으로 수정해야 합니다.

SignInActivity에서는 액티비티 클래스 내 프로퍼티를 선언하는 부분을 수동으로 수정해야 합니다. 자바에서는 별다른 표기 없이 클래스의 필드 값을 클래스 생성 시점 이후에 별도로 초기화할 수 있었지만, 코틀린은 이를 허용하지 않습니다.

따라서 클래스 생성 시점 이후에 초기화를 수행하는 프로퍼티는 lateinit으로 구분해야 합니다. 다음은 SignInActivity의 프로퍼티에 lateinit을 추가하여 오류를 바로잡은 모습을 보여줍니다.

코드 11-5 SingInActivity.kt

```kotlin
class SignInActivity : AppCompatActivity() {

    // 프로퍼티에 lateinit을 추가합니다.
    internal lateinit var btnStart: Button

    internal lateinit var progress: ProgressBar

    internal lateinit var api: AuthApi

    internal lateinit var authTokenProvider: AuthTokenProvider

    internal lateinit var accessTokenCall: Call<GithubAccessToken>

    ...
}
```

다른 부분은 컨버터가 변환한 상태 그대로 사용 가능하며 추가 수정이 필요하지 않습니다. 변환 및 오류 수정이 완료된 모습은 다음과 같습니다.

코드 11-6 SingInActivity.kt

```kotlin
class SignInActivity : AppCompatActivity() {

    internal lateinit var btnStart: Button

    internal lateinit var progress: ProgressBar

    internal lateinit var api: AuthApi
```

다음 쪽에 계속 ▶

```kotlin
    internal lateinit var authTokenProvider: AuthTokenProvider

    internal lateinit var accessTokenCall: Call<GithubAccessToken>

    override fun onCreate(savedInstanceState: Bundle?) {
        super.onCreate(savedInstanceState)
        setContentView(R.layout.activity_sign_in)

        btnStart = findViewById(R.id.btnActivitySignInStart)
        progress = findViewById(R.id.pbActivitySignIn)

        // View.OnClickListener의 본체를 람다 표현식으로 작성합니다.
        btnStart.setOnClickListener {
            val authUri = Uri.Builder().scheme("https").authority("github.com")
                    .appendPath("login")
                    .appendPath("oauth")
                    .appendPath("authorize")
                    .appendQueryParameter("client_id", BuildConfig.GITHUB_CLIENT_ID)
                    .build()

            val intent = CustomTabsIntent.Builder().build()
            intent.launchUrl(this@SignInActivity, authUri)
        }

        api = GithubApiProvider.provideAuthApi()
        authTokenProvider = AuthTokenProvider(this)

        if (null != authTokenProvider.token) {
            launchMainActivity()
        }
    }

    override fun onNewIntent(intent: Intent) {
        super.onNewIntent(intent)

        showProgress()

        // 엘비스 연산자를 사용하여 널 값을 검사합니다.
        // intent.data가 널이라면 IllegalArgumentException 예외를 발생시킵니다.
        val uri = intent.data ?: throw IllegalArgumentException("No data exists")

        // 엘비스 연산자를 사용하여 널 값을 검사합니다.
        // uri.getQueryParameter("code") 반환값이 널이라면
        // IllegalStateException 예외를 발생시킵니다.
        val code = uri.getQueryParameter("code")
                ?: throw IllegalStateException("No code exists")

        getAccessToken(code)
    }

    private fun getAccessToken(code: String) {
        showProgress()

        accessTokenCall = api.getAccessToken(
                BuildConfig.GITHUB_CLIENT_ID, BuildConfig.GITHUB_CLIENT_SECRET, code)
```

다음 쪽에 계속 ▶

```kotlin
            // Call 인터페이스를 구현하는 익명 클래스의 인스턴스를 생성합니다.
            accessTokenCall.enqueue(object : Callback<GithubAccessToken> {
                override fun onResponse(call: Call<GithubAccessToken>,
                        response: Response<GithubAccessToken>) {
                    hideProgress()

                    val token = response.body()
                    if (response.isSuccessful && null != token) {
                        authTokenProvider.updateToken(token.accessToken)

                        launchMainActivity()
                    } else {
                        showError(IllegalStateException(
                                "Not successful: " + response.message()))
                    }
                }

                override fun onFailure(call: Call<GithubAccessToken>, t: Throwable) {
                    hideProgress()
                    showError(t)
                }
            })
    }

    private fun showProgress() {
        btnStart.visibility = View.GONE
        progress.visibility = View.VISIBLE
    }

    private fun hideProgress() {
        btnStart.visibility = View.VISIBLE
        progress.visibility = View.GONE
    }

    private fun showError(throwable: Throwable) {
        Toast.makeText(this, throwable.message, Toast.LENGTH_LONG).show()
    }

    private fun launchMainActivity() {
        startActivity(Intent(
                this@SignInActivity, MainActivity::class.java)
                .addFlags(Intent.FLAG_ACTIVITY_CLEAR_TASK)
                .addFlags(Intent.FLAG_ACTIVITY_NEW_TASK))
    }
}
```

MainActivity 변환

MainActivity는 SignInActivity와 마찬가지로 컨버터가 변환한 결과에서 프로퍼티 선언부에 lateinit을 넣는 정도의 작업만 추가로 하면 됩니다. 다음은 변환 작업이 완료된 코드입니다.

코드 11-7 MainActivity.kt

```kotlin
class MainActivity : AppCompatActivity() {

    // 프로퍼티에 lateinit을 추가합니다.
    internal lateinit var btnSearch: FloatingActionButton

    override fun onCreate(savedInstanceState: Bundle?) {
        super.onCreate(savedInstanceState)
        setContentView(R.layout.activity_main)

        btnSearch = findViewById(R.id.btnActivityMainSearch)
        btnSearch.setOnClickListener {
            startActivity(Intent(this@MainActivity, SearchActivity::class.java))
        }
    }
}
```

SearchActivity 변환

SearchActivity 또한 다른 액티비티와 마찬가지로, 코틀린 코드로 변환 후 다음과 같이 프로퍼티에 lateinit을 추가해야 합니다.

코드 11-8 SearchActivity.kt

```kotlin
class SearchActivity : AppCompatActivity(), SearchAdapter.ItemClickListener {

    // 프로퍼티에 lateinit을 추가합니다.
    internal lateinit var rvList: RecyclerView

    internal lateinit var progress: ProgressBar

    internal lateinit var tvMessage: TextView

    internal lateinit var menuSearch: MenuItem

    internal lateinit var searchView: SearchView

    internal lateinit var adapter: SearchAdapter

    internal lateinit var api: GithubApi

    internal lateinit var searchCall: Call<RepoSearchResponse>

    ...
}
```

다음으로 hideSoftKeyboard() 함수를 수정합니다. Context.INPUT_METHOD_SERVICE로 변환되었으나, 이 필드는 액티비티 클래스에서도 접근 가능하므로 다음과 같이 Context를 제거합니다.

코드 11-9 SearchActivity.kt

```kotlin
private fun hideSoftKeyboard() {
    val imm = getSystemService(INPUT_METHOD_SERVICE) as InputMethodManager
    imm.hideSoftInputFromWindow(searchView.windowToken, 0)
}
```

마지막으로, showError() 함수를 수정해야 합니다. 이 함수는 인자로 널이 아닌 문자열을 받도록 변환되었는데, searchRepository() 함수 내부에서 이 함수를 호출할 때 다음과 같이 널인 값이 인자로 넘겨질 가능성이 있어 컴파일 에러가 발생합니다.

코드 11-10 SearchActivity.kt

```kotlin
private fun searchRepository(query: String) {
    ...
    searchCall.enqueue(object : Callback<RepoSearchResponse> {
        override fun onResponse(call: Call<RepoSearchResponse>,
                response: Response<RepoSearchResponse>) {
            ...
        }

        override fun onFailure(call: Call<RepoSearchResponse>, t: Throwable) {
            ...

            // showError() 함수는 널 값을 허용하지 않으나,
            // t.message는 널 값을 반환할 수 있습니다.
            showError(t.message)
        }
    })
}
```

이를 수정하기 위해 showError() 함수가 널 값을 허용하도록 수정하고, 널 값을 받았을 때는 적절한 메시지를 표시하도록 다음과 같이 변경합니다.

코드 11-11 SearchActivity.kt

```kotlin
private fun showError(message: String?) {
    // message가 널 값인 경우 "Unexpected error." 메시지를 표시합니다.
    tvMessage.text = message ?: "Unexpected error."
    tvMessage.visibility = View.VISIBLE
}
```

변환이 완료된 SearchActivity의 모습은 다음과 같습니다.

코드 11-12 SearchActivity.kt

```kotlin
class SearchActivity : AppCompatActivity(), SearchAdapter.ItemClickListener {

    internal lateinit var rvList: RecyclerView

    internal lateinit var progress: ProgressBar
```

다음 쪽에 계속 ▶

```kotlin
    internal lateinit var tvMessage: TextView

    internal lateinit var menuSearch: MenuItem

    internal lateinit var searchView: SearchView

    internal lateinit var adapter: SearchAdapter

    internal lateinit var api: GithubApi

    internal lateinit var searchCall: Call<RepoSearchResponse>

    override fun onCreate(savedInstanceState: Bundle?) {
        super.onCreate(savedInstanceState)
        setContentView(R.layout.activity_search)

        rvList = findViewById(R.id.rvActivitySearchList)
        progress = findViewById(R.id.pbActivitySearch)
        tvMessage = findViewById(R.id.tvActivitySearchMessage)

        adapter = SearchAdapter()
        adapter.setItemClickListener(this)
        rvList.layoutManager = LinearLayoutManager(this)
        rvList.adapter = adapter

        api = GithubApiProvider.provideGithubApi(this)
    }

    override fun onCreateOptionsMenu(menu: Menu): Boolean {
        menuInflater.inflate(R.menu.menu_activity_search, menu)
        menuSearch = menu.findItem(R.id.menu_activity_search_query)

        // menuSearch.actionView를 SearchView로 캐스팅합니다.
        searchView = menuSearch.actionView as SearchView

        // SearchView.OnQueryTextListener 인터페이스를 구현하는
        // 익명 클래스의 인스턴스를 생성합니다.
        searchView.setOnQueryTextListener(object : SearchView.OnQueryTextListener {
            override fun onQueryTextSubmit(query: String): Boolean {
                updateTitle(query)
                hideSoftKeyboard()
                collapseSearchView()
                searchRepository(query)
                return true
            }

            override fun onQueryTextChange(newText: String): Boolean {
                return false
            }
        })

        menuSearch.expandActionView()

        return true
    }
```

다음 쪽에 계속 ▶

```kotlin
override fun onOptionsItemSelected(item: MenuItem): Boolean {
    if (R.id.menu_activity_search_query == item.itemId) {
        item.expandActionView()
        return true
    }
    return super.onOptionsItemSelected(item)
}

override fun onItemClick(repository: GithubRepo) {
    val intent = Intent(this, RepositoryActivity::class.java)
    intent.putExtra(RepositoryActivity.KEY_USER_LOGIN, repository.owner.login)
    intent.putExtra(RepositoryActivity.KEY_REPO_NAME, repository.name)
    startActivity(intent)
}

private fun searchRepository(query: String) {
    clearResults()
    hideError()
    showProgress()

    searchCall = api.searchRepository(query)

    // Call 인터페이스를 구현하는 익명 클래스의 인스턴스를 생성합니다.
    searchCall.enqueue(object : Callback<RepoSearchResponse> {
        override fun onResponse(call: Call<RepoSearchResponse>,
                response: Response<RepoSearchResponse>) {
            hideProgress()

            val searchResult = response.body()
            if (response.isSuccessful && null != searchResult) {
                adapter.setItems(searchResult.items)
                adapter.notifyDataSetChanged()

                if (0 == searchResult.totalCount) {
                    showError(getString(R.string.no_search_result))
                }
            } else {
                showError("Not successful: " + response.message())
            }
        }

        override fun onFailure(call: Call<RepoSearchResponse>, t: Throwable) {
            hideProgress()
            showError(t.message)
        }
    })
}

private fun updateTitle(query: String) {
    val ab = supportActionBar
    if (null != ab) {
        ab.subtitle = query
    }
}

private fun hideSoftKeyboard() {
```

다음 쪽에 계속 ▶

```
        val imm = getSystemService(INPUT_METHOD_SERVICE) as InputMethodManager
        imm.hideSoftInputFromWindow(searchView.windowToken, 0)
    }

    private fun collapseSearchView() {
        menuSearch.collapseActionView()
    }

    private fun clearResults() {
        adapter.clearItems()
        adapter.notifyDataSetChanged()
    }

    private fun showProgress() {
        progress.visibility = View.VISIBLE
    }

    private fun hideProgress() {
        progress.visibility = View.GONE
    }

    private fun showError(message: String?) {
        tvMessage.text = message ?: "Unexpected error."
        tvMessage.visibility = View.VISIBLE
    }

    private fun hideError() {
        tvMessage.text = ""
        tvMessage.visibility = View.GONE
    }
}
```

SearchAdapter 변환

SearchAdapter를 변환하면 내부 클래스인 RepositoryHolder가 internal로 변환됩니다. 리사이클러뷰 어댑터의 구현에서 onCreateViewHolder() 함수는 특정 뷰 타입에 맞는 뷰홀더를 반환합니다. 하지만 이 함수의 가시성은 public으로 설정되어 있으므로, internal로 선언된 클래스를 여기에서 반환할 수 없습니다.

따라서 다음과 같이 RepositoryHolder에서 internal 접근 제한자를 제거하여 RepositoryHolder 클래스의 가시성을 public으로 변경해야 합니다.

코드 11-13 SearchAdapter.kt

```
// 'internal' 키워드를 제거하여 가시성을 'public'으로 변경합니다.
class RepositoryHolder(parent: ViewGroup) : RecyclerView.ViewHolder(
        LayoutInflater.from(parent.context)
                .inflate(R.layout.item_repository, parent, false)) {

    ...
}
```

변환 작업이 완료된 SearchAdapter의 모습은 다음과 같습니다.

코드 11-14 SearchAdapter.kt

```kotlin
class SearchAdapter : RecyclerView.Adapter<SearchAdapter.RepositoryHolder>() {

    private var items: MutableList<GithubRepo> = ArrayList()

    private val placeholder = ColorDrawable(Color.GRAY)

    private var listener: ItemClickListener? = null

    override fun onCreateViewHolder(parent: ViewGroup, viewType: Int)
        : RepositoryHolder {
        return RepositoryHolder(parent)
    }

    override fun onBindViewHolder(holder: RepositoryHolder, position: Int) {
        // items.get(position) 대신 배열 인덱스 접근 연산자를 사용합니다.
        val repo = items[position]

        GlideApp.with(holder.itemView.context)
                .load(repo.owner.avatarUrl)
                .placeholder(placeholder)
                .into(holder.ivProfile)

        holder.tvName.text = repo.fullName
        holder.tvLanguage.text = if (TextUtils.isEmpty(repo.language))
            holder.itemView.context.getText(R.string.no_language_specified)
        else
            repo.language

        // View.OnClickListener의 본체를 람다 표현식으로 작성합니다.
        holder.itemView.setOnClickListener {
            if (null != listener) {
                listener!!.onItemClick(repo)
            }
        }
    }

    override fun getItemCount(): Int {
        return items.size
    }

    fun setItems(items: MutableList<GithubRepo>) {
        this.items = items
    }

    fun setItemClickListener(listener: ItemClickListener?) {
        this.listener = listener
    }

    fun clearItems() {
        this.items.clear()
    }
```

다음 쪽에 계속 ▶

```kotlin
class RepositoryHolder(parent: ViewGroup) : RecyclerView.ViewHolder(
        LayoutInflater.from(parent.context)
                .inflate(R.layout.item_repository, parent, false)) {

    // init 블록에서 프로퍼티의 값을 설정해 주고 있으므로
    // 여기에서 값을 할당하지 않아도 컴파일 에러가 발생하지 않습니다.
    var ivProfile: ImageView

    var tvName: TextView

    var tvLanguage: TextView

    init {
        // 클래스 생성자 호출 시 클래스 내 프로퍼티의 값을 할당합니다.
        ivProfile = itemView.findViewById(R.id.ivItemRepositoryProfile)
        tvName = itemView.findViewById(R.id.tvItemRepositoryName)
        tvLanguage = itemView.findViewById(R.id.tvItemRepositoryLanguage)
    }
}

interface ItemClickListener {

    fun onItemClick(repository: GithubRepo)
}
}
```

RepositoryActivity 변환

RepositoryActivity를 컨버터를 사용하여 코틀린 코드로 변환한 후, SearchActivity
를 수정했을 때와 비슷한 절차로 오류를 수정합니다. 먼저, 프로퍼티에 lateinit을
추가합니다.

코드 11-15 RepositoryActivity.kt

```kotlin
class RepositoryActivity : AppCompatActivity() {

    // 프로퍼티에 lateinit을 추가합니다.
    internal lateinit var llContent: LinearLayout

    internal lateinit var ivProfile: ImageView

    internal lateinit var tvName: TextView

    internal lateinit var tvStars: TextView

    internal lateinit var tvDescription: TextView

    internal lateinit var tvLanguage: TextView

    internal lateinit var tvLastUpdate: TextView

    internal lateinit var pbProgress: ProgressBar
```

다음 쪽에 계속 ▶

```
    internal lateinit var tvMessage: TextView

    internal lateinit var api: GithubApi

    internal lateinit var repoCall: Call<GithubRepo>

    ...
}
```

다음으로 showError() 함수를 수정합니다. SearchActivity와 마찬가지로 함수의 인
자로 널 값을 받을 수 있도록 수정한 후, 널 값을 받았을 때 적절한 메시지를 표시하
도록 합니다.

코드 11-16 RepositoryActivity.kt

```
private fun showError(message: String?) {
    // message가 널 값인 경우 "Unexpected error." 메시지를 표시합니다.
    tvMessage.text = message ?: "Unexpected error."
    tvMessage.visibility = View.VISIBLE
}
```

변환이 완료된 RepositoryActivity의 모습은 다음과 같습니다.

코드 11-17 RepositoryActivity.kt

```
class RepositoryActivity : AppCompatActivity() {

    internal lateinit var llContent: LinearLayout

    internal lateinit var ivProfile: ImageView

    internal lateinit var tvName: TextView

    internal lateinit var tvStars: TextView

    internal lateinit var tvDescription: TextView

    internal lateinit var tvLanguage: TextView

    internal lateinit var tvLastUpdate: TextView

    internal lateinit var pbProgress: ProgressBar

    internal lateinit var tvMessage: TextView

    internal lateinit var api: GithubApi

    internal lateinit var repoCall: Call<GithubRepo>

    internal var dateFormatInResponse = SimpleDateFormat(
            "yyyy-MM-dd'T'HH:mm:ssX", Locale.getDefault())

    internal var dateFormatToShow = SimpleDateFormat(
```

다음 쪽에 계속 ▶

```
                    "yyyy-MM-dd HH:mm:ss", Locale.getDefault())

override fun onCreate(savedInstanceState: Bundle?) {
    super.onCreate(savedInstanceState)
    setContentView(R.layout.activity_repository)

    llContent = findViewById(R.id.llActivityRepositoryContent)
    ivProfile = findViewById(R.id.ivActivityRepositoryProfile)
    tvName = findViewById(R.id.tvActivityRepositoryName)
    tvStars = findViewById(R.id.tvActivityRepositoryStars)
    tvDescription = findViewById(R.id.tvActivityRepositoryDescription)
    tvLanguage = findViewById(R.id.tvActivityRepositoryLanguage)
    tvLastUpdate = findViewById(R.id.tvActivityRepositoryLastUpdate)
    pbProgress = findViewById(R.id.pbActivityRepository)
    tvMessage = findViewById(R.id.tvActivityRepositoryMessage)

    api = GithubApiProvider.provideGithubApi(this)

    // 엘비스 연산자를 사용하여 널 값을 검사합니다.
    // KEY_USER_LOGIN 이름으로 문자열 값 포함되어 있지 않다면
    // IllegalArgumentException 예외를 발생시킵니다.
    val login = intent.getStringExtra(KEY_USER_LOGIN) ?:
            throw IllegalArgumentException(
        "No login info exists in extras")

    // 엘비스 연산자를 사용하여 널 값을 검사합니다.
    // KEY_REPO_NAME 이름으로 문자열 값 포함되어 있지 않다면
    // IllegalArgumentException 예외를 발생시킵니다.
    val repo = intent.getStringExtra(KEY_REPO_NAME) ?:
            throw IllegalArgumentException(
        "No repo info exists in extras")

    showRepositoryInfo(login, repo)
}

private fun showRepositoryInfo(login: String, repoName: String) {
    showProgress()

    repoCall = api.getRepository(login, repoName)

    // Call 인터페이스를 구현하는 익명 클래스의 인스턴스를 생성합니다.
    repoCall.enqueue(object : Callback<GithubRepo> {
        override fun onResponse(call: Call<GithubRepo>,
                                response: Response<GithubRepo>) {
            hideProgress(true)

            val repo = response.body()
            if (response.isSuccessful && null != repo) {
                GlideApp.with(this@RepositoryActivity)
                        .load(repo.owner.avatarUrl)
                        .into(ivProfile)

                tvName.text = repo.fullName
                tvStars.text = resources
                        .getQuantityString(R.plurals.star, repo.stars, repo.stars)
                if (null == repo.description) {
```

다음 쪽에 계속 ▶

```
                        tvDescription.setText(R.string.no_description_provided)
                    } else {
                        tvDescription.text = repo.description
                    }
                    if (null == repo.language) {
                        tvLanguage.setText(R.string.no_language_specified)
                    } else {
                        tvLanguage.text = repo.language
                    }

                    try {
                        val lastUpdate = dateFormatInResponse.parse(repo.updatedAt)
                        tvLastUpdate.text = dateFormatToShow.format(lastUpdate)
                    } catch (e: ParseException) {
                        tvLastUpdate.text = getString(R.string.unknown)
                    }

                } else {
                    showError("Not successful: " + response.message())
                }
            }

            override fun onFailure(call: Call<GithubRepo>, t: Throwable) {
                hideProgress(false)
                showError(t.message)
            }
        })
    }

    private fun showProgress() {
        llContent.visibility = View.GONE
        pbProgress.visibility = View.VISIBLE
    }

    private fun hideProgress(isSucceed: Boolean) {
        llContent.visibility = if (isSucceed) View.VISIBLE else View.GONE
        pbProgress.visibility = View.GONE
    }

    private fun showError(message: String?) {
        tvMessage.text = message ?: "Unexpected error."
        tvMessage.visibility = View.VISIBLE
    }

    // 정적 필드로 정의되어 있던 항목은 동반 객체 내부에 정의됩니다.
    companion object {

        val KEY_USER_LOGIN = "user_login"

        val KEY_REPO_NAME = "repo_name"
    }
}
```

11.3 자바와 코틀린 코드의 혼용 확인하기

앞의 두 절에 걸쳐 UI 코드가 모두 코틀린 코드로 변환되었지만, 데이터를 처리하는 코드는 여전히 자바로 작성되어 있습니다. 하지만 두 언어로 작성된 코드는 마치 하나의 언어로 작성된 것처럼 잘 동작합니다.

일례로 SignInActivity의 onCreate() 함수 내부를 살펴보면, 다음과 같이 자바로 작성되어 있는 클래스인 GithubApiProvider를 별다른 변환 없이 코틀린 코드에서 사용하는 모습을 확인할 수 있습니다.

이러한 특징은 사용자가 직접 만든 자바 클래스뿐 아니라 자바로 작성된 라이브러리에도 동일하게 적용됩니다. SignInActivity 내부에서 액세스 토큰을 얻기 위해 사용하는 Call 클래스는 자바로 작성되어 있지만, 다음과 같이 코틀린 코드에서 자유롭게 사용할 수 있습니다.

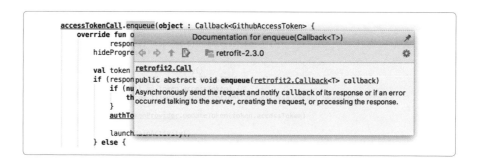

이러한 특징 덕분에, 실무 프로젝트에 코틀린을 적용할 때 기존에 자바로 작성한 모든 코드를 코틀린으로 한번에 변환하지 않아도 됩니다.

즉, 본인 혹은 팀의 성향에 따라 UI 코드를 먼저 코틀린으로 변환할 수도 있고, 데이터를 처리하는 코드를 먼저 변환할 수도 있으며, 아니면 새로 작성할 코드만 코틀린으로 작성할 수도 있습니다. 이처럼 다양한 마이그레이션 방법 중 하나를 자유롭게 선택할 수 있으므로 매우 편리합니다.

12장

코틀린 변환 2단계: 코틀린다운 코드로 다듬기

이 장에서는 예제 애플리케이션의 모든 코드를 코틀린으로 변환하고, 자바-코틀린 컨버터를 통해 변환된 코드를 코틀린의 컨벤션에 맞도록 다듬는 과정을 다룹니다.

이 장에서 다룬 내용들이 모두 반영된 예제 프로젝트의 소스코드는 다음 링크를 통해 확인할 수 있습니다.

- 프로젝트 저장소: *https://github.com/kunny/kunny-kotlin-book/tree/kotlin-step-2*
- 프로젝트 압축 파일 다운로드: *https://github.com/kunny/kunny-kotlin-book/archive/kotlin-step-2.zip*

12.1 데이터 처리 코드를 모두 코틀린으로 변환하기

데이터 처리 코드를 모두 코틀린으로 변환하기 전에, 이들을 모두 src/main/kotlin 폴더로 이동합니다. 다음과 같이 프로젝트 구조에서 java 폴더 하위의 com.androidhuman.example.github 패키지를 오른쪽 클릭한 후, [Refactor 〉 Move…] 메뉴를 선택합니다.

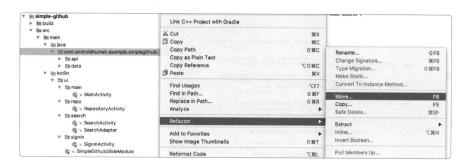

이어서 표시되는 다이얼로그에서 두 번째 항목인 'Move directory ⋯ to another source root'를 선택한 후, 'Select Source Root' 다이얼로그에서 simple-github/src/main/kotlin을 선택합니다.

다음과 같이 java 폴더 하위에 있던 남은 자바 파일들이 모두 kotlin 폴더로 이동한 것을 확인할 수 있습니다.

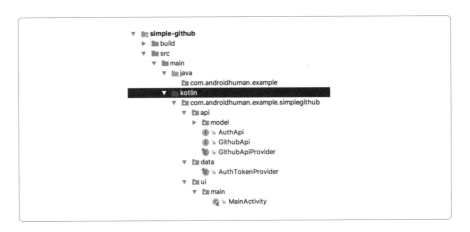

이제 java 폴더에는 남아있는 소스코드가 없으므로, 이 폴더를 삭제하여 다음과 같이 kotlin 폴더만 남깁니다. 이것으로 예제 애플리케이션의 소스코드를 모두 코틀린으로 바꿀 준비가 끝났습니다.

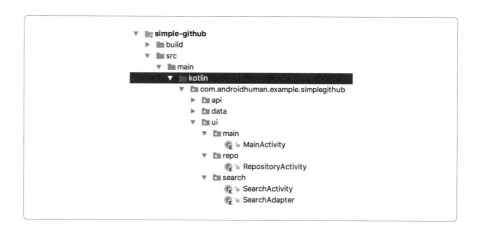

모델 클래스 변환

GithubAccessToken, GithubOwner, RepoSearchResponse는 컨버터를 사용하여 변환된 코드를 그대로 사용하면 됩니다. 다음은 각 클래스를 코틀린으로 변환한 모습입니다.

코드 12-1 코틀린으로 변환한 모델 클래스의 모습

```kotlin
// GithubAccessToken.kt
class GithubAccessToken(
        @SerializedName("access_token") val accessToken: String,
        val scope: String,
        @SerializedName("token_type") val tokenType: String)

// GithubOwner.kt
class GithubOwner(
        val login: String,
        @SerializedName("avatar_url") val avatarUrl: String)

// RepoSearchResponse.kt
class RepoSearchResponse(
        @SerializedName("total_count") val totalCount: Int,
        val items: List<GithubRepo>)
```

RepoSearchResponse 클래스가 코틀린으로 변환되면서, 이 클래스의 프로퍼티인 items의 타입이 java.util.List가 아닌 kotlin.collections.List로 변경되었습니다.

코틀린의 컬렉션은 컬렉션 내부의 자료를 변경할 수 있는 타입과 그렇지 않은 타입을 구분하므로, 이에 영향을 받는 SearchAdapter 클래스의 setItems() 함수를 다음과 같이 수정해야 합니다.

코드 12-2 SearchAdapter.kt

```kotlin
class SearchAdapter : RecyclerView.Adapter<SearchAdapter.RepositoryHolder>() {

    private var items: MutableList<GithubRepo> = ArrayList()

    ...

    fun setItems(items: List<GithubRepo>) {
        // 인자로 받은 리스트의 형태를 어댑터 내부에서 사용하는
        // 리스트 형태(내부 자료 변경이 가능한 형태)로 변환해 주어야 합니다.
        this.items = items.toMutableList()
    }
}
```

GithubRepo 클래스는 REST API를 통해 받는 응답을 올바르게 매핑하려면 약간의 변경이 필요합니다.

예제 애플리케이션에서 REST API 응답을 클래스 형태로 바꿔줄 때 사용하는 Gson 라이브러리는 별도 설정을 하지 않을 경우 리플렉션을 사용하여 클래스 내 필드와 JSON 내 필드의 값을 매핑합니다. 이때, 클래스 내 필드에 상응하는 JSON 내 필드가 없거나 JSON 내 필드 값이 null인 경우 클래스 내 필드에 널 값을 할당합니다.

따라서 코틀린에서 특정 필드에 널 값을 허용하지 않도록 설정한다 할지라도 Gson에서는 이 필드에 널 값을 할당할 수 있습니다. 이로 인해 절대로 널 값을 반환하지 않을 것이라 예상하고 작성한 코드에서 이럴 경우 예상치 못한 널 포인터 오류가 발생할 수 있습니다.

이러한 오류를 방지하기 위해, 코틀린으로 REST API의 응답 클래스를 작성할 때는 널 값을 허용하는 프로퍼티와 그렇지 않은 프로퍼티를 명확히 구분해야 합니다. Github API의 저장소 응답 필드 중 description, language 필드는 널 값일 수 있으므로 다음과 같이 해당 프로퍼티는 널 값을 허용하도록 수정합니다.

코드 12-3 GithubRepo.kt

```kotlin
class GithubRepo(
        val name: String,
        @SerializedName("full_name") val fullName: String,
        val owner: GithubOwner,
        // 널 값을 허용할 수 있는 타입으로 선언합니다.
        val description: String?, val language: String?,
        @SerializedName("updated_at") val updatedAt: String,
        @SerializedName("stargazers_count") val stars: Int)
```

REST API 인터페이스 변환

REST API 인터페이스를 정의한 AuthApi, GithubApi 인터페이스는 별도 수정 없이 컨버터를 통해 변환된 결과를 그대로 사용할 수 있습니다.

다음은 각 인터페이스를 코틀린으로 변환한 결과입니다.

코드 12-4 코틀린으로 변환한 REST API 인터페이스의 모습

```kotlin
// AuthApi.kt
interface AuthApi {

    @FormUrlEncoded
    @POST("login/oauth/access_token")
    @Headers("Accept: application/json")
    fun getAccessToken(
            @Field("client_id") clientId: String,
            @Field("client_secret") clientSecret: String,
            @Field("code") code: String): Call<GithubAccessToken>
}

// GithubApi.kt
interface GithubApi {

    @GET("search/repositories")
    fun searchRepository(@Query("q") query: String): Call<RepoSearchResponse>

    @GET("repos/{owner}/{name}")
    fun getRepository(
            @Path("owner") ownerLogin: String,
            @Path("name") repoName: String): Call<GithubRepo>
}
```

GithubApiProvider 변환

GithubApiProvider는 REST API 호출을 위한 객체를 생성하는 정적 메서드로 구성되어 있습니다. 코틀린 컨버터는 이를 싱글톤(object) 클래스로 변환합니다. GithubApiProvider 클래스 또한 컨버터로 변환된 결과를 추가로 수정하지 않아도 됩니다. 다음은 GithubApiProvider 클래스를 코틀린으로 변환한 결과입니다.

코드 12-5 GithubApiProvider.kt

```kotlin
object GithubApiProvider {

    fun provideAuthApi(): AuthApi {
        return Retrofit.Builder()
                .baseUrl("https://github.com/")
                .client(provideOkHttpClient(provideLoggingInterceptor(), null))
                .addConverterFactory(GsonConverterFactory.create())
                .build()
                .create(AuthApi::class.java)
    }
```

다음 쪽에 계속 ▶

```kotlin
    fun provideGithubApi(context: Context): GithubApi {
        return Retrofit.Builder()
                .baseUrl("https://api.github.com/")
                .client(provideOkHttpClient(provideLoggingInterceptor(),
                        provideAuthInterceptor(provideAuthTokenProvider(context))))
                .addConverterFactory(GsonConverterFactory.create())
                .build()
                .create(GithubApi::class.java)
    }

    private fun provideOkHttpClient(
            interceptor: HttpLoggingInterceptor,
            authInterceptor: AuthInterceptor?): OkHttpClient {
        val b = OkHttpClient.Builder()
        if (null != authInterceptor) {
            b.addInterceptor(authInterceptor)
        }
        b.addInterceptor(interceptor)
        return b.build()
    }

    private fun provideLoggingInterceptor(): HttpLoggingInterceptor {
        val interceptor = HttpLoggingInterceptor()
        interceptor.level = HttpLoggingInterceptor.Level.BODY
        return interceptor
    }

    private fun provideAuthInterceptor(provider: AuthTokenProvider): AuthInterceptor {
        val token = provider.token ?: throw IllegalStateException("authToken cannot be null.")
        return AuthInterceptor(token)
    }

    private fun provideAuthTokenProvider(context: Context): AuthTokenProvider {
        return AuthTokenProvider(context.applicationContext)
    }

    internal class AuthInterceptor(private val token: String) : Interceptor {

        @Throws(IOException::class)
        override fun intercept(chain: Interceptor.Chain): Response {
            val original = chain.request()

            val b = original.newBuilder()
                    .addHeader("Authorization", "token " + token)

            val request = b.build()
            return chain.proceed(request)
        }
    }
}
```

AuthTokenProvider 변환

AuthTokenProvider는 액세스 토큰을 관리하는 클래스입니다. 변환된 결과는 다음과
같습니다.

코드 12-6 AuthTokenProvider.kt

```kotlin
class AuthTokenProvider(private val context: Context) {

    fun updateToken(token: String) {
        PreferenceManager.getDefaultSharedPreferences(context).edit()
                .putString(KEY_AUTH_TOKEN, token)
                .apply()
    }

    // 읽기 전용 프로퍼티로 액세스 토큰 값을 제공합니다.
    val token: String?
        get() = PreferenceManager.getDefaultSharedPreferences(context)
                .getString(KEY_AUTH_TOKEN, null)

    companion object {

        private val KEY_AUTH_TOKEN = "auth_token"
    }
}
```

AuthTokenProvider 내부에는 SharedPreferences에 저장된 액세스 토큰을 참조할 때 사용하는 키 값을 KEY_AUTH_TOKEN에 정의하고 있습니다. KEY_AUTH_TOKEN 필드는 자바 코드상에서 클래스 내 정적 필드로 선언되어 있었는데, 코틀린은 이에 상응하는 개념이 없습니다. 따라서 자바-코틀린 컨버터는 이를 동반 객체(companion object)의 프로퍼티로 변환합니다.

코드 12-7 AuthTokenProvider.kt

```kotlin
class AuthTokenProvider(private val context: Context) {

    ...

    // 정적 필드는 동반 객체 내부의 프로퍼티로 변환됩니다.
    companion object {
        private val KEY_AUTH_TOKEN = "auth_token"
    }
}
```

하지만 동반 객체를 사용하면 클래스 내부에 추가로 객체를 생성하게 되므로 단순히 키 값을 위한 프로퍼티를 정의하기 위해 동반 객체를 사용하는 것은 적절하지 않습니다. KEY_AUTH_TOKEN에 const 키워드를 추가하는 자세한 이유가 궁금하신 분은 5.2절의 '동반 객체 및 싱글톤' 항목을 다시 한번 확인하세요.

12.2 코틀린 안드로이드 익스텐션 적용하기

이 절에서는 코틀린 안드로이드 익스텐션을 사용하여 뷰 객체 선언 및 findView

ById() 메서드를 제거하는 방법을 다룹니다.

프로젝트에서 코틀린 안드로이드 익스텐션을 사용하려면, kotlin-android-extensions 플러그인을 적용해야 합니다. 다음은 애플리케이션의 빌드스크립트 (simple-github/build.gradle)에 코틀린 안드로이드 익스텐션 플러그인을 추가한 모습입니다.

코드 12-8 simple-github/build.gradle

```
apply plugin: 'com.android.application'
apply plugin: 'kotlin-android'

// 코틀린 안드로이드 익스텐션 플러그인을 적용합니다.
apply plugin: 'kotlin-android-extensions'

apply plugin: 'kotlin-kapt'

android {
    ...
}
```

액티비티에 적용하기

코틀린 안드로이드 익스텐션을 사용하면, 액티비티의 레이아웃으로 사용하는 XML 파일 내에 선언된 뷰의 인스턴스를 선언할 필요 없이 뷰 ID를 직접 사용할 수 있습니다. 대신, 코틀린 안드로이드 익스텐션을 통해 사용할 XML 레이아웃을 import 문에 추가하면 됩니다.

예제 애플리케이션 내 액티비티에 코틀린 안드로이드 익스텐션을 적용한 모습을 확인해 보겠습니다. 다음은 SignInActivity 액티비티에 코틀린 안드로이드 익스텐션을 적용한 결과입니다. 로그인을 수행하는 버튼인 btnActivitySignInStart와 진행 상태를 알려주는 pbActivitySignIn을, 인스턴스 선언 없이 뷰 ID만으로 접근하는 모습을 확인할 수 있습니다.

코드 12-9 SignInActivity.kt

```
...

// 코틀린 안드로이드 익스텐션에서 activity_sign_in 레이아웃을 사용합니다.
import kotlinx.android.synthetic.main.activity_sign_in.*

class SignInActivity : AppCompatActivity() {

    internal lateinit var api: AuthApi

    internal lateinit var authTokenProvider: AuthTokenProvider
```

다음 쪽에 계속 ▶

```
    internal lateinit var accessTokenCall: Call<GithubAccessToken>

    override fun onCreate(savedInstanceState: Bundle?) {
        super.onCreate(savedInstanceState)
        setContentView(R.layout.activity_sign_in)

        // 인스턴스 선언 없이 뷰 ID를 사용하여 인스턴스에 접근합니다.
        btnActivitySignInStart.setOnClickListener {
            ...
        }
        ...
    }

    ...

    private fun showProgress() {
        // 인스턴스 선언 없이 뷰 ID를 사용하여 인스턴스에 접근합니다.
        btnActivitySignInStart.visibility = View.GONE
        pbActivitySignIn.visibility = View.VISIBLE
    }

    private fun hideProgress() {
        // 인스턴스 선언 없이 뷰 ID를 사용하여 인스턴스에 접근합니다.
        btnActivitySignInStart.visibility = View.VISIBLE
        pbActivitySignIn.visibility = View.GONE
    }

    ...

}
```

MainActivity에 적용한 결과는 다음과 같습니다. 검색 액티비티로 이동하는 역할을 하는 btnActivityMainSearch를 인스턴스 선언 없이 사용합니다.

코드 12-10 MainActivity.kt

```
...
// 코틀린 안드로이드 익스텐션에서 activity_main 레이아웃을 사용합니다.
import kotlinx.android.synthetic.main.activity_main.*

class MainActivity : AppCompatActivity() {

    override fun onCreate(savedInstanceState: Bundle?) {
        super.onCreate(savedInstanceState)
        setContentView(R.layout.activity_main)

        // 인스턴스 선언 없이 뷰 ID를 사용하여 인스턴스에 접근합니다.
        btnActivityMainSearch.setOnClickListener {
            startActivity(Intent(this@MainActivity, SearchActivity::class.java))
        }
    }
}
```

다음은 SearchActivity에 적용한 결과를 보여줍니다. 검색 결과를 표시하는 rvActivitySearchList, 검색 진행 상태를 알려주는 pbActivitySearch, 그리고 각종 메시지를 표시하는 tvActivitySearchMessage를 인스턴스 선언 없이 사용하고 있습니다.

코드 12-11 SearchActivity.kt

```
...
// 코틀린 안드로이드 익스텐션에서 activity_search 레이아웃을 사용합니다.
import kotlinx.android.synthetic.main.activity_search.*

class SearchActivity : AppCompatActivity(), SearchAdapter.ItemClickListener {

    internal lateinit var menuSearch: MenuItem

    internal lateinit var searchView: SearchView

    internal lateinit var adapter: SearchAdapter

    internal lateinit var api: GithubApi

    internal lateinit var searchCall: Call<RepoSearchResponse>

    override fun onCreate(savedInstanceState: Bundle?) {
        super.onCreate(savedInstanceState)
        setContentView(R.layout.activity_search)

        adapter = SearchAdapter()
        adapter.setItemClickListener(this)

        // 인스턴스 선언 없이 뷰 ID를 사용하여 인스턴스에 접근합니다.
        rvActivitySearchList.layoutManager = LinearLayoutManager(this)
        rvActivitySearchList.adapter = adapter

        api = GithubApiProvider.provideGithubApi(this)
    }

    ...

    private fun showProgress() {
        pbActivitySearch.visibility = View.VISIBLE
    }

    private fun hideProgress() {
        pbActivitySearch.visibility = View.GONE
    }

    private fun showError(message: String?) {
        tvActivitySearchMessage.text = message ?: "Unexpected error."
        tvActivitySearchMessage.visibility = View.VISIBLE
    }

    private fun hideError() {
```

다음 쪽에 계속 ▶

```
        tvActivitySearchMessage.text = ""
        tvActivitySearchMessage.visibility = View.GONE
    }
}
```

마지막으로 RepositoryActivity에 적용한 모습을 살펴봅시다. 다른 액티비티에 비해 다루는 뷰 인스턴스의 수가 많아 findViewById()를 사용하여 인스턴스를 받는 코드도 많습니다. 그런데 이러한 코드가 모두 사라져 코틀린 안드로이드 익스텐션을 사용하기 전보다 전체 코드가 대폭 줄었습니다.

코드 12-12 RepositoryActivity.kt

```
...
// 코틀린 안드로이드 익스텐션에서 activity_repository 레이아웃을 사용합니다.
import kotlinx.android.synthetic.main.activity_repository.*

class RepositoryActivity : AppCompatActivity() {

    internal lateinit var api: GithubApi

    internal lateinit var repoCall: Call<GithubRepo>

    internal var dateFormatInResponse = SimpleDateFormat(
            "yyyy-MM-dd'T'HH:mm:ssX", Locale.getDefault())

    internal var dateFormatToShow = SimpleDateFormat(
            "yyyy-MM-dd HH:mm:ss", Locale.getDefault())

    override fun onCreate(savedInstanceState: Bundle?) {
        super.onCreate(savedInstanceState)
        setContentView(R.layout.activity_repository)

        ...
    }

    private fun showRepositoryInfo(login: String, repoName: String) {
        showProgress()

        repoCall = api.getRepository(login, repoName)
        repoCall.enqueue(object : Callback<GithubRepo> {
            override fun onResponse(call: Call<GithubRepo>,
                                    response: Response<GithubRepo>) {
                hideProgress(true)

                val repo = response.body()
                if (response.isSuccessful && null != repo) {
                    GlideApp.with(this@RepositoryActivity)
                            .load(repo.owner.avatarUrl)
                            // 인스턴스 선언 없이 뷰 ID를 사용하여 인스턴스에 접근합니다.
                            .into(ivActivityRepositoryProfile)

                    tvActivityRepositoryName.text = repo.fullName
```

다음 쪽에 계속 ▶

```
                    tvActivityRepositoryStars.text = resources
                            .getQuantityString(R.plurals.star, repo.stars, repo.stars)
                    if (null == repo.description) {
                        tvActivityRepositoryDescription
                                .setText(R.string.no_description_provided)
                    } else {
                        tvActivityRepositoryDescription.text = repo.description
                    }
                    if (null == repo.language) {
                        tvActivityRepositoryLanguage
                                .setText(R.string.no_language_specified)
                    } else {
                        tvActivityRepositoryLanguage.text = repo.language
                    }

                    try {
                        val lastUpdate = dateFormatInResponse.parse(repo.updatedAt)
                        tvActivityRepositoryLastUpdate
                                .text = dateFormatToShow.format(lastUpdate)
                    } catch (e: ParseException) {
                        tvActivityRepositoryLastUpdate.text =
                                getString(R.string.unknown)
                    }

                } else {
                    showError("Not successful: " + response.message())
                }
            }

            override fun onFailure(call: Call<GithubRepo>, t: Throwable) {
                hideProgress(false)
                showError(t.message)
            }
        })
    }

    private fun showProgress() {
        llActivityRepositoryContent.visibility = View.GONE
        pbActivityRepository.visibility = View.VISIBLE
    }

    private fun hideProgress(isSucceed: Boolean) {
        llActivityRepositoryContent.
                visibility = if (isSucceed) View.VISIBLE else View.GONE
        pbActivityRepository.visibility = View.GONE
    }

    private fun showError(message: String?) {
        tvActivityRepositoryMessage.text = message ?: "Unexpected error."
        tvActivityRepositoryMessage.visibility = View.VISIBLE
    }

    ...

}
```

리사이클러뷰 뷰홀더에 적용하기

뷰홀더는 리사이클러뷰의 각 항목에 표시될 뷰의 구조를 담당합니다. 따라서 하나의 항목을 구성하는 뷰의 수만큼 findViewById()를 사용하여 이들의 인스턴스를 받는 코드가 증가합니다. 따라서 코틀린 안드로이드 익스텐션을 사용하면 이러한 코드들을 대폭 줄일 수 있습니다.

검색 결과를 보여주는 방법을 정의한 SearchAdapter에 코틀린 안드로이드 익스텐션을 적용해 보겠습니다.

먼저, 하나의 검색 결과를 표현하기 위해 사용하는 뷰를 구성하는 Repository Holder를 살펴봅시다. 기존에는 뷰홀더 내부에 각 뷰의 인스턴스들을 선언하고 있었지만, 안드로이드 코틀린 익스텐션을 적용하면 이들을 모두 제거할 수 있습니다. 다음은 뷰홀더 내 뷰의 인스턴스 선언부가 제거된 RepositoryHolder의 모습입니다.

코드 12-13 SearchAdapter.kt 내 RepositoryHolder 클래스

```kotlin
class RepositoryHolder(parent: ViewGroup) : RecyclerView.ViewHolder(
        LayoutInflater.from(parent.context)
                .inflate(R.layout.item_repository, parent, false))
```

다음으로, 뷰홀더 내 뷰에 값을 반영해주는 부분인 SearchAdapter의 onBindView Holder() 함수 부분을 살펴봅시다. 코틀린 안드로이드 익스텐션을 적용하면 뷰홀더 내 itemView 객체를 통해 레이아웃 내 선언된 뷰 인스턴스에 접근할 수 있습니다.

onBindViewHolder() 함수에서 접근해야 하는 뷰의 수가 많으므로, with() 함수를 사용하면 뷰홀더의 itemView 인스턴스를 여러 번 호출하지 않고 뷰홀더를 구성하는 뷰들의 인스턴스에 접근할 수 있습니다.

코드 12-14 SearchAdapter.kt

```kotlin
class SearchAdapter : RecyclerView.Adapter<SearchAdapter.RepositoryHolder>() {

    ...

    override fun onBindViewHolder(holder: RepositoryHolder, position: Int) {
        val repo = items[position]

        // with() 함수를 사용하여 holder.itemView를 여러 번 호출하지 않도록 합니다.
        with(holder.itemView) {
            GlideApp.with(context)
                    .load(repo.owner.avatarUrl)
                    .placeholder(placeholder)
                    // 뷰 ID를 사용하여 뷰 인스턴스에 접근합니다.
                    .into(ivItemRepositoryProfile)

            // 뷰 ID를 사용하여 뷰 인스턴스에 접근합니다.
```

다음 쪽에 계속 ▶

```
        tvItemRepositoryName.text = repo.fullName
        tvItemRepositoryLanguage.text = if (TextUtils.isEmpty(repo.language))
            context.getText(R.string.no_language_specified)
        else
            repo.language

        setOnClickListener {
            if (null != listener) {
                listener!!.onItemClick(repo)
            }
        }
    }
}
...
}
```

12.3 자바-코틀린 코드 컨버터로 변환된 코드를 코틀린답게 만들기

지금까지는 자바-코틀린 코드 컨버터가 만들어준 '문법만' 코틀린인 코드를 만들었습니다. 여기에서는 코틀린만의 고유한 문법과 기능을 사용하여 좀 더 '코틀린다운' 코드를 만드는 방법을 살펴봅니다.

GithubApiProvider 다듬기

GithubApiProvider 클래스는 자바로 작성되었을 당시 여러 개의 정적 함수로 구성되어 있었습니다. 이 때문에, 자바-코틀린 컨버터로 코틀린으로 변환하는 과정에서 싱글톤 클래스로 변환되었습니다.

하지만 GithubApiProvider 클래스에 포함된 함수에서는 필요한 인자를 함수의 인자로 받기만 할 뿐, 클래스 단위에서 공용으로 사용하는 객체가 없습니다. 다음은 이 조건에 해당하는 함수들을 보여줍니다.

코드 12-15 GithubApiProvider.kt

```
package com.androidhuman.example.simplegithub.api

// 함수들이 싱글톤 함수 내부에 있습니다.

object GithubApiProvider {

    fun provideAuthApi()
        : AuthApi { ... }

    fun provideGithubApi(context: Context)
        : GithubApi { ... }

    private fun provideOkHttpClient(
            interceptor: HttpLoggingInterceptor,
```

다음 쪽에 계속 ▶

```
            authInterceptor: AuthInterceptor?)
        : OkHttpClient { ... }

    private fun provideLoggingInterceptor()
        : HttpLoggingInterceptor { ... }

    private fun provideAuthInterceptor(
            provider: AuthTokenProvider)
        : AuthInterceptor { ... }

    private fun provideAuthTokenProvider(
            context: Context)
        : AuthTokenProvider { ... }

    internal class AuthInterceptor(
            private val token: String)
        : Interceptor { ... }
}
```

이러한 함수들은 다음과 같이 패키지 단위 함수로 변환할 수 있습니다.

코드 12-16 GithubApiProvider.kt

```
package com.androidhuman.example.simplegithub.api

// 싱글톤 클래스를 제거하고 패키지 단위 함수로 다시 선언합니다.

fun provideAuthApi()
    : AuthApi { ... }

fun provideGithubApi(context: Context)
    : GithubApi { ... }

private fun provideOkHttpClient(
        interceptor: HttpLoggingInterceptor,
        authInterceptor: AuthInterceptor?)
    : OkHttpClient { ... }

private fun provideLoggingInterceptor()
    : HttpLoggingInterceptor { ... }

private fun provideAuthInterceptor(
        provider: AuthTokenProvider)
    : AuthInterceptor { ... }

private fun provideAuthTokenProvider(
        context: Context)
    : AuthTokenProvider { ... }

internal class AuthInterceptor(
        private val token: String)
    : Interceptor { ... }
```

다음은 함수의 표현 방식을 다듬어 보겠습니다. GithubApiProvider.kt에 정의된 함수들 중 일부는 함수 내부에서 변수나 값을 선언하거나 연산을 수행하는 부분 없이, 생성된 객체를 반환하는 코드로만 구성되어 있습니다. 이 조건에 해당하는 함수들을 다음 코드에서 확인할 수 있습니다.

코드 12-17 GithubApiProvider.kt

```kotlin
fun provideAuthApi(): AuthApi {
    return Retrofit.Builder()
            .baseUrl("https://github.com/")
            .client(provideOkHttpClient(provideLoggingInterceptor(), null))
            .addConverterFactory(GsonConverterFactory.create())
            .build()
            .create(AuthApi::class.java)
}

fun provideGithubApi(context: Context): GithubApi {
    return Retrofit.Builder()
            .baseUrl("https://api.github.com/")
            .client(provideOkHttpClient(provideLoggingInterceptor(),
                    provideAuthInterceptor(provideAuthTokenProvider(context))))
            .addConverterFactory(GsonConverterFactory.create())
            .build()
            .create(GithubApi::class.java)
}

private fun provideAuthTokenProvider(context: Context): AuthTokenProvider {
    return AuthTokenProvider(context.applicationContext)
}
```

이러한 함수들은 다음과 같이 단일 표현식(single expression) 형태로 간략하게 표시할 수 있습니다.

코드 12-18 GithubApiProvider.kt

```kotlin
fun provideAuthApi(): AuthApi
        = Retrofit.Builder()
        .baseUrl("https://github.com/")
        .client(provideOkHttpClient(provideLoggingInterceptor(), null))
        .addConverterFactory(GsonConverterFactory.create())
        .build()
        .create(AuthApi::class.java)

fun provideGithubApi(context: Context): GithubApi
        = Retrofit.Builder()
        .baseUrl("https://api.github.com/")
        .client(provideOkHttpClient(provideLoggingInterceptor(),
                provideAuthInterceptor(provideAuthTokenProvider(context))))
        .addConverterFactory(GsonConverterFactory.create())
        .build()
        .create(GithubApi::class.java)

private fun provideAuthTokenProvider(context: Context): AuthTokenProvider
        = AuthTokenProvider(context.applicationContext)
```

일부 함수는 apply()나 run()과 같은 범위 지정 함수를 사용하면 함수 내부의 변수 선언을 완전히 제거할 수 있으며, 이 경우 함수 내부에 객체를 반환하는 코드만 남게 되므로 이 또한 단일 표현식 형태로 표현할 수 있습니다. 이에 해당하는 함수들은 다음과 같습니다.

코드 12-19 GithubApiProvider.kt

```kotlin
private fun provideOkHttpClient(
        interceptor: HttpLoggingInterceptor,
        authInterceptor: AuthInterceptor?): OkHttpClient {
    val b = OkHttpClient.Builder()
    if (null != authInterceptor) {
        b.addInterceptor(authInterceptor)
    }
    b.addInterceptor(interceptor)
    return b.build()
}

private fun provideLoggingInterceptor(): HttpLoggingInterceptor {
    val interceptor = HttpLoggingInterceptor()
    interceptor.level = HttpLoggingInterceptor.Level.BODY
    return interceptor
}

internal class AuthInterceptor(private val token: String) : Interceptor {

    @Throws(IOException::class)
    override fun intercept(chain: Interceptor.Chain): Response {
        val original = chain.request()

        val b = original.newBuilder()
                .addHeader("Authorization", "token " + token)

        val request = b.build()
        return chain.proceed(request)
    }
}
```

다음은 범위 지정 함수를 사용하여 함수 내부의 변수 선언을 제거한 후, 단일 표현식 형태로 함수를 표현한 모습입니다.

코드 12-20 GithubApiProvider.kt

```kotlin
private fun provideOkHttpClient(
        interceptor: HttpLoggingInterceptor,
        authInterceptor: AuthInterceptor?): OkHttpClient
        = OkHttpClient.Builder()
        // run() 함수로 OkHttpClient.Builder 변수 선언을 제거합니다.
        .run {
            if (null != authInterceptor) {
                addInterceptor(authInterceptor)
```

다음 쪽에 계속 ▶

```
        }
        addInterceptor(interceptor)
        build()
    }

private fun provideLoggingInterceptor(): HttpLoggingInterceptor
        // apply() 함수로 인스턴스 생성과 프로퍼티 값 변경을 동시에 수행합니다.
        = HttpLoggingInterceptor().apply { level = HttpLoggingInterceptor.Level.BODY }

internal class AuthInterceptor(private val token: String) : Interceptor {

    @Throws(IOException::class)
    override fun intercept(chain: Interceptor.Chain)
            // with() 함수와 run() 함수로 추가 변수 선언을 제거합니다.
            : Response = with(chain) {
        val newRequest = request().newBuilder().run {
            addHeader("Authorization", "token " + token)
            build()
        }
        proceed(newRequest)
    }
}
```

SignInActivity 다듬기

SignInActivity에서는 인증이 완료된 사용자의 액세스 토큰을 얻기 위해 AuthApi를 사용하며, AuthApi의 인스턴스를 얻기 위해 다음과 같이 GithubApiProvider 클래스에 있는 함수를 사용했습니다.

코드 12-21 SignInActivity.kt

```
class SignInActivity : AppCompatActivity() {

    internal lateinit var api: AuthApi

    ...

    override fun onCreate(savedInstanceState: Bundle?) {
        ...

        // GithubApiProvider에 정의된 함수를 사용합니다.
        api = GithubApiProvider.provideAuthApi()

        ...
    }
}
```

하지만 앞에서 GithubApiProvider 클래스에 있는 함수들을 모두 패키지 단위 함수로 변경했으므로, GithubApiProvider를 제거하고 import 문에 provideAuthApi 패키지 단위를 추가하여 사용해야 합니다.

코드 12-22 SignInActivity.kt

```kotlin
// 패키지 단위 함수를 import 문에 추가합니다.
import com.androidhuman.example.simplegithub.api.provideAuthApi
...

class SignInActivity : AppCompatActivity() {

    internal lateinit var api : AuthApi

    ...

    override fun onCreate(savedInstanceState: Bundle?) {
        ...

        // 패키지 단위 함수를 호출합니다.
        api = provideAuthApi()

        ...
    }
}
```

다음으로, lateinit을 제거해 보겠습니다. lateinit은 초기화가 나중에 수행되는 프로퍼티에 사용하는 키워드지만, 프로퍼티를 사용하기 전에 초기화를 수행하지 않더라도 컴파일 시점에서 에러가 발생하지 않습니다. 따라서 널 안전성을 추구하는 코틀린의 장점을 누리지 못하게 되므로 꼭 필요한 경우에만 사용해야 합니다.

먼저, SignInActivity의 프로퍼티 중 api와 authTokenProvider를 살펴봅시다. 이 프로퍼티는 다음과 같이 onCreate() 콜백 함수가 호출되는 시점에 초기화를 수행합니다.

코드 12-23 SignInActivity.kt

```kotlin
class SignInActivity : AppCompatActivity() {

    internal lateinit var api: AuthApi

    internal lateinit var authTokenProvider: AuthTokenProvider

    override fun onCreate(savedInstanceState: Bundle?) {
        ...

        api = GithubApiProvider.provideAuthApi()
        authTokenProvider = AuthTokenProvider(this)

        ...
    }
}
```

액티비티 내에서 이 프로퍼티를 사용하기 전에 초기화가 수행될 수 있도록 onCreate()

에서 이들을 미리 초기화해 주고 있는데, 이렇게 특정 프로퍼티를 사용하는 시점 전에 초기화를 수행해야 하는 경우에는 Lazy 프로퍼티를 사용할 수 있습니다.

> ✅ Lazy 프로퍼티는 해당 프로퍼티를 최초로 사용하는 시점에 초기화를 수행하며, 초기화가 수행된 이후에는 별도의 초기화 과정 없이 기존에 생성된 객체를 사용합니다. 즉, 싱글톤 클래스의 구현을 프로퍼티에 적용한 형태라고 볼 수 있습니다.
>
> 이러한 특성으로 인해, Lazy 프로퍼티는 인스턴스가 한번 할당되면 새로운 인스턴스로 교체가 불가능한 값(val)에만 사용할 수 있습니다.
>
> Lazy 프로퍼티에 대한 더 자세한 내용은 다음 항목을 참고하세요.
>
> · *https://kotlinlang.org/docs/reference/delegated-properties.html#lazy*

api와 authTokenProvider에 Lazy 프로퍼티를 적용한 모습은 다음과 같습니다. 더 이상 onCreate() 함수에서 초기화를 수행할 필요 없이 프로퍼티 선언부에 초기화 코드를 바로 넣을 수 있습니다.

코드 12-24 SignInActivity.kt

```kotlin
class SignInActivity : AppCompatActivity() {

    // Lazy 프로퍼티를 사용하기 위해 변수(var)에서 값(val)로 바꾼 후 사용합니다.
    internal val api : AuthApi by lazy { provideAuthApi() }

    internal val authTokenProvider
        : AuthTokenProvider by lazy { AuthTokenProvider(this) }

    ...
}
```

이때, 프로퍼티 선언과 동시에 이에 들어갈 값을 넣어주므로, 타입 추론 기능을 사용할 수 있습니다. 따라서 다음과 같이 프로퍼티 타입을 생략하여 더욱 간편하게 표기할 수 있습니다.

코드 12-25 SignInActivity.kt

```kotlin
class SignInActivity : AppCompatActivity() {

    // 타입 선언을 생략합니다.
    internal val api by lazy { provideAuthApi() }

    internal val authTokenProvider by lazy { AuthTokenProvider(this) }

    ...
}
```

다음으로 accessTokenCall 프로퍼티를 살펴보겠습니다. 이 프로퍼티는 API를 호출할 때 반환되는 객체를 저장하기에, getAccessToken() 함수가 호출되기 전까지는 아무런 값도 할당되어 있지 않습니다.

코드 12-26 SignInActivity.kt

```
class SignInActivity : AppCompatActivity() {

    ...

    internal lateinit var accessTokenCall: Call<GithubAccessToken>

    ...

    private fun getAccessToken(code: String) {
        ...

        // 이 줄이 실행될 때 accessTokenCall에 반환값이 저장됩니다.
        accessTokenCall = api.getAccessToken(
                BuildConfig.GITHUB_CLIENT_ID,
                BuildConfig.GITHUB_CLIENT_SECRET, code)
        ...
    }
}
```

그런데 만약 accessTokenCall에 객체가 할당된 여부에 따라 작업을 수행해야 한다면 무슨 문제가 발생할까요? lateinit은 프로퍼티의 초기화를 객체 생성 시점에 해주지 못하는 경우에만 '피치 못하게' 사용하는 키워드이므로, 코틀린에서 lateinit으로 선언된 프로퍼티는 항상 널이 아닌 프로퍼티로 간주합니다. 즉, 개발자가 실수로 이 프로퍼티를 사용하기 전에 초기화를 수행하지 않았을 때 컴파일 수준에서 이를 확인할 방법이 없습니다.

따라서 이런 특성을 갖는 프로퍼티는 lateinit보다는 명시적으로 널 값을 허용하도록 선언해 주는 것이 더 안전합니다. 이렇게 하면 컴파일 단계에서 프로퍼티의 널 여부를 명시적으로 확인할 수 있게 되므로, 널 여부에 따라 추가 작업을 수행하기에도 더욱 용이해집니다. 다음은 accessTokenCall 프로퍼티에서 lateinit을 제거하고 널 값을 허용하도록 바꿔주고, 널 여부에 따라 수행할 코드를 추가한 모습입니다.

코드 12-27 SignInActivity.kt

```
class SignInActivity : AppCompatActivity() {

    ...

    // 널 값을 허용하도록 한 후, 초깃값을 명시적으로 null로 지정합니다.
    internal var accessTokenCall: Call<GithubAccessToken>? = null
```

다음 쪽에 계속 ▶

```
    ...

    override fun onStop() {
        super.onStop()
        // 액티비티가 화면에서 사라지는 시점에 API 호출 객체가 생성되어 있다면
        // API 요청을 취소합니다.
        accessTokenCall?.run { cancel() }
    }

    private fun getAccessToken(code: String) {
        showProgress()

        accessTokenCall = api.getAccessToken(
                BuildConfig.GITHUB_CLIENT_ID,
                BuildConfig.GITHUB_CLIENT_SECRET, code)

        // 앞에서 API 호출에 필요한 객체를 받았으므로,
        // 이 시점에서 accessTokenCall 객체의 값은 널이 아닙니다.
        // 따라서 비 널 값 보증(!!)을 사용하여 이 객체를 사용합니다.
        accessTokenCall!!.enqueue(...)
    }
}
```

SearchActivity 다듬기

SignInActivity와 마찬가지로, SearchActivity에서도 lateinit으로 선언된 프로퍼티 중 일부를 Lazy 프로퍼티와 널을 허용하는 타입으로 전환합니다. 다음은 이를 적용한 코드의 일부입니다.

코드 12-28 SearchActivity.kt
```
class SearchActivity : AppCompatActivity(), SearchAdapter.ItemClickListener {

    ...

    // Lazy 프로퍼티로 전환합니다.
    internal val adapter by lazy {
        // apply() 함수를 사용하여 객체 생성과 함수 호출을 한번에 수행합니다.
        SearchAdapter().apply { setItemClickListener(this@SearchActivity) }
    }

    internal val api by lazy { provideGithubApi(this) }

    // 널 값을 허용하도록 한 후, 초깃값을 명시적으로 null로 지정합니다.
    internal var searchCall: Call<RepoSearchResponse>? = null

    ...

    override fun onStop() {
        super.onStop()
        // 액티비티가 화면에서 사라지는 시점에 API 호출 객체가 생성되어 있다면
        // API 요청을 취소합니다.
        searchCall?.run { cancel() }
```

다음 쪽에 계속 ▶

```kotlin
    }

    ...

    private fun searchRepository(query: String) {
        ...
        // 앞에서 API 호출에 필요한 객체를 받았으므로,
        // 이 시점에서 searchCall 객체의 값은 널이 아닙니다.
        // 따라서 비 널 값 보증(!!)을 사용하여 이 객체를 사용합니다.
        searchCall = api.searchRepository(query)
        searchCall!!.enqueue(...)
    }

    ...
}
```

SearchActivity 내에는 하나의 객체에 있는 함수를 여러 번 호출하거나, 인스턴스를 얻기 위해 임시로 변수를 선언하는 부분이 있습니다. 다음은 이러한 코드의 일부입니다.

코드 12-29 SearchActivity.kt

```kotlin
class SearchActivity : AppCompatActivity(), SearchAdapter.ItemClickListener {

    ...

    override fun onCreate(savedInstanceState: Bundle?) {
        ...

        // rvActivitySearchList 객체에 연속으로 접근하고 있습니다.
        rvActivitySearchList.layoutManager = LinearLayoutManager(this)
        rvActivitySearchList.adapter = adapter

        ...
    }

    ...

    private fun updateTitle(query: String) {
        // getSupportActionBar() 함수를 한 번만 호출하기 위해
        // 함수로부터 받은 값을 임시 변수에 저장합니다.
        val ab = supportActionBar
        if (null != ab) {
            ab.subtitle = query
        }
    }

    ...
}
```

범위 지정 함수를 사용하면 이러한 코드들을 훨씬 간결하게 표현할 수 있습니다. 다음은 SearchActivity에 범위 지정 함수를 사용하여 간결하게 표현한 부분의 코드입니다.

코드 12-30 SearchActivity.kt

```kotlin
class SearchActivity : AppCompatActivity(), SearchAdapter.ItemClickListener {

    ...

    override fun onCreate(savedInstanceState: Bundle?) {
        ...

        // with() 함수를 사용하여 rvActivitySearchList 범위 내에서 작업을 수행합니다.
        with(rvActivitySearchList) {
            layoutManager = LinearLayoutManager(this@SearchActivity)
            adapter = this@SearchActivity.adapter
        }
    }

    override fun onCreateOptionsMenu(menu: Menu): Boolean {
        ...

        // apply() 함수를 사용하여 객체 생성과 리스너 지정을 동시에 수행합니다.
        searchView = (menuSearch.actionView as SearchView).apply {
            setOnQueryTextListener(object : SearchView.OnQueryTextListener {
                override fun onQueryTextSubmit(query: String): Boolean {
                    updateTitle(query)
                    hideSoftKeyboard()
                    collapseSearchView()
                    searchRepository(query)
                    return true
                }

                override fun onQueryTextChange(newText: String): Boolean {
                    return false
                }
            })
        }

        // with() 함수를 사용하여 menuSearch 범위 내에서 작업을 수행합니다.
        with(menuSearch) {
            setOnActionExpandListener(object : MenuItem.OnActionExpandListener {
                override fun onMenuItemActionExpand(menuItem: MenuItem): Boolean {
                    return true
                }

                override fun onMenuItemActionCollapse(menuItem: MenuItem): Boolean {
                    if ("" == searchView.query) {
                        finish()
                    }
                    return true
                }
            })

            expandActionView()
        }

        return true
    }
```

다음 쪽에 계속 ▶

```
...

override fun onItemClick(repository: GithubRepo) {
    // apply() 함수를 사용하여 객체 생성과 extra를 추가하는 작업을 동시에 수행합니다.
    val intent = Intent(this, RepositoryActivity::class.java).apply {
        putExtra(RepositoryActivity.KEY_USER_LOGIN, repository.owner.login)
        putExtra(RepositoryActivity.KEY_REPO_NAME, repository.name)
    }
    startActivity(intent)
}

private fun searchRepository(query: String) {
    ...

    searchCall!!.enqueue(object : Callback<RepoSearchResponse> {
        override fun onResponse(call: Call<RepoSearchResponse>,
                response: Response<RepoSearchResponse>) {
            ...

            if (response.isSuccessful && null != searchResult) {
                // with() 함수를 사용하여 adapter 범위 내에서 작업을 수행합니다.
                with (adapter) {
                    setItems(searchResult.items)
                    notifyDataSetChanged()
                }
                ...
            } else {
                ...
            }
        }

        override fun onFailure(call: Call<RepoSearchResponse>, t: Throwable) {
            ...
        }
    })
}

...

private fun updateTitle(query: String) {
    // 별도의 변수 선언 없이,
    // getSupportActionBar()의 반환값이 널이 아닌 경우에만 작업을 수행합니다.
    supportActionBar?.run { subtitle = query }
}

private fun hideSoftKeyboard() {
    // 별도의 변수 선언 없이 획득한 인스턴스의 범위 내에서 작업을 수행합니다.
    (getSystemService(INPUT_METHOD_SERVICE) as InputMethodManager).run {
        hideSoftInputFromWindow(searchView.windowToken, 0)
    }
}

...

private fun clearResults() {
    // with() 함수를 사용하여 adapter 범위 내에서 작업을 수행합니다.
```

다음 쪽에 계속 ▶

```
            with(adapter) {
                clearItems()
                notifyDataSetChanged()
            }
        }

        ...

        private fun showError(message: String?) {
            // with() 함수를 사용하여 tvActivitySearchMessage 범위 내에서 작업을 수행합니다.
            with(tvActivitySearchMessage) {
                text = message ?: "Unexpected error."
                visibility = View.VISIBLE
            }
        }

        private fun hideError() {
            // with() 함수를 사용하여 tvActivitySearchMessage 범위 내에서 작업을 수행합니다.
            with(tvActivitySearchMessage) {
                text = ""
                visibility = View.GONE
            }
        }
    }
```

SearchAdapter 다듬기

SearchAdapter의 일부 함수는 함수 본체에 값을 반환하는 코드만 포함되어 있으므로
단일 표현식으로 표현할 수 있습니다.

코드 12-31 SearchAdapter.kt

```
class SearchAdapter : RecyclerView.Adapter<SearchAdapter.RepositoryHolder>() {

    private var items: MutableList<GithubRepo> = ArrayList()

    ...

    // 항상 RepositoryHolder 객체만 반환하므로 단일 표현식으로 표현할 수 있습니다.
    override fun onCreateViewHolder(parent: ViewGroup, viewType: Int)
            = RepositoryHolder(parent)

    // 항상 리스트 크기만을 반환하므로 이 함수 또한 단일 표현식으로 표현할 수 있습니다.
    override fun getItemCount() = items.size

    ...
}
```

어댑터에서 표시할 항목을 담은 items 프로퍼티는 빈 리스트로 초기화를 수행하며,
자바-코틀린 컨버터는 이를 다음과 같이 빈 ArrayList를 할당하도록 변환했습니다.

코드 12-32 SearchAdapter.kt

```kotlin
// 자바 패키지의 ArrayList를 사용합니다.
import java.util.ArrayList
...

class SearchAdapter : RecyclerView.Adapter<SearchAdapter.RepositoryHolder>() {

    // 초깃값을 빈 ArrayList로 할당합니다.
    private var items: MutableList<GithubRepo> = ArrayList()

    ...
}
```

앞의 코드와 같이 ArrayList를 사용하여 MutableList를 초기화하는 것이 문법상으로는 크게 문제가 되지 않습니다. 하지만 코드의 의도를 명확히 하려면 mutableListOf() 함수를 사용하여 MutableList를 초기화 하는 것이 더 좋습니다.

코드 12-33 SearchAdapter.kt

```kotlin
class SearchAdapter : RecyclerView.Adapter<SearchAdapter.RepositoryHolder>() {

    // 빈 MutableList를 할당합니다.
    private var items: MutableList<GithubRepo> = mutableListOf()

    ...
}
```

마지막으로, onBindView() 함수를 다듬을 차례입니다. 이 함수에서는 다음과 같이 뷰에 표시할 데이터를 참조하기 위해 값 repo를 선언하고 있습니다.

코드 12-34 SearchAdapter.kt

```kotlin
class SearchAdapter : RecyclerView.Adapter<SearchAdapter.RepositoryHolder>() {

    ...

    override fun onBindViewHolder(holder: RepositoryHolder, position: Int) {
        // 뷰에 표시할 데이터를 받아옵니다.
        val repo = items[position]

        with(holder.itemView) {
            GlideApp.with(context)
                    .load(repo.owner.avatarUrl)
                    .placeholder(placeholder)
                    .into(ivItemRepositoryProfile)

            tvItemRepositoryName.text = repo.fullName
            tvItemRepositoryLanguage.text = if (TextUtils.isEmpty(repo.language))
                context.getText(R.string.no_language_specified)
            else
                repo.language
```

다음 쪽에 계속 ▶

```
            setOnClickListener {
                if (null != listener) {
                    listener!!.onItemClick(repo)
                }
            }
        }
    }

    ...
}
```

이는 뷰에 데이터를 반영하기 위해 사용될 뿐, 다른 곳에서는 사용하지 않습니다. 따라서 다음과 같이 let() 함수를 사용하면 값이 사용되는 범위를 명시적으로 한정하여 사용할 수 있습니다.

코드 12-35 SearchAdapter.kt

```
class SearchAdapter : RecyclerView.Adapter<SearchAdapter.RepositoryHolder>() {

    ...

    override fun onBindViewHolder(holder: RepositoryHolder, position: Int) {

        // let() 함수를 사용하여 값이 사용되는 범위를 한정합니다.
        items[position].let { repo ->
            with(holder.itemView) {
                GlideApp.with(context)
                        .load(repo.owner.avatarUrl)
                        .placeholder(placeholder)
                        .into(ivItemRepositoryProfile)

                tvItemRepositoryName.text = repo.fullName
                tvItemRepositoryLanguage.text = if (TextUtils.isEmpty(repo.language))
                    context.getText(R.string.no_language_specified)
                else
                    repo.language

                setOnClickListener { listener?.onItemClick(repo) }
            }
        }
    }
    ...
}
```

RepositoryActivity 다듬기

RepositoryActivity에서 lateinit으로 선언된 api 프로퍼티는 Lazy 프로퍼티로 전환할 수 있으며, API 호출 결과를 담는 repoCall 프로퍼티는 명시적으로 널을 허용하도록 바꿀 수 있습니다. 다음은 이를 적용한 결과입니다.

코드 12-36 RepositoryActivity.kt

```kotlin
class RepositoryActivity : AppCompatActivity() {

    // Lazy 프로퍼티로 전환합니다.
    internal val api by lazy { provideGithubApi(this) }

    // 널 값을 허용하도록 한 후, 초깃값을 명시적으로 null로 지정합니다.
    internal var repoCall: Call<GithubRepo>? = null

    ...

    override fun onStop() {
        super.onStop()
        // 액티비티가 화면에서 사라지는 시점에 API 호출 객체가 생성되어 있다면
        // API 요청을 취소합니다.
        repoCall?.run { cancel() }
    }

    private fun showRepositoryInfo(login: String, repoName: String) {
        ...

        // 앞에서 API 호출에 필요한 객체를 받았으므로,
        // 이 시점에서 repoCall 객체의 값은 널이 아닙니다.
        // 따라서 비 널 값 보증(!!)을 사용하여 이 객체를 사용합니다.
        repoCall = api.getRepository(login, repoName)
        repoCall!!.enqueue(...)
    }

    ...
}
```

dateFormatResponse와 dateFormatToShow 프로퍼티는 객체를 한번 생성하고 나면 이후에 변경할 일이 없습니다. 따라서 두 프로퍼티의 타입을 변수(var)가 아닌 값(val)으로 바꿔줍니다.

코드 12-37 RepositoryActivity.kt

```kotlin
class RepositoryActivity : AppCompatActivity() {

    ...

    internal val dateFormatInResponse = SimpleDateFormat(
            "yyyy-MM-dd'T'HH:mm:ssX", Locale.getDefault())

    internal val dateFormatToShow = SimpleDateFormat(
            "yyyy-MM-dd HH:mm:ss", Locale.getDefault())

    ...
}
```

액티비티 호출 시 필요한 데이터를 전달할 때 사용하는 키 값들을 정의한 동반 객체

내 프로퍼티는 클래스 내 가장 위로 위치를 옮겨주고, 각 프로퍼티에 const 키워드를
추가합니다.

코드 12-38 RepositoryActivity.kt

```kotlin
class RepositoryActivity : AppCompatActivity() {

    // 클래스 내 동반 객체의 정의부를 가장 위로 옮겨줍니다.
    companion object {

        // const 키워드를 추가합니다.
        const val KEY_USER_LOGIN = "user_login"

        // const 키워드를 추가합니다.
        const val KEY_REPO_NAME = "repo_name"
    }
    ...
}
```

마지막으로, with() 함수를 사용하여 에러 메시지를 표시하는 뷰 객체에 연속으로 접
근하는 코드를 간략하게 표현합니다.

코드 12-39 RepositoryActivity.kt

```kotlin
class RepositoryActivity : AppCompatActivity() {

    ...

    private fun showError(message: String?) {
        // with() 함수를 사용하여
        // tvActivityRepositoryMessage 범위 내에서 작업을 수행합니다.
        with(tvActivityRepositoryMessage) {
            text = message ?: "Unexpected error."
            visibility = View.VISIBLE
        }
    }
}
```

12.4 Anko Commons 적용하기

이 절에서는 Anko Commons 라이브러리를 사용하여 안드로이드에서 자주 사용하
는 코드를 간편하게 사용하는 방법을 알아봅니다.

프로젝트에서 Anko Commons 라이브러리를 사용하려면 의존성에 이 라이브러
리를 추가해야 합니다. 먼저 프로젝트 루트 폴더의 dependencies.gradle 파일을 열
어 프로젝트에서 사용할 Anko 라이브러리의 버전을 추가합니다.

코드 12-40 dependencies.gradle

```
ext {
    ...

    // Library

    // 프로젝트에서 사용할 Anko 라이브러리의 버전을 추가합니다.
    ankoVersion = '0.10.2'
    ...
}
```

다음으로 애플리케이션 모듈의 빌드스크립트인 simple-github/build.gradle 파일을 열어 다음과 같이 의존성을 추가합니다.

코드 12-41 simple-github/build.gradle

```
...

android {
    ...
}

dependencies {
    ...

    // Anko Commons 라이브러리를 의존성에 추가합니다.
    implementation "org.jetbrains.anko:anko-commons:$ankoVersion"

    ...
}
```

SignInActivity에 적용하기

SignInActivity의 showError() 함수는 다음과 같이 토스트로 에러 메시지를 표시합니다.

코드 12-42 SignInActivity.kt

```
private fun showError(throwable: Throwable) {
    Toast.makeText(this, throwable.message, Toast.LENGTH_LONG).show()
}
```

Anko에서 제공하는 longToast() 함수를 사용하면 이를 다음과 같이 간략하게 표시할 수 있습니다. 이때, longToast() 함수는 인자로 널 값을 허용하지 않으므로 throwable.message의 값이 널인 경우 대체하여 표시할 문자열을 지정해 줍니다.

코드 12-43 SignInActivity.kt

```
// longToast 함수를 import 문에 추가합니다.
```

다음 쪽에 계속 ▶

```
import org.jetbrains.anko.longToast
...

private fun showError(throwable: Throwable) {
    // 긴 시간 동안 표시되는 토스트 메시지를 출력합니다.
    longToast(throwable.message ?: "No message available")
}
```

launchMainActivity() 함수는 다음과 같이 몇몇 플래그와 함께 MainActivity 액티비티를 호출합니다.

코드 12-44 SignInActivity.kt

```
private fun launchMainActivity() {
    startActivity(Intent(
            this@SignInActivity, MainActivity::class.java)
            .addFlags(Intent.FLAG_ACTIVITY_CLEAR_TASK)
            .addFlags(Intent.FLAG_ACTIVITY_NEW_TASK))
}
```

intentFor() 함수를 사용하면 앞에서 MainActivity 호출하기 위해 생성한 인텐트 객체를 다음과 같이 더 간략하게 표현할 수 있습니다.

코드 12-45 SignInActivity.kt

```
// 사용하는 함수를 import 문에 추가합니다.
import org.jetbrains.anko.clearTask
import org.jetbrains.anko.intentFor
import org.jetbrains.anko.longToast
...

private fun launchMainActivity() {
    startActivity(intentFor<MainActivity>().clearTask().newTask())
}
```

MainActivity에 적용하기

MainActivity에는 다음과 같이 SearchActivity 액티비티를 호출하는 코드가 있습니다.

코드 12-46 MainActivity.kt

```
class MainActivity : AppCompatActivity() {

    override fun onCreate(savedInstanceState: Bundle?) {
        super.onCreate(savedInstanceState)
        setContentView(R.layout.activity_main)

        btnActivityMainSearch.setOnClickListener {
            startActivity(Intent(this@MainActivity, SearchActivity::class.java))
        }
    }
}
```

단순히 호출할 액티비티만을 명시하는 코드는 다음과 같이 간략하게 표현할 수 있습니다.

코드 12-47 MainActivity.kt

```kotlin
// import 문에 startActivity 함수를 추가합니다.
import org.jetbrains.anko.startActivity
...

class MainActivity : AppCompatActivity() {

    override fun onCreate(savedInstanceState: Bundle?) {
        super.onCreate(savedInstanceState)
        setContentView(R.layout.activity_main)

        btnActivityMainSearch.setOnClickListener {
            // 호출할 액티비티만 명시합니다.
            startActivity<SearchActivity>()
        }
    }
}
```

SearchActivity에 적용하기

SearchActivity에서는 다음과 같이 선택한 항목의 소유자 정보와 저장소 이름을 RepositoryActivity를 호출하는 인텐트의 부가 정보로 전달합니다.

코드 12-48 SearchActivity.kt

```kotlin
class SearchActivity : AppCompatActivity(), SearchAdapter.ItemClickListener {

    ...

    override fun onItemClick(repository: GithubRepo) {
        val intent = Intent(this, RepositoryActivity::class.java).apply {

            // 인텐트 부가 정보에 저장소 소유자 정보와 저장소 이름을 추가합니다.
            putExtra(KEY_USER_LOGIN, repository.owner.login)
            putExtra(KEY_REPO_NAME, repository.name)
        }
        startActivity(intent)
    }
}
```

이와 같이 액티비티를 호출할 때 부가정보를 전달해야 하는 경우, Anko에서 제공하는 startActivity를 사용하면 부가 정보로 전달할 인자를 이 함수의 인자로 바로 전달할 수 있어 매우 편리합니다. 이를 적용한 모습은 다음과 같습니다.

코드 12-49 SearchActivity.kt

```
// import 문에 startActivity 함수를 추가합니다.
import org.jetbrains.anko.startActivity
...

class SearchActivity : AppCompatActivity(), SearchAdapter.ItemClickListener {

    ...

    override fun onItemClick(repository: GithubRepo) {

        // 부가정보로 전달할 항목을 함수의 인자로 바로 넣어줍니다.
        startActivity<RepositoryActivity>(
                RepositoryActivity.KEY_USER_LOGIN to repository.owner.login,
                RepositoryActivity.KEY_REPO_NAME to repository.name)
    }
}
```

K u n n y ' s   K o t l i n

프로젝트 개선 1단계: RxJava 적용하기

이 장에서는 예제 애플리케이션에 RxJava를 적용하여 비동기 작업이나 UI 이벤트를 효율적으로 처리하는 방법을 알아봅니다.

13.1 RxJava 알아보기

안드로이드 애플리케이션을 작성하면서, 비동기 작업이나 UI 이벤트를 처리하는 작업을 구현하는 데 사용할 수 있는 라이브러리는 매우 많이 있습니다. 안드로이드 개발자들은 그 많은 라이브러리 중에서 특히 RxJava를 주목하고 있습니다. 그 이유는 무엇일까요?

이 절에서는 RxJava의 특징 및 장점, 주요 구성 요소와 간단한 사용 방법을 알아봅니다. RxJava를 처음 접하는 분이라도 이 절에 소개되는 내용을 통해 RxJava에 대한 기초 개념을 알게 된다면, 뒤에 이어지는 RxJava를 적용한 예제 애플리케이션 코드를 이해하는 데 많은 도움이 될 것입니다.

RxJava 소개

RxJava를 알아보려면, 먼저 'Reactive Extensions'에 대해 알고 있어야 합니다. Reactive Extensions은 ReactiveX라고도 부르며, 이벤트 기반 비동기 프로그래밍을 위한 라이브러리입니다.

Reactive Extensions은 콜백 방식(매 이벤트마다 그에 대응하는 동작을 정의하는 기존의 이벤트 처리 방식)과 달리 발생하는 이벤트를 이벤트 스트림에 전달하고, 이벤트 스트림을 관찰하다가 원하는 이벤트를 감지하면 이에 따른 동작을 수행하는 방식을 사용합니다.

RxJava는 'Reactive Extensions' 라이브러리의 JVM 구현체로, Reactive Extensions 라이브러리에서 제공하는 기능들을 안드로이드를 포함한 모든 자바 기반 플랫폼에서 사용할 수 있도록 합니다.

다른 자바 기반 플랫폼에서도 사용할 수 있는 RxJava가 왜 안드로이드 앱 개발자에게 특히 사랑 받을까요? 여러 이유가 있겠지만 대표적으로 두 가지 정도를 꼽아 볼 수 있습니다.

첫째, 비동기 이벤트를 매우 쉽게 처리할 수 있습니다. 안드로이드에서 RxJava를 사용하지 않고 비동기 작업을 처리하려면 대부분의 경우 AsyncTask를 사용해야 합니다. 하지만 작성해야 하는 코드의 양이 적지 않은데다 연속되는 비동기 작업을 처리하기도 쉽지 않습니다. RxJava를 사용하면 비동기 작업을 수행하는 코드를 단 몇 줄로 작성할 수 있을 뿐 아니라, 각 작업들을 서로 간편하게 연결할 수 있어 연속되는 비동기 작업도 쉽게 구현할 수 있습니다.

둘째, 이벤트나 데이터를 쉽게 가공 및 분배할 수 있습니다. RxJava를 사용하지 않는다면 어떠한 이벤트가 발생했을 때, 이벤트를 무시하거나 다른 형태로 변환하려면 경우에 따라 복잡한 형태의 if-else 문을 사용해야 합니다. 하지만 RxJava를 사용하면 스트림을 통해 이벤트가 전달되므로, 원본 이벤트 스트림에서 특정 이벤트만 받는 스트림을 새로 만드는 방식으로 다양한 조건에 대응하는 동작을 간편하게 구현할 수 있습니다.

 Reactive Extensions 혹은 RxJava에 대한 추가 정보를 얻고 싶으신 분들께서는 아래 링크를 참조하세요.

· Reactive Extensions: *http://reactivex.io/*
· RxJava: *https://github.com/ReactiveX/RxJava*

RxJava에는 1.x 버전과 2.x 버전이 있습니다. 1.x 버전은 RxJava가 처음 탄생했을 때부터 지속되어 왔고, 2.x 버전은 1.x 버전의 설계상 문제를 개선한 것입니다. 1.x 버전은 2017년 6월 1일을 기준으로 새로운 기능이 추가되지 않고 버그만 수정되며, 2018년 3월 31일을 끝으로 개발이 중단되니 RxJava를 처음 접하시는 분들은 2.x 버전으로 학습을 시작하셔야 합니다. 이 책에서 다루는 예제도 2.x 버전을 사용합니다.

RxJava의 개념 및 특징에 대해 간략히 살펴보았으니, 이번에는 RxJava의 핵심 구성요소를 알아보겠습니다.

옵서버블과 옵서버

옵서버블(Observable)은 이벤트를 만들어내는(emit) 주체로, 이벤트 스트림을 통해 만든 이벤트를 내보냅니다. 옵서버블은 한 개부터 여러 개까지 다양한 수의 이벤트를 만들어낼 수 있으며, 단 하나의 이벤트도 만들어내지 않는 경우도 있습니다. 또한, 옵서버블이 만드는 스트림은 특정 조건을 만족하면 종료되어 더 이상 이벤트를 만들어내지 않을 수도 있지만, 종료되지 않은 상태로 유지되면서 계속 이벤트를 만들어낼 수도 있습니다.

옵서버(Observer)는 옵서버블에서 만들어진 이벤트에 반응(react)하며, 이벤트를 받았을 때 수행할 작업을 정의합니다. 이때, 옵서버가 옵서버블에서 만들어진 이벤트에 반응하려면 옵서버블에서 발생하는 이벤트를 옵서버가 관찰해야 하는데, 이를 '옵서버가 옵서버블을 구독(subscribe)한다'라고 표현합니다.

그림 13-1은 옵서버블과 옵서버의 관계를 나타내며, 클릭 이벤트를 만드는 옵서버블과 이를 구독하는 옵서버를 확인할 수 있습니다. 그림에서 확인할 수 있듯이, 옵서버가 옵서버블을 구독한 이후부터 옵서버에서 이벤트를 받을 수 있습니다.

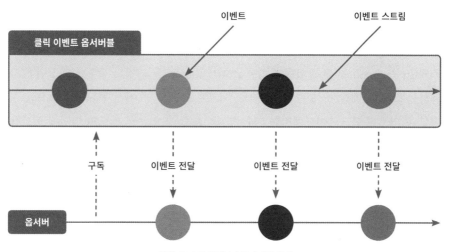

그림 13-1 옵서버블과 옵서버의 관계

연산자

연산자(Operators)는 이벤트 스트림을 통해 전달되는 이벤트를 변환합니다. 단순히 이벤트가 갖고 있는 값을 다른 형태로 바꿔주는 것뿐 아니라 특정 조건을 만족하는 이벤트만 이벤트 스트림에 흘려 보내거나 이벤트의 개수를 바꿔주는 등 다양한 작업을 수행할 수 있습니다.

연산자는 중첩하여 사용할 수 있으며, 적용한 순서대로 연산자의 효과가 각 이벤트에 반영됩니다. 다음은 이벤트 스트림에 filter 연산자를 적용하여 2의 배수인 이벤트만 통과시키는 예입니다.

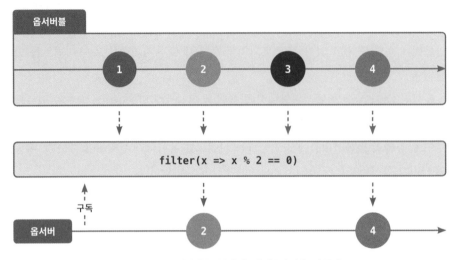

그림 13-2 filter 연산자를 적용하여 2의 배수인 이벤트만 통과

스케줄러

스케줄러(Scheduler)는 작업을 수행할 스레드(thread)를 지정합니다. I/O 작업에 사용하는 스레드, 계산에 사용하는 스레드, 새로운 스레드 등 여러 종류의 스레드를 지정할 수 있으며 안드로이드에서는 UI를 업데이트할 수 있는 스레드인 메인 스레드를 사용할 수 있습니다.

스케줄러는 observeOn() 메서드를 사용하여 지정하며, 이 메서드를 호출한 직후에 오는 연산자나 옵서버에서 수행되는 작업이 앞의 observeOn() 메서드에서 지정한 스레드에서 실행됩니다. observeOn() 메서드를 사용하여 스케줄러를 사용하는 예는 뒤의 예제 프로젝트에 RxJava를 적용하는 부분에서 다룹니다.

> ✅ 안드로이드 메인 스레드에서 작업을 수행하기 위해 사용하는 스케줄러는 RxJava가 아닌 RxAndroid에 포함되어 있습니다. 따라서 안드로이드 애플리케이션에서 RxJava를 사용하는 경우 RxAndroid도 함께 의존성에 추가해야 합니다.
>
> RxAndroid에 대한 자세한 정보는 RxAndroid 공식 홈페이지(*https://github.com/ReactiveX/RxAndroid*)에서 확인할 수 있습니다.

디스포저블

디스포저블(Disposable)은 옵서버가 옵서버블을 구독할 때 생성되는 객체로, 옵서버블에서 만드는 이벤트 스트림과 이에 필요한 리소스를 관리합니다.

옵서버블로부터 더 이상 이벤트를 받지 않으려면 디스포저블을 통해 구독 해제 (unsubscribe)를 할 수 있습니다. 옵서버블은 이를 감지하여 자신을 구독하고 있는 옵서버가 더 이상 없는 경우 이벤트를 만들기 위해 유지하고 있던 리소스(예: 뷰에 대한 참조 등)를 해제합니다.

구독 시 생성되는 디스포저블 객체를 하나씩 관리할 수도 있지만, Composite Disposable을 사용하면 여러 개의 디스포저블 객체를 하나의 객체에서 관리할 수 있습니다. 따라서 생명주기에 따라 리소스를 적절히 관리해야 하는 액티비티나 프래그먼트에서 CompositeDisposable을 자주 사용합니다.

13.2 Retrofit에서 RxJava에 맞게 응답 전달하기

이 절에서는 Retrofit을 통해 받는 HTTP 응답을 옵서버블 형태로 받도록 수정하는 방법을 알아봅니다. 그리고 연산자 오버로딩을 사용하여 옵서버블에 구독할 때 생성되는 디스포저블 객체를 쉽게 관리하는 방법도 추가로 알아봅니다.

이 절에서 다룬 내용들이 모두 반영된 예제 프로젝트의 소스코드는 다음 링크를 통해 확인할 수 있습니다.

- 프로젝트 저장소: *https://github.com/kunny/kunny-kotlin-book/tree/rxjava*
- 프로젝트 압축 파일 다운로드: *https://github.com/kunny/kunny-kotlin-book/archive/ rxjava.zip*

RxJava와 RxAndroid를 의존성에 추가하기

프로젝트에서 사용할 RxJava와 RxAndroid의 버전을 프로젝트 루트 폴더의 dependencies.gradle에 추가합니다. RxAndroid에는 안드로이드 메인 스레드에서 동작하는 스케줄러가 포함되어 있으며, UI를 업데이트하는 코드를 RxJava와 함께 사용하려면 이 스케줄러를 사용해야 합니다. 따라서 RxJava와 RxAndroid를 함께 추가해야 합니다.

코드 13-1 dependencies.gradle

```
ext {
    ...
```

다음 쪽에 계속 ▶

```
    // 프로젝트에서 사용할 RxAndroid, RxJava 버전을 정의합니다.
    rxAndroidVersion = '2.0.1'
    rxJavaVersion = '2.1.3'
    ...
}
```

그 다음, 애플리케이션 빌드스크립트(simple-github/build.gradle)를 열어 다음과 같이 의존성을 추가합니다. 앞에서 새로 정의한 RxAndroid나 RxJava와 함께, Retrofit에서 받은 응답을 옵서버블 형태로 변환해주는 라이브러리인 adapter-rxjava2를 추가합니다.

코드 13-2 simple-github/dependencies.gradle

```
...

android {
    ...
}

dependencies {
    ...

    // Retrofit에서 받은 응답을 옵서버블로 변환해주는 라이브러리를 추가합니다.
    implementation "com.squareup.retrofit2:adapter-rxjava2:$retrofitVersion"
    ...

    // RxAndroid와 RxJava 라이브러리를 추가합니다.
    implementation "io.reactivex.rxjava2:rxandroid:$rxAndroidVersion"
    implementation "io.reactivex.rxjava2:rxjava:$rxJavaVersion"

    ...
}
```

데이터 처리부 수정하기

Retrofit에서 받은 응답을 옵서버블 형태로 반환하도록 하려면 두 가지 작업이 필요합니다. 첫 번째, API가 구현된 인터페이스에서 각 API의 반환 형태를 Observable로 바꿔야 합니다. 다수의 패키지에서 Observable 클래스를 정의하고 있으므로, import문에 io.reactivex.Observable 클래스가 포함되었는지 확인하는 것을 권장합니다.

AuthApi와 GitHubApi에 정의된 API의 반환 타입을 Observable로 바꾼 코드는 다음과 같습니다.

코드 13-3 API를 구현한 인터페이스의 반환 형식을 Observable로 바꾼 모습

```
// AuthApi.kt

// 올바른 패키지를 선택해야 합니다.
```

다음 쪽에 계속 ▶

```
import io.reactivex.Observable
...

interface AuthApi {

    @FormUrlEncoded
    @POST("login/oauth/access_token")
    @Headers("Accept: application/json")
    fun getAccessToken(
        @Field("client_id") clientId: String,
        @Field("client_secret") clientSecret: String,
        @Field("code") code: String): Observable<GithubAccessToken> // 반환 타입 변경
}


// GithubApi.kt

// 올바른 패키지를 선택해야 합니다.
import io.reactivex.Observable
...

interface GithubApi {

    @GET("search/repositories")
    fun searchRepository(@Query("q") query: String)
        : Observable<RepoSearchResponse> // 반환 타입 변경

    @GET("repos/{owner}/{name}")
    fun getRepository(
        @Path("owner") ownerLogin: String,
        @Path("name") repoName: String): Observable<GithubRepo> // 반환 타입 변경
}
```

두 번째, 앞에서 정의한 API를 호출할 수 있는 객체를 만들어주는 GithubApi
Provider를 수정해야 합니다.

Retrofit에서 받은 응답을 옵서버블 형태로 변경해주는 RxJava2CallAdapter
Factory를 API의 콜 어댑터로 추가하며, 비동기 방식으로 API를 호출하도록 RxJava2
CallAdapterFactory.createAsync() 메서드로 콜 어댑터를 생성합니다.

코드 13-4 GithubApiProvider.kt

```
fun provideAuthApi(): AuthApi
        = Retrofit.Builder()
        .baseUrl("https://github.com/")
        .client(provideOkHttpClient(provideLoggingInterceptor(), null))
        // 받은 응답을 옵서버블 형태로 변환해주도록 합니다.
        .addCallAdapterFactory(RxJava2CallAdapterFactory.createAsync())
        .addConverterFactory(GsonConverterFactory.create())
        .build()
        .create(AuthApi::class.java)
```

다음 쪽에 계속 ▶

```
fun provideGithubApi(context: Context): GithubApi
        = Retrofit.Builder()
        .baseUrl("https://api.github.com/")
        .client(provideOkHttpClient(provideLoggingInterceptor(),
                provideAuthInterceptor(provideAuthTokenProvider(context))))
        // 받은 응답을 옵서버블 형태로 변환하며,
        // 비동기 방식으로 API를 호출합니다.
        .addCallAdapterFactory(RxJava2CallAdapterFactory.createAsync())
        .addConverterFactory(GsonConverterFactory.create())
        .build()
        .create(GithubApi::class.java)

...
```

SignInActivity 변경하기

앞에서 옵서버블을 사용하여 API 호출 결과를 받도록 수정했으므로, 기존에 이를 관리하기 위해 사용한 Call 객체는 디스포저블 객체로 대체됩니다. 이때 생성되는 디스포저블 객체를 조금 더 효율적으로 관리하기 위해, 여러 디스포저블 객체를 한번에 관리할 수 있는 CompositeDisposable을 사용합니다.

코드 13-5 SignInActivity.kt

```
class SignInActivity : AppCompatActivity() {

    ...

    // 여러 디스포저블 객체를 관리할 수 있는 CompositeDisposable 객체를 초기화합니다.
    // var accessTokenCall: Call<GithubAccessToken>? = null 대신 사용합니다.
    internal val disposables = CompositeDisposable()

    ...
}
```

onStop() 함수에서는 Call.cancel() 대신 CompositeDisposable.clear() 함수를 호출합니다. CompositeDisposable.clear() 함수를 호출하면 CompositeDisposable 내에서 관리하던 디스포저블 객체들을 모두 해제합니다. 디스포저블이 해제되는 시점에 진행 중인 네트워크 요청이 있었다면 자동으로 취소됩니다.

코드 13-6 SignInActivity.kt

```
override fun onStop() {
    super.onStop()

    // 관리하고 있던 디스포저블 객체를 모두 해제합니다.
    // accessTokenCall?.run { cancel() } 대신 사용합니다.
    disposables.clear()
}
```

getAccessToken() 함수에서는 옵서버블 형태로 반환되는 액세스 토큰을 처리할 수 있도록 코드를 변경합니다. 액세스 토큰을 반환하는 옵서버블에 구독하면 디스포저블 객체가 생성되는데, 이때 생성된 디스포저블 객체는 CompositeDisposable에서 관리하도록 CompositeDisposable.add() 함수를 사용하여 추가하고, 받은 응답에서 액세스 토큰만 뽑아 처리하도록 map() 함수를 사용하여 전달되는 데이터를 변경합니다. 다음은 이를 반영한 코드입니다.

코드 13-7 SignInActivity.kt

```kotlin
private fun getAccessToken(code: String) {

    // REST API를 통해 액세스 토큰을 요청합니다.
    disposables.add(api.getAccessToken(
            BuildConfig.GITHUB_CLIENT_ID, BuildConfig.GITHUB_CLIENT_SECRET,
            code)

            // REST API를 통해 받은 응답에서 액세스 토큰만 추출합니다.
            .map { it.accessToken }

            // 이 이후에 수행되는 코드는 모두 메인 스레드에서 실행합니다.
            // RxAndroid에서 제공하는 스케줄러인
            // AndroidSchedulers.mainThread()를 사용합니다.
            .observeOn(AndroidSchedulers.mainThread())

            // 구독할 때 수행할 작업을 구현합니다.
            .doOnSubscribe { showProgress() }

            // 스트림이 종료될 때 수행할 작업을 구현합니다.
            .doOnTerminate { hideProgress() }

            // 옵서버블을 구독합니다.
            .subscribe({ token ->
                // API를 통해 액세스 토큰을 정상적으로 받았을 때 처리할 작업을 구현합니다.
                // 작업 중 오류가 발생하면 이 블록은 호출되지 않습니다.
                authTokenProvider.updateToken(token)
                launchMainActivity()
            }) {
                // 에러 블록
                // 네트워크 오류나 데이터 처리 오류 등
                // 작업이 정상적으로 완료되지 않았을 때 호출됩니다.
                showError(it)
            })
}
```

그림 13-3은 액세스 토큰을 받아 처리하는 디스포저블 내의 데이터 흐름을 간단히 표현한 마블 다이어그램(marble diagram)입니다.

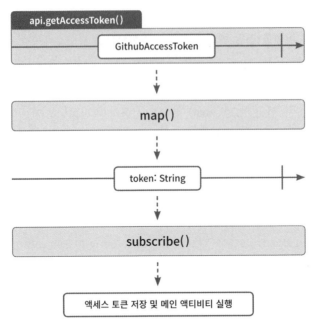

그림 13-3 액세스 토큰 응답이 처리되는 과정

SearchActivity 변경하기

SignInActivity와 마찬가지로, 먼저 Call 객체를 CompositeDisposable 객체로 변경합니다.

코드 13-8 SearchActivity.kt

```kotlin
class SearchActivity : AppCompatActivity(), SearchAdapter.ItemClickListener {

    ...

    // 여러 디스포저블 객체를 관리할 수 있는 CompositeDisposable 객체를 초기화합니다.
    // var searchCall: Call<RepoSearchResponse>? = null 대신 사용합니다.
    internal val disposables = CompositeDisposable()

    ...

    override fun onStop() {
        super.onStop()

        // 관리하고 있던 디스포저블 객체를 모두 해제합니다.
        // searchCall?.run { cancel() } 대신 사용합니다.
        disposables.clear()
    }

    ...
}
```

이어서 searchRepository() 함수 내부도 옵서버블 형태로 받는 응답을 처리할 수 있도록 다음과 같이 변경합니다.

코드 13-9 SearchActivity.kt

```kotlin
private fun searchRepository(query: String) {

    // REST API를 통해 검색 결과를 요청합니다.
    disposables.add(api.searchRepository(query)

            // Observable 형태로 결과를 바꿔주기 위해 flatMap을 사용합니다.
            .flatMap {
                if (0 == it.totalCount) {
                    // 검색 결과가 없을 경우
                    // 에러를 발생시켜 에러 메시지를 표시하도록 합니다.
                    // (곧바로 에러 블록이 실행됩니다.)
                    Observable.error(IllegalStateException("No search result"))
                } else {
                    // 검색 결과 리스트를 다음 스트림으로 전달합니다.
                    Observable.just(it.items)
                }
            }

            // 이 이후에 수행되는 코드는 모두 메인 스레드에서 실행합니다.
            // RxAndroid에서 제공하는 스케줄러인
            // AndroidSchedulers.mainThread()를 사용합니다.
            .observeOn(AndroidSchedulers.mainThread())

            // 구독할 때 수행할 작업을 구현합니다.
            .doOnSubscribe {
                clearResults()
                hideError()
                showProgress()
            }

            // 스트림이 종료될 때 수행할 작업을 구현합니다.
            .doOnTerminate { hideProgress() }

            // 옵서버블을 구독합니다.
            .subscribe({ items ->

                // API를 통해 검색 결과를 정상적으로 받았을 때 처리할 작업을 구현합니다.
                // 작업 중 오류가 발생하면 이 블록은 호출되지 않습니다.
                with(adapter) {
                    setItems(items)
                    notifyDataSetChanged()
                }
            }) {
                // 에러 블록
                // 네트워크 오류나 데이터 처리 오류 등
                // 작업이 정상적으로 완료되지 않았을 때 호출됩니다.
                showError(it.message)
            })
}
```

그림 13-4는 검색 결과를 받아 처리하는 디스포저블 내의 데이터 흐름을 간단히 표현한 마블 다이어그램입니다.

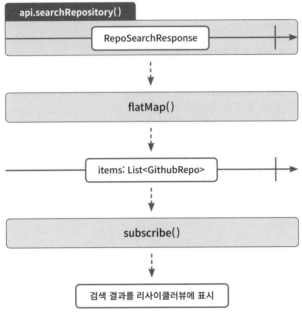

그림 13-4 검색 결과 응답이 처리되는 과정

RepositoryActivity 변경하기

앞의 액티비티들과 마찬가지로, Call 객체를 CompositeDisposable로 바꿔줍니다.

코드 13-10 RepositoryActivity.kt

```kotlin
class RepositoryActivity : AppCompatActivity() {

    ...

    // 여러 디스포저블 객체를 관리할 수 있는 CompositeDisposable 객체를 초기화합니다.
    // var repoCall: Call<GithubRepo>? = null 대신 사용합니다.
    internal val disposables = CompositeDisposable()

    ...

    override fun onStop() {
        super.onStop()

        // 관리하고 있던 디스포저블 객체를 모두 해제합니다.
        // repoCall?.run { cancel() } 대신 사용합니다.
        disposables.clear()
    }
    ...
}
```

다음 쪽에 계속 ▶

showRepositoryInfo() 함수 내부도 옵서버블 형태의 응답을 처리하도록 다음과 같이
변경합니다.

코드 13-11 RepositoryActivity.kt

```kotlin
private fun showRepositoryInfo(login: String, repoName: String) {

    // REST API를 통해 저장소 정보를 요청합니다.
    disposables.add(api.getRepository(login, repoName)

            // 이 이후에 수행되는 코드는 모두 메인 스레드에서 실행합니다.
            .observeOn(AndroidSchedulers.mainThread())

            // 구독할 때 수행할 작업을 구현합니다.
            .doOnSubscribe { showProgress() }

            // 에러가 발생했을 때 수행할 작업을 구현합니다.
            .doOnError { hideProgress(false) }

            // 스트림이 정상 종료되었을 때 수행할 작업을 구현합니다.
            .doOnComplete { hideProgress(true) }

            // 옵서버블을 구독합니다.
            .subscribe({ repo ->

                // API를 통해 저장소 정보를 정상적으로 받았을 때 처리할 작업을 구현합니다.
                // 작업 중 오류가 발생하면 이 블록은 호출되지 않습니다.
                GlideApp.with(this@RepositoryActivity)
                        .load(repo.owner.avatarUrl)
                        .into(ivActivityRepositoryProfile)

                tvActivityRepositoryName.text = repo.fullName
                tvActivityRepositoryStars.text = resources
                        .getQuantityString(R.plurals.star, repo.stars, repo.stars)
                if (null == repo.description) {
                    tvActivityRepositoryDescription.setText(R.string.
                                                    no_description_provided)
                } else {
                    tvActivityRepositoryDescription.text = repo.description
                }
                if (null == repo.language) {
                    tvActivityRepositoryLanguage.setText(R.string.
                                                    no_language_specified)
                } else {
                    tvActivityRepositoryLanguage.text = repo.language
                }

                try {
                    val lastUpdate = dateFormatInResponse.parse(repo.updatedAt)
                    tvActivityRepositoryLastUpdate.text =
                        dateFormatToShow.format(lastUpdate)
                } catch (e: ParseException) {
                    tvActivityRepositoryLastUpdate.text = getString(R.string.unknown)
                }
            }) {
```

다음 쪽에 계속 ▶

```
            // 에러 블록
            // 네트워크 오류나 데이터 처리 오류 등
            // 작업이 정상적으로 완료되지 않았을 때 호출됩니다.
            showError(it.message)
        })
}
```

그림 13-5는 저장소 정보를 받아 처리하는 디스포저블 내의 데이터 흐름을 간단히 표현한 마블 다이어그램입니다.

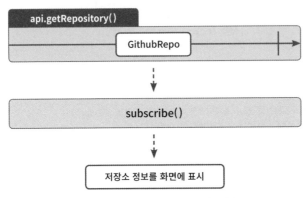

그림 13-5 저장소 정보 응답이 처리되는 과정

연산자 오버로딩으로 디스포저블을 편리하게 관리하기

앞에서 CompositeDisposable에 디스포저블을 추가하기 위해 CompositeDisposable. add() 함수를 사용했습니다. add() 함수를 호출하는 대신 += 연산자를 사용하여 CompositeDisposable 객체에 디스포저블 객체를 추가하도록 한다면 더 직관적이면 서도 편리하게 코드를 작성할 수 있습니다.

이를 위해, com.androidhuman.example.simplegithub.extensions 패키지에 RxJava Extensions.kt라는 이름으로 파일을 생성한 후 다음과 같이 CompositeDisposable 클 래스의 '+=' 연산자를 오버로딩합니다.

코드 13-12 RxJavaExtensions.kt

```
// CompositeDisposable의 '+=' 연산자 뒤에 Disposable 타입이 오는 경우를 재정의합니다.
operator fun CompositeDisposable.plusAssign(disposable: Disposable) {

    // CompositeDisposable.add() 함수를 호출합니다.
    this.add(disposable)
}
```

이제 CompositeDisposable에 디스포저블을 추가할 때 add() 함수 대신 += 연산자를 사용할 수 있습니다. 다음은 앞의 액티비티 내 CompositeDisposable.add() 함수를 사용하는 부분을 += 연산자를 사용하도록 변경한 코드입니다.

코드 13-13 CompositeDisposable.add() 대신 '+=' 연산자를 사용한 모습

```kotlin
// SignInActivity.kt

// 연산자 오버로딩 함수를 import 문에 추가합니다.
import com.androidhuman.example.simplegithub.extensions.plusAssign
...

class SignInActivity : AppCompatActivity() {

    ...

    private fun getAccessToken(code: String) {

        // '+=' 연산자로 디스포저블을 CompositeDisposable에 추가합니다.
        disposables += api.getAccessToken(
                BuildConfig.GITHUB_CLIENT_ID, BuildConfig.GITHUB_CLIENT_SECRET, code)
                .map { it.accessToken }
                .observeOn(AndroidSchedulers.mainThread())
                .doOnSubscribe { showProgress() }
                .doOnTerminate { hideProgress() }
                .subscribe({ token ->
                    authTokenProvider.updateToken(token)
                    launchMainActivity()
                }) {
                    showError(it)
                }
    }
    ...
}

// SearchActivity.kt

// 연산자 오버로딩 함수를 import 문에 추가합니다.
import com.androidhuman.example.simplegithub.extensions.plusAssign
...

class SearchActivity : AppCompatActivity(), SearchAdapter.ItemClickListener {

    ...

    private fun searchRepository(query: String) {

        // '+=' 연산자로 디스포저블을 CompositeDisposable에 추가합니다.
        disposables += api.searchRepository(query)
                .flatMap {
                    if (0 == it.totalCount) {
                        Observable.error(IllegalStateException("No search result"))
                    } else {
                        Observable.just(it.items)
                    }
                }
```

다음 쪽에 계속 ▶

```
                        .observeOn(AndroidSchedulers.mainThread())
                        .doOnSubscribe {
                            clearResults()
                            hideError()
                            showProgress()
                        }
                        .doOnTerminate { hideProgress() }
                        .subscribe({ items ->
                            with(adapter) {
                                setItems(items)
                                notifyDataSetChanged()
                            }
                        }) {
                            showError(it.message)
                        }
            }
        ...
}


// RepositoryActivity.kt

// 연산자 오버로딩 함수를 import 문에 추가합니다.
import com.androidhuman.example.simplegithub.extensions.plusAssign
...

class RepositoryActivity : AppCompatActivity() {

    ...

    private fun showRepositoryInfo(login: String, repoName: String) {

        // '+=' 연산자로 디스포저블을 CompositeDisposable에 추가합니다.
        disposables += api.getRepository(login, repoName)
                .observeOn(AndroidSchedulers.mainThread())
                .doOnSubscribe { showProgress() }
                .doOnError { hideProgress(false) }
                .doOnComplete { hideProgress(true) }
                .subscribe({ repo ->
                    GlideApp.with(this@RepositoryActivity)
                            .load(repo.owner.avatarUrl)
                            .into(ivActivityRepositoryProfile)

                    tvActivityRepositoryName.text = repo.fullName
                    tvActivityRepositoryStars.text = resources
                            .getQuantityString(R.plurals.star, repo.stars, repo.stars)
                    if (null == repo.description) {
                        tvActivityRepositoryDescription.setText(R.string.
                                                        no_description_provided)
                    } else {
                        tvActivityRepositoryDescription.text = repo.description
                    }
                    if (null == repo.language) {
                        tvActivityRepositoryLanguage.setText(R.string.
                                                    no_language_specified)
```

다음 쪽에 계속 ▶

```
                    } else {
                        tvActivityRepositoryLanguage.text = repo.language
                    }

                    try {
                        val lastUpdate = dateFormatInResponse.parse(repo.updatedAt)
                        tvActivityRepositoryLastUpdate.text
                            = dateFormatToShow.format(lastUpdate)
                    } catch (e: ParseException) {
                        tvActivityRepositoryLastUpdate.text
                            = getString(R.string.unknown)
                    }
                }) {
                    showError(it.message)
                }
        }
        ...
}
```

13.3 RxBinding으로 UI 이벤트를 간편하게 처리하기

이 절에서는 클릭 이벤트, 체크박스 선택 이벤트, 텍스트 필드에서 발생하는 텍스트 변경 이벤트와 같은 UI 이벤트를 옵서버블 형태로 받아 처리하는 방법을 다룹니다. 이를 위해 RxBinding(*https://github.com/JakeWharton/RxBinding*) 라이브러리를 사용합니다.

이 절에서 다룬 내용들이 모두 반영된 예제 프로젝트의 소스코드는 다음 링크를 통해 확인할 수 있습니다.

- 프로젝트 저장소: *https://github.com/kunny/kunny-kotlin-book/tree/rxjava-rxbinding*
- 프로젝트 압축 파일 다운로드: *https://github.com/kunny/kunny-kotlin-book/archive/rxjava−rxbinding.zip*

RxBinding 라이브러리는 안드로이드에서 사용할 수 있는 여러 UI 위젯(예: Button, EditText)에서 리스너를 통해 받을 수 있는 이벤트를 옵서버블 형태로 제공합니다. 안드로이드 플랫폼에서 지원하는 대부분의 UI 위젯뿐만 아니라 서포트 라이브러리에서 제공하는 UI 위젯을 위한 라이브러리도 추가로 제공합니다. 다음은 RxBinding 라이브러리의 지원 대상 라이브러리와 및 이에 해당하는 RxBinding 라이브러리입니다.

대상 라이브러리	상응하는 RxBinding 라이브러리
안드로이드 플랫폼(android.* 패키지)	com.jakewharton.rxbinding2:rxbinding
support-v4 서포트 라이브러리	com.jakewharton.rxbinding2:rxbinding-support-v4
appcompat-v7 서포트 라이브러리	com.jakewharton.rxbinding2:rxbinding-appcompat-v7
design 서포트 라이브러리	com.jakewharton.rxbinding2:rxbinding-design
리사이클러뷰(recyclerview-v7)	com.jakewharton.rxbinding2:rxbinding-recyclerview-v7
leanback-v17 서포트 라이브러리	com.jakewharton.rxbinding2:rxbinding-leanback-v17

RxBinding을 의존성에 추가하기

프로젝트에서 사용할 RxBinding 라이브러리의 버전을 프로젝트 루트 폴더의 dependencies.gradle에 추가합니다.

코드 13-14 dependencies.gradle

```
ext {
    ...

    // 프로젝트에서 사용할 RxBinding 버전을 정의합니다
    rxBindingVersion = '2.0.0'
    ...
}
```

그 다음, 애플리케이션 빌드스크립트(simple-github/build.gradle)를 열어 프로젝트 의존성을 수정합니다. 예제 프로젝트에서는 appcompat-v7 라이브러리에서 제공하는 SearchView에 RxBinding을 적용하므로 이에 대응하는 RxBinding 라이브러리를 의존성에 추가합니다.

코드 13-15 simple-github/build.gradle

```
...

android {
    ...
}

dependencies {
    ...

    // 서포트 라이브러리의 SearchView를 위한 바인딩을 제공하는
    // RxBinding 라이브러리를 추가합니다.
    implementation "com.jakewharton.rxbinding2:rxbinding-appcompat-v7:$rxBindingVersion"

    ...
}
```

SearchView에 RxBinding 적용하기

SearchActivity 내에서 검색어를 입력하는 SearchView에 RxBinding을 적용해 보 겠습니다. SearchView는 사용자가 검색어 필드에 입력한 문자열로 검색을 수행합 니다. 검색을 수행했을 때 SearchView에 입력한 문자열은 RxSearchView.queryText ChangeEvents() 함수를 사용하여 옵서버블 형태로 받을 수 있습니다.

RxSearchView.queryTextChangeEvents()를 통해 받는 이벤트는 뷰에서 발생하 는 이벤트입니다. 따라서 액티비티가 완전히 종료되기 전까지는 이 뷰에서 발생하 는 이벤트를 계속 처리할 수 있어야 합니다. 따라서 다음과 같이 viewDisposables 프로퍼티를 추가하여 뷰 이벤트의 디스포저블을 별도로 관리할 수 있도록 합니다. viewDisposables 프로퍼티는 disposables 프로퍼티와 유사하게 onStop() 콜백 함수 가 호출되었을 때 관리하고 있는 디스포저블을 해제하려고 시도하며, 이때 액티비티 가 종료되고 있을 경우에만 디스포저블이 해제됩니다.

코드 13-16 SearchActivity.kt

```kotlin
class SearchActivity : AppCompatActivity(), SearchAdapter.ItemClickListener {

    ...

    internal val disposables = CompositeDisposable()

    // viewDisposables 프로퍼티를 추가합니다.
    internal val viewDisposables = CompositeDisposable()

    ...

    override fun onStop() {
        super.onStop()
        disposables.clear()

        // 액티비티가 완전히 종료되고 있는 경우에만 관리하고 있는 디스포저블을 해제합니다.
        // 화면이 꺼지거나 다른 액티비티를 호출하여 액티비티가 화면에서 사라지는 경우에는
        // 해제하지 않습니다.
        if (isFinishing) {
            viewDisposables.clear()
        }
    }

    ...
}
```

그 다음으로, RxBinding을 적용하여 SearchView의 이벤트 처리부를 재구성합니다. RxSearchView.queryTextChangeEvents()는 SearchView에 입력되는 텍스트가 변경될 때마다 이벤트를 발생시킵니다. 여기에 추가로 filter() 연산자를 사용하여 검색 명

령이 내려졌을 때(isSubmitted) 발생한 이벤트만 받도록 하며, 아무런 검색어가 입력되지 않은 경우는 무시하도록 합니다.

코드 13-17 SearchActivity.kt

```kotlin
override fun onCreateOptionsMenu(menu: Menu): Boolean {
    menuInflater.inflate(R.menu.menu_activity_search, menu)

    menuSearch = menu.findItem(R.id.menu_activity_search_query)
    searchView = (menuSearch.actionView as SearchView)

    // SearchView에서 발생하는 이벤트를 옵서버블 형태로 받습니다.
    viewDisposables += RxSearchView.queryTextChangeEvents(searchView)

            // 검색을 수행했을 때 발생한 이벤트만 받습니다.
            .filter { it.isSubmitted }

            // 이벤트에서 검색어 텍스트(CharSequence)를 추출합니다.
            .map { it.queryText() }

            // 빈 문자열이 아닌 검색어만 받습니다.
            .filter { it.isNotEmpty() }

            // 검색어를 String 형태로 변환합니다.
            .map { it.toString() }

            // 이 이후에 수행되는 코드는 모두 메인 스레드에서 실행합니다.
            // RxAndroid에서 제공하는 스케줄러인 AndroidSchedulers.mainThread()를 사용합니다.
            .observeOn(AndroidSchedulers.mainThread())

            // 옵서버블을 구독합니다.
            .subscribe { query ->

                // 검색 절차를 수행합니다.
                updateTitle(query)
                hideSoftKeyboard()
                collapseSearchView()
                searchRepository(query)
            }

    ...
}
```

그림 13-6은 검색어를 받아 처리하는 디스포저블 내의 데이터 흐름을 간단히 표현한 마블 다이어그램입니다.

RxBinding 코틀린 확장 라이브러리 적용하기

RxBinding에서 제공하는 코틀린 확장 라이브러리를 사용하면 코틀린 코드에서 RxBinding 라이브러리를 더욱 편리하게 사용할 수 있습니다. RxBinding 코틀린 확장 라이브러리는, RxBinding에서 제공하는 함수들을 UI 위젯 인스턴스에서 직접 호

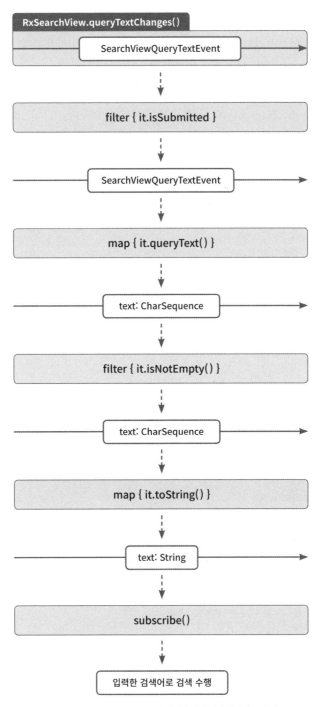

그림 13-6 SearchView를 통해 입력된 검색어가 처리되는 과정

출할 수 있는 확장 함수를 제공합니다. RxBinding 코틀린 확장 라이브러리는 기존에 제공하는 라이브러리의 이름의 뒤에 '-kotlin'을 추가하여 사용할 수 있습니다.

앞에서 SearchActivity에 RxBinding을 적용한 코드를 RxBinding 코틀린 확장 라이브러리를 사용하는 코드로 변경해 보겠습니다. 먼저 애플리케이션 빌드 스크립트(simple-github/build.gradle)의 의존성에 정의된 RxBinding 라이브러리를 다음과 같이 코틀린 확장 라이브러리로 변경합니다.

코드 13-18 simple-github/build.gradle

```
...

android {
    ...
}

dependencies {
    ...

    // rxbinding-appcompat-v7의 코틀린 확장 라이브러리를 사용합니다.
    implementation "com.jakewharton.rxbinding2:rxbinding-appcompat-v7-kotlin:
                $rxBindingVersion"

    ...
}
```

RxBinding 코틀린 확장 라이브러리를 적용하면 다음과 같이 RxBinding에서 제공하는 함수를 각 UI 위젯의 인스턴스에서 직접 호출할 수 있습니다. 그러면 이들을 위젯 클래스 자체에서 제공하는 함수처럼 사용할 수 있어 매우 편리합니다.

코드 13-19 SearchActivity.kt

```
override fun onCreateOptionsMenu(menu: Menu): Boolean {
    ...

    // SearchView 인스턴스에서 RxBinding에서 제공하는 함수를 직접 호출합니다.
    viewDisposables += searchView.queryTextChangeEvents()
            .filter { it.isSubmitted }
            .map { it.queryText() }
            .filter { it.isNotEmpty() }
            .map { it.toString() }
            .observeOn(AndroidSchedulers.mainThread())
            .subscribe { query ->
                updateTitle(query)
                hideSoftKeyboard()
                collapseSearchView()
                searchRepository(query)
            }

    ...
}
```

K u n n y ' s   K o t l i n

프로젝트 개선 2단계: 안드로이드 아키텍처 컴포넌트 적용하기

이 장에서는 안드로이드 아키텍처 컴포넌트(Android Architecture Components)에 대해 알아보고, 예제 애플리케이션에 안드로이드 아키텍처 컴포넌트에서 제공하는 라이브러리 중 일부를 적용하여 애플리케이션의 구조를 개선하는 방법을 살펴봅니다.

14.1 안드로이드 아키텍처 컴포넌트란?

안드로이드 애플리케이션은 데스크톱 애플리케이션과 실행 환경이 매우 다릅니다. 일반적인 데스크톱 애플리케이션은 작업 수행 중에 다른 프로그램을 실행해도 처리하던 작업이 중단되지 않습니다. 하지만 안드로이드 애플리케이션은 그렇지 않습니다. 작업 중 다른 애플리케이션이 실행되거나 단말기의 화면 방향이 회전되는 등 애플리케이션이 동작하는 환경이 변했을 때 이에 적절히 대응하지 않으면 UI 상태나 작업 내역을 잃을 수 있습니다.

안드로이드 애플리케이션에서 환경 변화에 제대로 대응하려면 액티비티와 프래그먼트의 생명주기, 화면 크기, 하드웨어 환경 등 여러 요소를 함께 고려해야 합니다. 이를 위해선 액티비티와 프래그먼트의 생명주기를 정확히 이해하고 환경이 변할 때 애플리케이션에 어떤 영향을 미치는지 자세히 알고 있어야 합니다. 그래서 안드로이드 앱 개발을 갓 시작한 분들뿐 아니라 개발 경험이 어느 정도 있는 분들에게도 환경 변화에 유연하게 대응하는 애플리케이션을 만드는 것은 결코 쉽지 않습니다.

이러한 문제를 해결하기 위해, 안드로이드 아키텍처 컴포넌트는 환경 변화에 유연하게 대응하면서도 짜임새 있는 애플리케이션을 만들 때 사용할 수 있는 라이브러리를 제공합니다. 예전에는 짜임새 있는 애플리케이션을 만들기 위한 정보가 대부분 개인의 노하우에 의존되어 있었기에 앱 개발 경험이 많지 않은 개발자가 높은 품질의 애플리케이션을 만들기가 어려웠습니다.

안드로이드 애플리케이션 컴포넌트는 짜임새 있는 애플리케이션을 만들기 위해 필요한 다양한 기능을 제공합니다. 덕분에, 이제는 앱 개발 경험이 많지 않은 분들도 쉽게 높은 품질의 애플리케이션을 작성할 수 있게 되었습니다.

안드로이드 아키텍처 컴포넌트는 세 종류의 라이브러리를 제공합니다. Lifecycles 라이브러리는 액티비티와 프래그먼트의 생명주기와 관련된 작업을 처리할 때 유용한 여러 기능을 제공합니다.

기능	설명
Lifecycle	액티비티나 프래그먼트의 생명주기를 쉽게 감지하고 이에 따른 작업을 수행할 수 있게 도와줍니다.
LiveData	지속적으로 변할 수 있는 값을 생명주기에 맞게 전달할 수 있도록 도와줍니다.
ViewModel	생명주기 변화에 맞서 UI 표시에 필요한 데이터를 관리할 수 있도록 도와줍니다.

Room 라이브러리와 Paging 라이브러리는 각 라이브러리별로 하나의 기능을 제공합니다. 각 라이브러리가 제공하는 기능은 다음과 같습니다.

라이브러리	설명
Room	SQLite 데이터베이스와 관련된 작업을 간편하게 사용할 수 있게 도와줍니다.
Paging	다수의 데이터 중 일부 데이터를 불러와 화면에 표시하고, 다음 데이터를 계속 표시하는 작업을 쉽게 구현할 수 있게 도와줍니다.

이 책에서는 앞에서 소개한 라이브러리 중 Lifecycles, Room 라이브러리를 사용하는 방법만 살펴보며, Lifecycles 라이브러리 중에서는 Lifecycle과 ViewModel 클래스만 알아봅니다. 여기에서 소개하는 내용 외 다른 부분이 궁금하시다면 안드로이드 아키텍처 컴포넌트 소개 페이지(*https://developer.android.com/topic/libraries/architecture/guide.html*)에서 더 자세한 정보를 확인하시기 바랍니다.

14.2 생명주기에 맞는 동작 구현하기: Lifecycle 클래스

안드로이드 애플리케이션을 작성하다 보면, 액티비티나 프래그먼트의 생명주기에 맞춰 새로운 리소스를 할당하거나 가지고 있는 리소스를 해제해야 하는 경우가 있습니다. 이런 경우, 보통 다음과 같이 액티비티나 프래그먼트의 각 생명주기마다 호출되는 콜백 함수에 필요한 코드를 추가해야 합니다.

코드 14-1 액티비티의 생명주기에 맞춰 자원을 관리하는 코드

```kotlin
// 자원을 관리하는 클래스
class MyResource(private val context: Context) {

    fun loadResource() {
        // 자원을 사용할 수 있도록 준비합니다.
    }

    fun releaseResource() {
        // 자원을 반환합니다.
    }
}

class MainActivity : AppCompatActivity() {

    val resource : MyResource = ...

    override fun onStart() {
        super.onStart()
        // 액티비티가 화면에 표시되면 자원을 사용할 수 있도록 준비합니다.
        resource.loadResource()
    }

    override fun onStop() {
        super.onStop()
        // 액티비티가 화면에서 사라지면 자원을 반환합니다.
        resource.releaseResource()
    }

    ...
}
```

하지만 이처럼 생명주기에 맞춰 작업이 필요한 요소들이 많아질수록 이들을 위한 코드를 모두 각 생명주기별 콜백 함수에 추가해야 합니다. 이에 따라 각 함수들의 코드가 길어지므로 가독성이 떨어져 전체 코드에 좋지 않은 영향을 줍니다. 또한, 이와 같은 구조에서는 매 생명주기마다 호출해야 하는 콜백 함수를 실수로 누락하기 쉽습니다. 따라서 의도치 않은 동작이 발생할 확률이 매우 높습니다.

Lifecycle 클래스는 액티비티나 프래그먼트의 생명주기와 관련된 작업을 할 때 유용한 기능을 제공합니다. 이를 사용하면 각 생명주기에 따라 수행할 작업을 컴포넌트 내부에 정의할 수 있습니다. 따라서 생명주기에 따라 특정한 작업을 처리해야 하는 컴포넌트를 작성할 때 매우 유용합니다. 컴포넌트를 사용하는 개발자도 각 생명주기마다 컴포넌트에 필요한 함수를 직접 호출하지 않아도 되므로 애플리케이션 안정성도 크게 향상됩니다.

이 절에서 다룬 내용들이 모두 반영된 예제 프로젝트의 소스코드는 다음 링크를 통해 확인할 수 있습니다.

- 프로젝트 저장소: *https://github.com/kunny/kunny-kotlin-book/tree/arch-components-lifecycle*
- 프로젝트 압축 파일 다운로드: *https://github.com/kunny/kunny-kotlin-book/archive/arch-components-lifecycle.zip*

Lifecycle의 구성 요소

Lifecycle은 생명주기 자체와 관련된 요소인 Event, State와 생명주기 이벤트 발생 및 관찰과 관련된 요소인 LifecyeOwner, LifecycleObserver로 구성되어 있습니다.

Lifecycle.Event는 액티비티나 프래그먼트에서 발생하는 생명주기 이벤트에 대응하는 열거형(enum) 타입이며, onCreate(), onStart(), onStop()과 같은 생명주기 콜백 함수가 호출되었을 때 실행할 함수를 지정하기 위해 사용합니다. 다음은 Lifecycle.Event에 정의되어 있는 열거형 상수와 이에 대응하는 생명주기 콜백 함수를 보여줍니다.

Lifecycle.Event 내 열거형 상수	대응하는 생명주기 콜백 함수
ON_ANY	모든 생명주기 콜백 함수에 대응합니다.
ON_CREATE	onCreate()
ON_DESTROY	onDestroy()
ON_PAUSE	onPause()
ON_RESUME	onResume()
ON_START	onStart()
ON_STOP	onStop()

Lifecycle.State는 생명주기 변화에 따른 액티비티나 프래그먼트의 현재 상태에 대응하는 열거형 타입입니다. 다음은 Lifecycle.State에 정의되어 있는 열거형 상수와 이에 대응하는 액티비티 혹은 프래그먼트의 상태를 보여줍니다.

Lifecycle.State 내 열거형 상수	대응하는 액티비티/프래그먼트의 상태
CREATED	onCreate() 콜백 함수가 호출되어 화면에 표시될 준비가 끝난 상태입니다.
DESTROYED	액티비티/프래그먼트가 완전히 종료된 상태입니다.
INITIALIZED	액티비티/프래그먼트 객체가 생성되었지만, 아직 화면에 표시할 준비가 되지 않은 상태입니다.

다음 쪽에 계속 ▶

RESUMED	액티비티/프래그먼트가 화면에 표시되고 있으며 사용자와 상호작용(터치 등)이 가능한 상태입니다.
STARTED	액티비티/프래그먼트가 화면에 표시되었지만, 아직 사용자와 상호작용을 할 수 없는 상태입니다.
ON_START	onStart()
ON_STOP	onStop()

Lifecycle.Event와 Lifecycle.State는 모두 생명주기와 밀접하게 관련되어 있습니다. 이 둘의 연관관계를 도식화하면 다음과 같습니다.

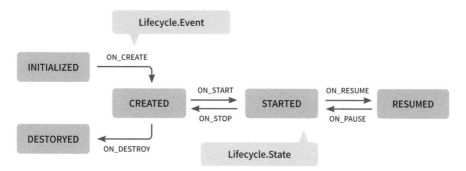

그림 14-1 Lifecycle.Event와 Lifecycle.State의 연관관계

LifecycleOwner는 LifecycleObserver를 통해 액티비티나 프래그먼트의 생명주기 변화 및 현재 상태를 액티비티나 프래그먼트의 외부에서 알 수 있도록 합니다. 안드로이드 서포트 라이브러리 26.1.0 버전 이후에서 제공하는 AppCompatActivity나 Fragment는 LifecycleOwner 인터페이스를 구현하고 있으므로, LifecycleObserver 인터페이스를 구현하기만 하면 생명주기에 대응하는 컴포넌트를 편리하게 작성할 수 있습니다.

Lifecycle을 의존성에 추가하기

예제 프로젝트에 Lifecycle을 적용해 보겠습니다. 먼저, dependencies.gradle 파일을 열어 프로젝트에서 사용할 안드로이드 아키텍처 컴포넌트 버전을 추가합니다. 이때, 반드시 26.1.0 버전 이상의 서포트 라이브러리를 사용해야 합니다.

코드 14-2 dependencies.gradle

```
ext {
    ...

    // 사용할 아키텍처 컴포넌트 버전을 추가합니다.
    archComponentVersion = '1.0.0'
```

다음 쪽에 계속 ▶

```
    ...
    // 26.1.0 버전 이상의 서포트 라이브러리를 사용해야 합니다.
    supportLibVersion = '27.0.1'
}
```

그 다음, 프로젝트에서 Lifecycle을 사용할 수 있도록 필요한 의존성을 simple-github/build.gradle에 추가합니다. 안드로이드 아키텍처 컴포넌트에서는 어노테이션 프로세서를 사용하므로, 이를 위한 의존성도 함께 추가합니다.

코드 14-3 simple-github/build.gradle

```
...

android {
    ...
}

dependencies {
    // 안드로이드 아키텍처 컴포넌트를 위한 의존성을 추가합니다.
    implementation "android.arch.lifecycle:extensions:$archComponentVersion"
    ...

    // 안드로이드 아키텍처 컴포넌트를 위한 의존성을 추가합니다.
    kapt "android.arch.lifecycle:compiler:$archComponentVersion"
    ...
}
```

📖 의존성에 추가한 라이브러리를 찾을 수 없다는 오류가 뜹니다. 왜 그런가요?

Lifecycle은 안드로이드 SDK가 아닌 구글 메이븐 저장소를 통해 배포됩니다. 따라서 이를 프로젝트에서 사용하려면 다음과 같이 빌드스크립트 내 저장소 항목에 구글 메이븐 저장소를 추가해야 합니다.

gradle

```
buildscript {
    ...
}

allprojects {
    repositories {

        // 구글 메이븐 저장소가 추가되어 있는지 확인합니다.
        google()
        jcenter()
    }
}

...
```

생명주기에 맞게 디스포저블 관리하기

예제 애플리케이션은 액티비티가 화면에서 사라질 때, 즉 onStop() 함수가 호출될 때 다음과 같이 관리하고 있는 디스포저블 객체를 모두 해제하도록 구현되어 있습니다.

코드 14-4 onStop() 콜백 함수에서 디스포저블 객체를 해제하는 코드

```kotlin
override fun onStop() {
    super.onStop()

    // 관리하고 있던 디스포저블 객체를 모두 해제합니다.
    disposables.clear()
}
```

이처럼 액티비티의 onStop() 콜백 함수에서 disposables.clear() 함수를 직접 호출하는 대신, Lifecycle을 사용하여 액티비티가 아닌 곳에서 이를 처리하도록 변경해보겠습니다.

먼저, LifecycleObserver 인터페이스를 구현하여 생명주기에 따라 디스포저블을 자동으로 해제해주는 클래스인 AutoClearedDisposable를 작성합니다. AutoCleared Disposable 클래스는 AppCompatActivity의 onStop() 혹은 onDestroy() 콜백 함수가 호출될 때 관리하고 있던 디스포저블을 해제합니다. 또한, onDestroy() 콜백 함수가 호출되어 액티비티가 소멸되면 더 이상 액티비티의 생명주기 이벤트를 받지 않도록 자기 자신을 액티비티 생명주기 옵서버에서 제거합니다.

코드 14-5 AutoClearedDisposable.kt

```kotlin
class AutoClearedDisposable(

        // 생명주기를 참조할 액티비티
        private val lifecycleOwner: AppCompatActivity,

        // onStop() 콜백 함수가 호출되었을 때,
        // 관리하고 있는 디스포저블 객체를 해제할지 여부를 지정합니다.
        // 기본값은 true입니다.
        private val alwaysClearOnStop: Boolean = true,
        private val compositeDisposable: CompositeDisposable = CompositeDisposable())
    : LifecycleObserver {

    // 디스포저블을 추가합니다.
    fun add(disposable: Disposable) {
        // LifecycleOwner.lifecycle을 사용하여
        // 참조하고 있는 컴포넌트의 Lifecycle 객체에 접근합니다.
        // Lifecycle.currentState를 사용하여 상태 정보인 Lifecycle.State에 접근합니다.
        // Lifecycle.State.isAtLeast() 함수를 사용하여
        // 현재 상태가 특정 상태의 이후 상태인지 여부를 반환합니다.
        // 코틀린 표준 라이브러리에서 제공하는 check() 함수로
        // Lifecycle.State.isAtLeast() 함수의 반환 값이 참인지 확인하며,
        // 만약 참이 아닌 경우 IllegalStateException 예외를 발생시킵니다.
```

다음 쪽에 계속 ▶

```
        check(lifecycleOwner.lifecycle.currentState.isAtLeast(Lifecycle.State.INITIALIZED))

        // 앞선 검증 절차를 통과한 경우에만 디스포저블을 추가합니다.
        compositeDisposable.add(disposable)
    }

    // onStop() 콜백 함수가 호출되면 cleanUp() 함수를 호출합니다.
    @OnLifecycleEvent(Lifecycle.Event.ON_STOP)
    fun cleanUp() {
        // onStop() 콜백 함수가 호출되었을 때 무조건 디스포저블을 해제하지 않는 경우,
        // 액티비티의 isFinishing() 메서드를 사용하여 액티비티가
        // 종료되지 않는 시점(예: 다른 액티비티 호출)에만 디스포저블을 해제하지 않도록 합니다.
        if (!alwaysClearOnStop && !lifecycleOwner.isFinishing) {
            return
        }

        // 관리하는 디스포저블을 해제합니다.
        compositeDisposable.clear()
    }

    // onDestroy() 콜백 함수가 호출되면 detachSelf() 함수를 호출합니다.
    @OnLifecycleEvent(Lifecycle.Event.ON_DESTROY)
    fun detachSelf() {
        // 관리하는 디스포저블을 해제합니다.
        compositeDisposable.clear()

        // 더 이상 액티비티의 생명주기 이벤트를 받지 않도록 액티비티 생명주기 옵서버에서 제거합니다.
        lifecycleOwner.lifecycle.removeObserver(this)
    }
}
```

그 다음, AutoClearedDisposable에 디스포저블 객체를 쉽게 추가하기 위해 Auto
ClearedDisposable의 +- 연산자를 오버로딩합니다. RxJavaExtensions.kt 파일 전체
를 다음과 같이 변경합니다.

코드 14-6 RxJavaExtensions.kt

```
// CompositeDisposable.plusAssign() 대신 아래 함수를 추가합니다.

operator fun AutoClearedDisposable.plusAssign(disposable: Disposable)
        = this.add(disposable)
```

Lifecycle를 통해 생명주기 이벤트를 추가하려면 addObserver() 함수를 사용하여
생명주기를 관찰할 LifecycleObserver를 등록해야 합니다. 이를 쉽게 사용하기 위
해 Lifecycle 클래스의 +- 연산자를 오버로딩합니다. com.androidhuman.example.
simplegithub.extensions 패키지에 LifecycleExtensions.kt 파일을 추가한 후, 다음
과 같이 코드를 작성하여 addObserver() 함수 대신 += 연산자를 사용할 수 있도록 합
니다.

코드 14-7 LifecycleExtensions.kt

```kotlin
// Lifecycle 클래스의 '+=' 연산자를 오버로딩합니다.
operator fun Lifecycle.plusAssign(observer: LifecycleObserver)
        = this.addObserver(observer)
```

액티비티 코드 변경하기

앞에서 작성한 AutoClearedDisposable을 액티비티에 적용하는 과정을 살펴보겠습니다. SignInActivity에서는 다음 코드와 같이 기존의 CompositeDisposable을 AutoClearedDisposable로 변경하고 onCreate()에서 AutoClearedDisposable을 옵서버로추가하도록 변경합니다. 이로써 AutoClearedDisposable 클래스가 생명주기 이벤트를 받을 수 있게 되었으므로, onStop() 함수를 오버라이드하여 디스포저블을 해제하는 코드를 따로 작성하지 않아도 됩니다.

코드 14-8 SignInActivity.kt

```kotlin
class SignInActivity : AppCompatActivity() {

    ...

    // CompositeDisposable에서 AutoClearedDisposable로 변경합니다.
    internal val disposables = AutoClearedDisposable(this)

    override fun onCreate(savedInstanceState: Bundle?) {
        super.onCreate(savedInstanceState)
        setContentView(R.layout.activity_sign_in)

        // Lifecycle.addObserver() 함수를 사용하여
        // AutoClearedDisposable 객체를 옵서버로 등록합니다.
        lifecycle += disposables

        ...
    }

    // onStop() 함수는 더 이상 오버라이드하지 않아도 됩니다.

    ...
}
```

SearchActivity에서는 기존의 CompositeDisposable 타입으로 정의했던 disposables과 viewDisposables 프로퍼티의 타입을 변경합니다. disposables은 onStop() 콜백 함수가 호출되는 즉시 관리하고 있는 디스포저블을 해제하도록 구현되어 있었습니다. 따라서 AutoClearedDisposable의 기본 생성자를 사용하여 객체를 생성하도록 변경합니다. 반면, viewDisposables는 onStop() 콜백 함수가 호출되더라도 액티비티가 종료되는 시점에만 관리하고 있는 디스포저블을 해제하도록 구현되어 있었습니다. 따

라서 alwaysClearOnStop 프로퍼티를 false로 설정한 생성자를 사용하여 AutoCleared
Disposable 객체를 생성하도록 변경합니다. 두 프로퍼티의 타입을 변경한 이후에는
더 이상 onStop() 콜백 함수를 오버라이드하지 않아도 됩니다.

코드 14-9 SearchActivity.kt

```kotlin
class SearchActivity : AppCompatActivity(), SearchAdapter.ItemClickListener {

    ...

    // CompositeDisposable에서 AutoClearedDisposable로 변경합니다.
    internal val disposables = AutoClearedDisposable(this)

    // CompositeDisposable에서 AutoClearedDisposable로 변경합니다.
    internal val viewDisposables
            = AutoClearedDisposable(lifecycleOwner = this,
                                    alwaysClearOnStop = false)


    override fun onCreate(savedInstanceState: Bundle?) {
        super.onCreate(savedInstanceState)
        setContentView(R.layout.activity_search)

        // Lifecycle.addObserver() 함수를 사용하여 각 객체를 옵서버로 등록합니다.
        lifecycle += disposables
        lifecycle += viewDisposables

        ...
    }

    // onStop() 함수는 더 이상 오버라이드하지 않아도 됩니다.

    ...
}
```

마지막으로, RepositoryActivity의 disposables 프로퍼티의 타입을 AutoCleared
Disposable로 변경합니다. 앞의 액티비티와 마찬가지로 onStop() 함수를 오버라이드
하지 않아도 생명주기에 따라 디스포저블이 해제됩니다.

코드 14-10 RepositoryActivity.kt

```kotlin
class RepositoryActivity : AppCompatActivity() {

    ...

    // CompositeDisposable에서 AutoClearedDisposable로 타입을 변경합니다.
    internal val disposables = AutoClearedDisposable(this)

    ...

    override fun onCreate(savedInstanceState: Bundle?) {
        super.onCreate(savedInstanceState)
```

다음 쪽에 계속 ▶

```
        setContentView(R.layout.activity_repository)

        // Lifecycle.addObserver() 함수를 사용하여
        // AutoClearedDisposable 객체를 옵서버로 등록합니다.
        lifecycle += disposables

        ...
    }

    // onStop() 함수는 더 이상 오버라이드하지 않아도 됩니다.

    ...
}
```

14.3 SQLite 데이터베이스 쉽게 사용하기: 룸 라이브러리

안드로이드 애플리케이션은 SQLite 데이터베이스를 사용하여 복잡하거나 양이 많은 자료를 체계적으로 관리할 수 있습니다. 하지만 프레임워크에서 제공하는 API만 사용하여 개발하면 여러 종류의 문제가 발생합니다. 대표적인 문제를 추려 보면 다음과 같습니다.

- SQL 쿼리문을 수행하는 코드를 작성하는 경우, 쿼리문 중간에 데이터를 끼워넣는 과정에서 오타 등의 실수가 발생해도 컴파일 시점에서는 발견할 수 없고 쿼리문을 실제로 실행해야만 정상적으로 동작하는지 확인할 수 있습니다. 따라서 오류를 발견하고 수정하기까지 시간이 많이 걸릴 수 있으며, 운이 안 좋으면 애플리케이션이 출시되기 전까지 발견하지 못하기도 합니다.
- SQL 쿼리로 얻은 결과를 코드에서 쉽게 사용할 수 있도록 객체 형태로 변환하기 위해 작성해야 하는 코드는 양이 많고 복잡합니다.
- 메인 스레드에서 별다른 제약 없이 데이터베이스의 자료를 수정하거나 저장된 자료를 불러올 수 있습니다. 이 때문에, 메인 스레드에서 데이터베이스 관련 작업을 오랫동안 수행하면 UI 업데이트가 지연되어 사용자 경험에 좋지 않은 영향을 주며, 최악의 경우 ANR(Application Not Responding) 상태에 빠질 수 있습니다.

이러한 문제들을 해결하기 위해, 안드로이드 아키텍처 컴포넌트는 룸(Room) 라이브러리를 제공합니다. 이 절에서는 룸 라이브러리의 특징과 사용 방법을 간단히 알아보고, 예제 애플리케이션에 룸 라이브러리를 추가하는 과정을 살펴보겠습니다.

  이 절에서 다룬 내용들이 모두 반영된 예제 프로젝트의 소스코드는 다음 링크를 통해 확인할 수 있습니다.

- 프로젝트 저장소: *https://github.com/kunny/kunny-kotlin-book/tree/arch-components-lifecycle-room*
- 프로젝트 압축 파일 다운로드: *https://github.com/kunny/kunny-kotlin-book/archive/arch-components-lifecycle-room.zip*

 이 책에서는 예제 프로젝트에 룸 라이브러리를 적용하는 데 필요한 정도의 내용만 소개합니다. 룸 라이브러리의 고급 기능이나 더 자세한 정보가 필요하신 분들은 룸 라이브러리 소개 페이지 (*https://developer.android.com/topic/libraries/architecture/room.html*)를 참고하세요.

룸 라이브러리 소개

룸 라이브러리는 안드로이드 애플리케이션에서 SQLite 데이터베이스를 쉽고 편리하게 사용할 수 있도록 하는 기능을 제공합니다. 특히, 데이터베이스 내에서 다루는 자료를 객체 형태로 관리할 수 있는 기능을 제공하므로 사용자가 직접 데이터베이스에서 받은 자료를 객체 형태로 변환하는 수고를 하지 않아도 됩니다.

안드로이드 프레임워크에서 제공하는 데이터베이스 관련 API는 단순히 SQLite 데이터베이스를 조작할 수 있는 인터페이스만 제공합니다. 하지만 룸 라이브러리는 데이터베이스를 더 체계적으로 사용할 수 있도록 관련 기능을 룸 데이터베이스(Room Database), 데이터 접근 객체(Data Access Object), 엔티티(Entity) 총 세 개의 구성요소로 나누어 제공합니다.

룸 데이터베이스

룸 데이터베이스는 데이터베이스를 생성하거나 버전을 관리하는 등 실제 데이터베이스 파일과 밀접한 작업을 담당합니다. 또한, 어노테이션을 통해 데이터베이스 파일을 사용할 데이터 접근 객체를 정의하여 데이터 접근 객체와 데이터베이스 파일을 연결하는 역할도 수행합니다. 필요에 따라 여러 개의 룸 데이터베이스를 정의할 수 있으므로, 각각 다른 데이터베이스 파일에 연결된 데이터 접근 객체들을 선언하는 것도 가능합니다.

룸 데이터베이스를 정의하는 클래스는 반드시 RoomDatabase를 상속한 추상 클래스여야 하며, 클래스의 멤버 함수 형태로 데이터베이스와 연결할 데이터 접근 객체를 선언합니다. 또한, @Database 어노테이션을 사용하여 데이터베이스에서 사용할 엔티티와 데이터베이스의 버전을 지정합니다. 다음은 룸 데이터베이스 클래스를 정의한 예입니다.

코드 14-11 룸 데이터베이스 클래스 정의 예시

```
// RoomDatabase를 상속하는 추상 클래스로 룸 데이터베이스 클래스를 선언합니다.
// @Database 어노테이션으로 룸 데이터베이스의 속성을 지정합니다.
// entities에 데이터베이스에서 사용할 엔티티의 클래스를 배열 형태로 넣어주며,
// version에 데이터베이스의 버전을 넣어줍니다.
@Database(entities = arrayOf(User::class, Address::class), version = 1)
abstract class MemberDatabase : RoomDatabase() {

    // 사용자 정보에 접근하는 UserDao 데이터 접근 객체를
    // 룸 데이터베이스인 MemberDatabase와 연결합니다.
    abstract fun userDao(): UserDao

    // 주소 정보에 접근하는 AddressDao 데이터 접근 객체를
    // 룸 데이터베이스인 MemberDatabase와 연결합니다.
    abstract fun addressDao(): AddressDao
}
```

데이터를 실제로 다루는 역할을 하는 데이터 접근 객체를 얻으려면 룸 데이터베이스의 인스턴스가 필요합니다. 룸 데이터베이스는 추상 클래스로 정의되므로, 룸 데이터베이스 구현체의 인스턴스를 얻으려면 Room.databaseBuilder() 함수를 사용해야 합니다. Room.databaseBuilder() 함수를 사용하여 앞의 예시에서 소개한 Member Database의 인스턴스를 생성하는 예는 다음과 같습니다.

코드 14-12 룸 데이터베이스 인스턴스의 생성 및 사용 예

```
// MemberDatabase의 인스턴스를 생성합니다.
// 컨텍스트와 생성할 룸 데이터베이스의 클래스, 그리고 생성될 데이터베이스 파일의 이름을 지정합니다.
val database : MemberDatabase = Room.databaseBuilder(
        context, MemberDatabase::class.java, "database.db").build()

// 생성된 인스턴스를 사용하여 이 데이터베이스에 연결된 데이터 접근 객체를 얻을 수 있습니다.
val addressDao = database.addressDao()
```

룸 데이터베이스의 인스턴스를 한번 생성한 후에는 다른 곳에서도 계속 사용할 수 있도록 생성한 인스턴스를 계속 유지하는 것이 좋습니다. 그러므로 싱글톤 패턴 혹은 유사한 방법을 사용하여 앱 내에서 인스턴스를 공유하도록 구현하는 것이 좋습니다.

 Room.inMemoryDatabaseBuilder()를 사용하면 파일 형태로 저장되는 데이터베이스 대신 메모리에 데이터베이스를 저장하는 룸 데이터베이스 인스턴스를 생성할 수 있습니다. 여기에 저장되는 데이터베이스는 애플리케이션 프로세스가 종료되는 즉시 사라집니다.

데이터 접근 객체

데이터 접근 객체(Data Access Object; DAO)는 데이터베이스를 통해 수행할 작업

을 정의한 클래스입니다. 데이터 삽입, 수정, 삭제 작업이나 저장된 데이터를 불러오는 작업 등을 함수 형태로 정의하며, 애플리케이션의 비즈니스 로직에 맞는 형태로 작업을 정의할 수 있습니다.

데이터 접근 객체는 인터페이스나 추상 클래스로 정의할 수 있으며, 반드시 @Dao 어노테이션을 붙여 주어야 합니다. 다음은 @Dao 어노테이션을 사용하여 데이터 접근 객체를 정의한 코틀린 코드입니다.

코드 14-13 데이터 접근 객체의 정의 예

```
// UserDao 인터페이스를 룸 데이터베이스의 데이터 접근 객체로 표시합니다.
@Dao
interface UserDao {
    ...
}
```

@Query 어노테이션을 사용하면 데이터 접근 객체 내에 정의된 함수를 호출했을 때 수행할 SQL 쿼리문을 작성할 수 있습니다. @Query 어노테이션을 사용한 함수는 어노테이션에 작성된 SQL 쿼리문에 함수의 매개변수를 결합할 수 있습니다. 검색 결과를 반환하는 쿼리문은 @Query 어노테이션을 사용한 함수의 반환 타입에 맞게 결과가 변환되어 출력됩니다.

@Query 어노테이션 내에서 사용할 수 있는 SQL문은 INSERT, UPDATE, DELETE로 제한됩니다. 다음 코드는 @Query 어노테이션을 사용하여 데이터 접근 객체에 몇몇 작업을 정의한 예입니다.

코드 14-14 데이터 접근 객체의 구현 예

```
@Dao
interface UserDao {

    // users 테이블의 모든 데이터를 반환합니다.
    @Query("SELECT * from users")
    fun getUsers() : List<User>

    // userId와 일치하는 id를 가진 데이터를 반환합니다.
    @Query("SELECT * from users WHERE id = :userId")
    fun getUser(userId: Long) : User

    // userIds 목록에 포함되는 id를 가진 데이터를 모두 반환합니다.
    @Query("SELECT * from users WHERE id IN (:userIds)")
    fun getUsersIn(userIds: Array<Long>) : List<User>

    // users 테이블의 모든 데이터를 삭제합니다.
    @Query("DELETE from users")
    fun clearUsers()
}
```

@Query 어노테이션을 사용하여 지정한 쿼리문은 컴파일 시점에 쿼리문의 오류를 확인합니다. 다음과 같이 앞의 예제 코드에서 getUsersIn() 함수의 반환 타입을 실수로 빠뜨렸다고 가정해 봅시다.

코드 14-15 실수로 함수의 반환 타입을 누락한 경우

```
// List<User>를 반환해야 하지만 실수로 함수의 반환 타입을 지정하지 않았습니다.
@Query("SELECT * from users WHERE id IN (:userIds)")
fun getUsersIn(userIds: Array<Long>)
```

이 코드를 빌드하면 다음과 같이 에러 메시지가 표시되며 컴파일에 실패합니다. 따라서 문제가 되는 부분을 사전에 파악하고 수정할 수 있습니다.

코드 14-16 콘솔에 출력되는 컴파일 에러 메시지

```
e: /Users/taeho/git/kunny-kotlin-book/simple-github/build/tmp/kapt3/stubs/debug/
com/androidhuman/example/simplegithub/data/UserDao.java:16: error: Not sure how
to convert a Cursor to this method's return type
```

데이터베이스에서 가져온 데이터는 쿼리문을 실행한 시점의 데이터로, 데이터베이스의 내용이 나중에 변경되어도 동기화되지 않습니다. 데이터를 반환하는 함수의 타입을 안드로이드 아키텍처 컴포넌트에서 제공하는 LiveData나 RxJava의 Flowable과 같은 타입으로 변경하면 데이터베이스에 저장된 데이터와 동기화가 이뤄지므로 항상 최신 데이터를 참조할 수 있습니다.

LiveData로 반환 타입을 변경하려면 별도의 라이브러리를 추가하지 않아도 되지만, RxJava에서 제공하는 타입으로 반환 타입을 변경하려면 android.arch. persistence.room:rxjava2 라이브러리를 의존성에 추가해야 합니다.

 이 책에서는 LiveData 형태로 데이터를 받는 방법은 다루지 않으며, RxJava에서 제공하는 타입으로 반환 타입을 변경하는 방법만 살펴봅니다. 자세한 과정은 예제 프로젝트에 룸 라이브러리를 적용하는 과정에서 함께 살펴봅니다.

데이터를 조작하는 일부 SQL문은 @Query 어노테이션 대신 특화된 어노테이션을 사용할 수 있습니다. @Insert, @Update, @Delete 어노테이션을 사용할 수 있으며, 각 어노테이션의 사용 예는 다음과 같습니다.

코드 14-17 @Insert, @Update, @Delete 어노테이션의 사용 예

```
@Dao
interface UserDao {
```

다음 쪽에 계속 ▶

```
        // 새로운 사용자를 추가합니다.
        // 주요 키(Primary key)를 기준으로 중복 여부를 확인하며,
        // 여기에서는 중복된 데이터가 있는 경우 기존 데이터를 덮어씁니다.
        @Insert(onConflict = OnConflictStrategy.REPLACE)
        fun addUser(user: User)

        // 인자로 받은 사용자 정보의 주요 키를 사용하여 데이터를 검색한 후,
        // 저장되어 있는 정보를 인자로 받은 정보로 갱신합니다.
        @Update
        fun updateUser(newUser: User)

        // 인자로 받은 사용자 정보를 삭제합니다.
        // 인자로 받은 사용자 정보의 주요 키를 사용하여 삭제할 데이터를 찾습니다.
        @Delete
        fun deleteUser(user: User)
}
```

엔티티

엔티티(Entity)는 데이터베이스에 저장할 데이터의 형식을 정의하며, 각 엔티티가 하나의 테이블을 구성합니다. 이 때문에 룸 데이터베이스를 정의할 때 해당 데이터베이스에서 사용하는 엔티티를 @Database 어노테이션 내에 반드시 지정해 주어야 합니다. 룸 데이터베이스에서 지정하지 않은 엔티티를 사용하면 컴파일 에러가 발생합니다.

엔티티는 @Entity 어노테이션을 사용하여 정의합니다. 데이터베이스에 저장할 정보는 필드로 표현하며, public 수준의 가시성을 갖거나 Getter/Setter를 사용하여 필드에 접근할 수 있어야 합니다. 코틀린은 필드와 Getter/Setter 대신 프로퍼티를 사용하여 데이터베이스에 저장할 정보를 정의할 수 있습니다.

각 엔티티는 최소한 하나의 주요 키(Primary key)를 지정해야 합니다. @Primary Key 어노테이션을 사용하면 엔티티에서 사용할 주요 키를 지정할 수 있습니다. 만약 여러 필드를 주요 키로 사용하고 싶다면 @Entity 어노테이션에서 주요 키로 사용할 필드의 이름을 지정할 수 있습니다. 클래스에 포함된 필드 중 데이터베이스에 저장하고 싶지 않은 필드가 있을 경우 @Ignore 어노테이션을 필드에 추가하면 됩니다. 다음은 엔티티를 정의한 클래스의 예입니다.

코드 14-18 엔티티 클래스의 예

```
// 사용자 정보를 표현하는 엔티티를 정의합니다.
// 엔티티 이름과 동일한 User 테이블이 생성됩니다.
@Entity
class User(
        // id를 주요 키로 사용합니다.
        @PrimaryKey val id: Long,
        val name: String,
        var address: String,
```

다음 쪽에 계속 ▶

```kotlin
        // memo 필드는 데이터베이스에 저장하지 않습니다.
        @Ignore var memo: String)

// 주요 키로 id와 name을 사용합니다.
@Entity(primaryKeys = arrayOf("id", "name"))
class User(
        val id: Long,
        var name: String,
        var address: String,
        @Ignore var memo: String)
```

각 엔티티별로 생성되는 테이블 이름과 테이블 내의 열(column) 이름이 엔티티 클래스 및 필드 이름과 동일합니다. @Entity 어노테이션 내에서 tableName 속성을 사용하면 생성되는 테이블 이름을 변경할 수 있고, @ColumnInfo 어노테이션의 name 속성을 사용하면 각 필드의 데이터를 저장할 열 이름을 지정할 수 있습니다.

코드 14-19 @ColumnInfo 어노테이션의 사용 예

```kotlin
// User 엔티티의 정보를 저장할 테이블 이름을 users로 지정합니다.
@Entity(tableName = "users")
class User(
        @PrimaryKey val id: Long,

        // name 필드를 저장할 열 이름을 user_name으로 지정합니다.
        @ColumnInfo(name = "user_name") var name: String,

        // address 필드를 저장할 열 이름을 user_address로 지정합니다.
        @ColumnInfo(name = "user_address") var address: String,
        @Ignore val memo: String)
```

@Embedded 어노테이션을 사용하면 여러 필드가 조합된 클래스를 타입으로 갖는 엔티티의 필드를 클래스에 포함된 필드를 엔티티 테이블에서 별도의 열로 저장할 수 있습니다.

다음은 @Embedded 어노테이션의 사용 예입니다. User 엔티티의 필드에 포함된 BillingInfo 타입의 필드에 @Embedded 어노테이션을 적용했습니다.

코드 14-20 @Embedded 어노테이션의 사용 예

```kotlin
// 사용자의 결제 정보를 저장하는 클래스입니다.
class BillingInfo(
        @ColumnInfo(name = "billing_method") val method: String,
        @ColumnInfo(name = "billing_data") val data: String)

@Entity(tableName = "users")
class User(
        @PrimaryKey val id: Long,
        val name: String,
```

다음 쪽에 계속 ▶

```
// @Embedded 어노테이션을 사용하여
// BillingInfo 클래스의 필드를 User 엔티티 테이블의 열에 저장합니다.
@Embedded val billingInfo: BillingInfo)
```

@Embedded 어노테이션이 BillingInfo 클래스에 포함된 필드를 User 엔티티에서 생성하는 테이블의 열에 저장하므로, User 엔티티에서 생성한 테이블은 id, name, billingInfo 대신 id, name, billing_method, billing_data 열을 갖게 됩니다.

룸 라이브러리를 의존성에 추가하기

예제 프로젝트에 룸 라이브러리를 적용해 보겠습니다. 애플리케이션 빌드스크립트 (simple-github/build.gradle)를 열어 다음과 같이 의존성을 추가합니다.

코드 14-21 simple-github/build.gradle

```
android {
    ...
}

dependencies {
    ...

    // 룸 라이브러리를 추가합니다.
    implementation "android.arch.persistence.room:runtime:$archComponentVersion"

    // 룸 라이브러리 RxJava 플러그인을 추가합니다.
    implementation "android.arch.persistence.room:rxjava2:$archComponentVersion"
    ...

    // 룸 라이브러리용 어노테이션 프로세서를 추가합니다.
    kapt "android.arch.persistence.room:compiler:$archComponentVersion"
    ...
}
```

룸 데이터베이스 구성요소 및 DatabaseProvider 작성하기

여기에서는 예제 애플리케이션에 룸 데이터베이스 구축에 필요한 요소를 작성하는 과정을 살펴봅니다. 예제 애플리케이션에서는 룸 데이터베이스를 사용하여 조회한 저장소 정보를 저장하고, 이를 메인 화면에 리스트로 표시할 것입니다.

먼저, 조회한 저장소 정보를 저장하기 위해 엔티티를 작성합니다. 엔티티를 위한 클래스를 새로 정의하는 대신, 기존에 저장소 정보를 표현하기 위해 사용하고 있던 GithubRepo 클래스를 그대로 활용합니다.

코드 14-22 GithubRepo.kt

```
// GithubRepo 엔티티의 데이터가 저장될 테이블 이름을 repositories로 지정합니다.
@Entity(tableName = "repositories")
```

다음 쪽에 계속 ▶

```kotlin
class GithubRepo(
        val name: String,

        @SerializedName("full_name")

        // fullName 프로퍼티를 주요 키로 사용하며,
        // 테이블 내 필드 이름은 full_name으로 지정합니다.
        @PrimaryKey @ColumnInfo(name = "full_name") val fullName: String,

        // GithubOwner 내 필드를 테이블에 함께 저장합니다.
        @Embedded val owner: GithubOwner,

        val description: String?,
        val language: String?,
        @SerializedName("updated_at")

        // updatedAt 프로퍼티의 테이블 내 필드 이름을 updated_at으로 지정합니다.
        @ColumnInfo(name = "updated_at") val updatedAt: String,

        @SerializedName("stargazers_count") val stars: Int)
```

다음으로 데이터 접근 객체를 작성합니다. com.androidhuman.example.simplegithub. data 패키지에 SearchHistoryDao 인터페이스를 다음과 같이 작성합니다. 저장소 추가, 저장된 목록 조회, 전체 저장소 목록 삭제 기능을 갖추고 있습니다.

코드 14-23 SearchHistoryDao.kt

```kotlin
@Dao
interface SearchHistoryDao {

    // 데이터베이스에 저장소를 추가합니다.
    // 이미 저장된 항목이 있을 경우 데이터를 덮어씁니다.
    @Insert(onConflict = OnConflictStrategy.REPLACE)
    fun add(repo: GithubRepo)

    // 저장되어 있는 저장소 목록을 반환합니다.
    // Flowable 형태의 자료를 반환하므로, 데이터베이스가 변경되면 알림을 받아 새로운 자료를 가져옵니다.
    // 따라서 항상 최신 자료를 유지합니다.
    @Query("SELECT * FROM repositories")
    fun getHistory(): Flowable<List<GithubRepo>>

    // repositories 테이블의 모든 데이터를 삭제합니다.
    @Query("DELETE FROM repositories")
    fun clearAll()
}
```

📖 **Flowable은 무엇이며, 왜 사용하나요?**

Flowable은 RxJava 2.0에서 새로 추가된 기능입니다. Observable과 동일하게 구독 가능한 이벤트를 발생시킬 수 있지만, 백프레셔(Backpressure)에 대처할 수 있는 기능을 추가로 가지고 있습니다.

백프레셔란, 이벤트를 만들어내는(emit) 속도가 이벤트를 처리(consume)하는 속도보다 빠를 때 나타나는 현상을 말합니다. 이 현상이 지속되면 아직 처리되지 않은 이벤트가 큐에 계속 쌓이게 되므로 메모리가 부족해져 애플리케이션이 강제로 종료됩니다.

Flowable은 백프레셔가 발생했을 때 아직 처리되지 않은 이벤트를 최대한 쌓아두거나, 일부 이벤트 혹은 아직 처리되지 않은 이벤트 전부를 버리는 방식 중 하나로 해결할 수 있는 기능을 제공합니다.

데이터베이스는 일반적으로 많은 수의 자료를 다루므로 백프레셔가 발생하기 쉽습니다. 따라서 백프레셔에 대한 대응 방법을 지정할 수 없는 Observable 대신 Flowable을 사용합니다. Flowable과 백프레셔에 관해 더 자세한 내용이 궁금하신 분들은 다음 링크를 참고하세요.

- Flowable: *https://github.com/ReactiveX/RxJava/wiki/What's-different-in-2.0#observable-and-flowable*

- 백프레셔: *https://github.com/ReactiveX/RxJava/wiki/Backpressure-(2.0)*

이어서, 룸 데이터베이스 클래스를 작성합니다. com.androidhuman.example.simplegithub.data 패키지에 다음과 같이 SimpleGithubDatabase 클래스를 작성합니다.

코드 14-24 SimpleGithubDatabase.kt

```kotlin
// 데이터베이스에서 사용하는 엔티티와 버전을 지정합니다.
@Database(entities = arrayOf(GithubRepo::class), version = 1)
abstract class SimpleGithubDatabase : RoomDatabase() {

    // 데이터베이스와 연결할 데이터 접근 객체를 정의합니다.
    abstract fun searchHistoryDao(): SearchHistoryDao
}
```

마지막으로 룸 데이터베이스의 인스턴스와 데이터 접근 객체를 제공하는 코드를 작성합니다. com.androidhuman.example.simplegithub.data 패키지에 DatabaseProvider.kt 파일을 추가한 후, 다음과 같이 내용을 작성합니다. 룸 데이터베이스로 생성한 SimpleGithubDatabase 인스턴스는 최초 1회만 생성하고 이후에는 기존에 생성한 인스턴스를 활용합니다.

코드 14-25 DatabaseProvider.kt

```kotlin
// SimpleGithubDatabase의 인스턴스를 저장합니다.
private var instance: SimpleGithubDatabase? = null
```

다음 쪽에 계속 ▶

```
// 저장소 조회 기록을 담당하는 데이터 접근 객체를 제공합니다.
fun provideSearchHistoryDao(context: Context): SearchHistoryDao
        = provideDatabase(context).searchHistoryDao()

// SimpleGithubDatabase 룸 데이터베이스를 제공합니다.
// 싱글톤 패턴을 사용하여 인스턴스를 최초 1회만 생성합니다.
private fun provideDatabase(context: Context): SimpleGithubDatabase {
    if (null == instance) {

        // simple_github.db 데이터베이스 파일을 사용하는 룸 데이터베이스를 생성합니다.
        instance = Room.databaseBuilder(context.applicationContext,
                SimpleGithubDatabase::class.java, "simple_github.db")
                .build()
    }

    // 룸 데이터베이스 인스턴스를 반환합니다.
    return instance!!
}
```

SearchActivity 변경하기

조회한 저장소를 데이터베이스에 저장하기 위해 데이터 접근 객체인 SearchHistory
Dao의 인스턴스를 받은 후, 리스트에서 저장소를 선택할 때 호출되는 onItemClick()
함수에서 저장소를 추가하는 코드를 추가합니다.

코드 14-26 SearchActivity.kt

```
class SearchActivity : AppCompatActivity(), SearchAdapter.ItemClickListener {

    ...

    // SearchHistoryDao의 인스턴스를 받아옵니다.
    internal val searchHistoryDao by lazy { provideSearchHistoryDao(this) }

    ...

    override fun onItemClick(repository: GithubRepo) {

        // 데이터베이스에 저장소를 추가합니다.
        // 데이터 조작 코드를 메인 스레드에서 호출하면 에러가 발생하므로,
        // RxJava의 Completable을 사용하여
        // IO 스레드에서 데이터 추가 작업을 수행하도록 합니다.
        disposables += Completable
                .fromCallable { searchHistoryDao.add(repository) }
                .subscribeOn(Schedulers.io())
                .subscribe()
        ...
    }

    ...
}
```

Completable은 옵서버블의 한 종류이며, 일반적인 Observable과 달리 이벤트 스트림에 자료를 전달하지 않습니다. 따라서 SearchHistoryDao.add() 함수처럼 반환하는 값이 없는 작업을 옵서버블 형태로 표현할 때 유용합니다.

앞에서 Completable.fromCallable()을 사용하여 데이터베이스를 조작하는 함수를 메인 스레드가 아닌 다른 스레드에서 실행하도록 했습니다. 똑같은 코드를 반복해서 작성하는 불편함을 줄이기 위해, 이를 runOnIoScheduler() 함수로 만들어 다음과 같이 RxJavaExtensions.kt 파일에 추가합니다.

코드 14-27 RxJavaExtensions.kt

```kotlin
fun runOnIoScheduler(func: () -> Unit): Disposable
        = Completable.fromCallable(func)
        .subscribeOn(Schedulers.io())
        .subscribe()
```

이 함수를 사용하면 SearchActivity에서 저장소를 추가하는 코드를 다음과 같이 간략하게 표현할 수 있습니다.

코드 14-28 SearchActivity.kt

```kotlin
// import 문에 runOnIoScheduler 함수를 추가합니다.
import com.androidhuman.example.simplegithub.extensions.runOnIoScheduler
...

class SearchActivity : AppCompatActivity(), SearchAdapter.ItemClickListener {

    ...

    override fun onItemClick(repository: GithubRepo) {
        // runOnIoScheduler 함수로 IO 스케줄러에서 실행할 작업을 간단히 표현합니다.
        disposables += runOnIoScheduler { searchHistoryDao.add(repository) }
        startActivity<RepositoryActivity>(
                RepositoryActivityKEY_USER_LOGIN to repository.owner.login,
                RepositoryActivityKEY_REPO_NAME to repository.name)
    }
    ...
}
```

MainActivity 변경하기

MainActivity 코드를 변경하기 전에, 이와 관련된 리소스 파일을 일부 수정합니다. 먼저, 최근 조회한 저장소 정보를 삭제하는 메뉴를 제공하기 위해 menu_activity_main.xml 메뉴 리소스를 다음과 같이 작성합니다.

코드 14-29 menu_activity_main.xml

```xml
<?xml version="1.0" encoding="utf-8"?>
<menu xmlns:android="http://schemas.android.com/apk/res/android">
    <item android:id="@+id/menu_activity_main_clear_all"
        android:title="@string/clear_all" />
</menu>
```

메뉴에 표시할 텍스트 리소스도 strings.xml에 추가합니다.

코드 14-30 strings.xml

```xml
<resources>
    ...

    <!-- 새 문자열 리소스를 추가합니다. -->
    <string name="clear_all">Clear all</string>
    ...
</resources>
```

이제 MainActivity의 코드를 수정하는 과정을 살펴보겠습니다. MainActivity에 최근 검색한 항목을 표시하기 위해 SearchActivity에서 사용했던 SearchAdapter를 그대로 사용합니다. 어댑터에서 선택한 항목을 처리할 수 있도록 SearchAdapter. ItemClickListener 인터페이스를 MainActivity에서 구현하고, 어댑터를 프로퍼티로 추가합니다. 데이터베이스에 접근할 수 있는 SearchHistoryDao 데이터베이스 접근 객체와 디스포저블 관리를 위한 AutoClearedDisposable의 프로퍼티도 함께 추가합니다.

코드 14-31 MainActivity.kt

```kotlin
// SearchAdapter.ItemClickListener 인터페이스를 구현합니다.
class MainActivity : AppCompatActivity(), SearchAdapter.ItemClickListener {

    // 어댑터 프로퍼티를 추가합니다.
    internal val adapter by lazy {
        SearchAdapter().apply { setItemClickListener(this@MainActivity) }
    }

    // 최근 조회한 저장소를 담당하는 데이터 접근 객체 프로퍼티를 추가합니다.
    internal val searchHistoryDao by lazy { provideSearchHistoryDao(this) }

    // 디스포저블을 관리하는 프로퍼티를 추가합니다.
    internal val disposables = AutoClearedDisposable(this)

    ...
}
```

MainActivity에서는 액티비티가 활성 상태(onStart() ~ onStop() 사이)일 때에만 데

이터베이스에 저장된 저장소 조회 기록을 표시할 것입니다. 이를 위해, 액티비티의 onStart() 콜백 함수가 호출되면 디스포저블로부터 이벤트를 받기 시작하고 onStop() 콜백 함수가 호출되면 이벤트를 받는 것을 중단하는 AutoActivatedDisposable 클래스를 com.androidhuman.example.simplegithub.rx 패키지에 추가합니다.

코드 14-32 AutoActivatedDisposable.kt

```kotlin
class AutoActivatedDisposable(

        // 생명주기 이벤트를 받을 인스턴스입니다.
        private val lifecycleOwner: LifecycleOwner,

        // 이벤트를 받을 디스포저블 객체를 만드는 함수입니다.
        private val func: () -> Disposable)
    : LifecycleObserver {

    private var disposable: Disposable? = null

    // onStart() 콜백 함수가 호출되면 activate() 함수를 실행합니다.
    @OnLifecycleEvent(Lifecycle.Event.ON_START)
    fun activate() {
        // 디스포저블로부터 이벤트를 받기 시작합니다.
        disposable = func.invoke()
    }

    // onStop() 콜백 함수가 호출되면 deactivate() 함수를 실행합니다.
    @OnLifecycleEvent(Lifecycle.Event.ON_STOP)
    fun deactivate() {
        // 디스포저블로부터 이벤트를 받는 것을 중단합니다.
        disposable?.dispose()
    }

    // onDestroy() 콜백 함수가 호출되면 detachSelf() 함수를 실행합니다.
    @OnLifecycleEvent(Lifecycle.Event.ON_DESTROY)
    fun detachSelf() {
        // 생명주기 이벤트를 더 이상 받지 않도록 옵서버에서 제거합니다.
        lifecycleOwner.lifecycle.removeObserver(this)
    }
}
```

이제 MainActivity의 onCreate() 함수를 수정합니다. 생명주기 이벤트 옵서버에 액티비티 내에서 생성하는 디스포저블을 관리할 AutoClearedDisposable을 추가하고, 데이터베이스에 저장된 저장소 기록을 가져올 AutoActivatedDisposable() 또한 생명주기 이벤트 옵서버에 추가합니다. AutoActivatedDisposable을 통해 액티비티가 활성화되었을 때 수행할 작업은 fetchHistory()에 정의되어 있으며, 이 함수의 구현은 잠시 후에 알아봅니다.

코드 14-33 MainActivity.kt

```kotlin
override fun onCreate(savedInstanceState: Bundle?) {
    super.onCreate(savedInstanceState)
    setContentView(R.layout.activity_main)

    // 생명주기 이벤트 옵서버를 등록합니다.
    lifecycle += disposables
    lifecycle += object : LifecycleObserver {

        // onStart() 콜백 함수가 호출되면 fetchSearchHistory() 함수를 호출합니다.
        @OnLifecycleEvent(Lifecycle.Event.ON_START)
        fun fetch() {
            fetchSearchHistory()
        }
    }

    btnActivityMainSearch.setOnClickListener {
        startActivity<SearchActivity>()
    }

    // 리사이클러뷰에 어댑터를 설정합니다.
    with(rvActivityMainList) {
        layoutManager = LinearLayoutManager(this@MainActivity)
        adapter = this@MainActivity.adapter
    }
}
```

다음은 메뉴를 표시하고 사용하기 위한 함수를 추가합니다. onCreateOptionsMenu()
함수에서 앞에서 생성한 메뉴 리소스를 액티비티의 메뉴로 표시하도록 하며,
onOptionsItemSelected() 함수에서는 'Clear all' 메뉴를 선택했을 때 데이터베이스
내의 저장소 조회 기록을 모두 삭제하는 clearAll() 함수를 호출합니다. clearAll()
함수는 잠시 후에 구현해 보겠습니다.

코드 14-34 MainActivity.kt

```kotlin
override fun onCreateOptionsMenu(menu: Menu): Boolean {
    menuInflater.inflate(R.menu.menu_activity_main, menu)
    return true
}

override fun onOptionsItemSelected(item: MenuItem): Boolean {
    // 'Clear all' 메뉴를 선택하면 조회했던 저장소 기록을 모두 삭제합니다.
    if (R.id.menu_activity_main_clear_all == item.itemId) {
        clearAll()
        return true
    }
    return super.onOptionsItemSelected(item)
}
```

이어서 리스트에 표시된 항목을 선택했을 때 호출되는 함수인 onItemClick() 함수의 구현을 살펴봅시다. SearchActivity의 구현과 마찬가지로 선택한 항목의 정보를 토대로 RepositoryActivity를 실행하도록 작성합니다.

코드 14-35 MainActivity.kt

```kotlin
override fun onItemClick(repository: GithubRepo) {
    startActivity<RepositoryActivity>(
            RepositoryActivityKEY_USER_LOGIN to repository.owner.login,
            RepositoryActivityKEY_REPO_NAME to repository.name)
}
```

마지막으로, 나머지 함수들의 구현을 모두 살펴봅니다. fetchSearchHistory() 함수는 데이터베이스에 저장된 저장소 목록을 받아 화면에 표시하는 작업을 디스포저블 형태로 반환하며, clearAll() 함수는 데이터베이스에 저장된 모든 저장소 기록을 삭제합니다. 그 외에 showMessage(), hideMessage() 함수는 TextView를 사용하여 메시지를 화면에 표시하거나 표시된 메시지를 숨기는 역할을 합니다.

코드 14-36 MainActivity.kt

```kotlin
// 데이터베이스에 저장되어 있는 저장소 목록을 불러오는 작업을 반환합니다.
// SearchHistoryDao.getHistory() 함수는 Flowable 형태로 데이터를 반환하므로,
// 데이터베이스에 저장된 자료가 바뀌면 즉시 업데이트된 정보가 새로 전달됩니다.
private fun fetchSearchHistory(): Disposable
        = searchHistoryDao.getHistory()

        // 메인 스레드에서 호출하면 Room에서 오류를 발생시키므로 IO 스레드에서 작업을 수행합니다.
        .subscribeOn(Schedulers.io())

        // 결과를 받아 뷰에 업데이트해야 하므로 메인 스레드(UI 스레드)에서 결과를 처리합니다.
        .observeOn(AndroidSchedulers.mainThread())
        .subscribe({ items ->

            // 어댑터를 갱신합니다.
            with(adapter) {
                setItems(items)
                notifyDataSetChanged()
            }

            // 저장된 데이터의 유무에 따라 오류 메시지를 표시하거나 감춥니다.
            if (items.isEmpty()) {
                showMessage(getString(R.string.no_recent_repositories))
            } else {
                hideMessage()
            }
        }) {
            showMessage(it.message)
        }

// 데이터베이스에 저장되어 있는 모든 저장소 기록을 삭제합니다.
```

다음 쪽에 계속 ▶

```
private fun clearAll() {

    // 메인 스레드에서 실행하면 오류가 발생하므로,
    // 앞에서 작성한 runOnIoScheduler() 함수를 사용하여 IO 스레드에서 작업을 실행합니다.
    disposables += runOnIoScheduler { searchHistoryDao.clearAll() }
}

private fun showMessage(message: String?) {
    with(tvActivityMainMessage) {
        text = message ?: "Unexpected error."
        visibility = View.VISIBLE
    }
}

private fun hideMessage() {
    with(tvActivityMainMessage) {
        text = ""
        visibility = View.GONE
    }
}
```

이것으로 모든 수정이 끝났습니다. 애플리케이션을 실행하고 저장소를 검색한 후, 몇몇 저장소를 조회했다 다시 메인 화면으로 복귀하면 다음과 같이 조회했던 저장소들이 리스트에 표시됩니다.

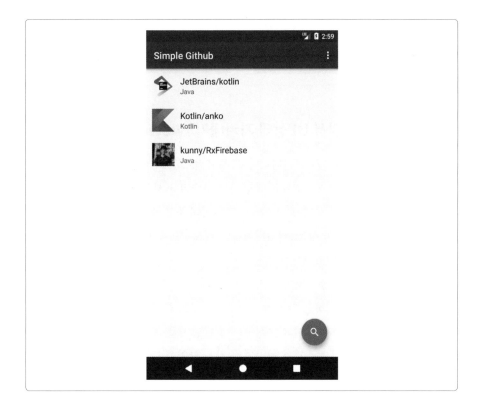

오른쪽 상단의 오버플로 메뉴 버튼을 누르면 'Clear all' 메뉴가 표시되는 것을 확인할 수 있습니다. 이 메뉴를 누르면 다음과 같이 저장되어 있던 데이터베이스가 모두 삭제되고 화면이 갱신되는 것을 확인할 수 있습니다.

14.4 생명주기에 맞서 UI 상태 지켜내기: ViewModel 클래스

안드로이드 애플리케이션은 액티비티나 프래그먼트를 사용하여 화면을 구성합니다. 하지만 액티비티나 프래그먼트는 화면이 회전되거나 사용자가 홈 화면으로 나가는 등의 동작이 발생하면 상태가 변하면서 액티비티나 프래그먼트가 소멸되었다 다시 생성될 수 있습니다. 이 경우, 액티비티나 프래그먼트에 표시할 데이터도 함께 소멸되므로 UI 상태도 함께 초기화됩니다.

앞에서 작성한 예제 애플리케이션 또한 UI 상태 변화에 적절히 대응하지 않고 있습니다. 검색 결과를 표시하는 SearchActivity를 예로 들 수 있습니다. 다음의 좌측 스크린샷처럼 검색 결과가 표시되는 상태에서 단말기를 회전하면 우측 스크린샷과 같이 화면에 표시되던 검색 결과가 사라지는 것을 확인할 수 있습니다.

이러한 현상을 막으려면, Bundle 클래스에 UI 상태를 복원하기 위한 데이터를 넣어 onSaveInstanceState() 함수에 전달하고, onCreate() 함수에서 Bundle 클래스에 저장했던 데이터를 꺼내 UI 상태를 복원하면 됩니다. 하지만 Bundle 클래스에는 비교적 간단한 정보(숫자, 문자열, 배열 등)만 담을 수 있고, 담을 수 있는 자료의 크기가 제한되어 있으므로 복잡한 구조의 데이터를 저장할 수 없습니다.

안드로이드 아키텍처 컴포넌트는 Bundle 클래스만을 사용하여 UI 상태를 저장하고 복원할 수 있는 한계를 극복하기 위해 ViewModel 클래스를 제공합니다. 이 절에서는 ViewModel 클래스에 대해 알아보고, 예제 애플리케이션에 ViewModel 클래스를 적용하는 절차를 살펴봅니다.

이 절에서 다룬 내용들이 모두 반영된 예제 프로젝트의 소스코드는 다음 링크를 통해 확인할 수 있습니다.

- 프로젝트 저장소: *https://github.com/kunny/kunny-kotlin-book/tree/arch-components-lifecycle-viewmodel*
- 프로젝트 압축 파일 다운로드: *https://github.com/kunny/kunny-kotlin-book/archive/arch-components-lifecycle-viewmodel.zip*

ViewModel 소개

ViewModel 클래스는 액티비티나 프래그먼트의 UI에 표시될 데이터를 저장하고 관리하는 역할을 합니다. 따라서 일반적으로 ViewModel 클래스에 새로운 데이터를 요청하거나 변경하는 함수를 같이 구현합니다.

ViewModel 클래스에 저장할 데이터는 필요에 따라 개발자가 자유롭게 선택할 수 있지만, 모든 데이터가 아닌 UI 복원에 필요한 데이터만 저장해야 합니다. 데이터베이스에 있는 정보를 리스트에 표시하는 경우를 예로 들어 보면, 리스트에 표시되고 있는 데이터는 전체 데이터 중 일부일 수 있습니다. 이때, ViewModel 클래스에는 현재 표시되고 있는 '일부' 데이터를 복원할 수 있는 정보만 저장해야 합니다.

UI 정보를 저장할 ViewModel 클래스를 생성하려면 ViewModel 클래스를 상속하는 새로운 클래스를 만들면 됩니다. 새로운 ViewModel 클래스를 정의하는 예는 다음과 같습니다.

코드 14-37 새로운 ViewModel 클래스를 정의하는 예

```
// ViewModel 클래스인 MyViewModel 클래스를 정의합니다.
class MyViewModel : ViewModel() {

    // 여기에 UI 상태를 저장하기 위해 필요한 정보를 정의합니다.
}
```

ViewModel 클래스의 인스턴스를 받으려면 ViewModel 클래스의 생성자를 직접 호출하는 대신 ViewModelProviders.of() 함수를 사용하여 ViewModelProvider의 인스턴스를 얻은 후, get() 함수를 사용해야 합니다. 다음은 앞의 예제 코드에서 정의한 MyViewModel 클래스의 인스턴스를 얻는 코드의 예를 보여줍니다.

코드 14-38 ViewModel의 인스턴스를 얻는 예

```
class MyActivity: AppCompatActivity() {

    // onCreate()에서 초기화를 수행하므로 lateinit으로 표시합니다.
    lateinit var viewModel: MyViewModel

    override fun onCreate(savedInstanceState: Bundle?) {
        super.onCreate(savedInstanceState)

        // MyViewModel의 인스턴스를 가져옵니다.
        viewModel = ViewModelProviders.of(this).get(MyViewModel::class.java)

        ...
    }

    ...
}
```

코틀린에서는 get() 함수를 배열 인덱스에 접근하는 방법과 동일하게 표현할 수 있으므로, 앞의 코드는 다음과 같이 표현할 수 있습니다.

코드 14-39 배열 인덱스 접근 연산자를 사용한 모습

```kotlin
class MyActivity: AppCompatActivity() {

    lateinit var viewModel: MyViewModel

    override fun onCreate(savedInstanceState: Bundle?) {
        super.onCreate(savedInstanceState)

        // get() 함수 호출은 대괄호('[]')를 사용하는 방식으로 표현할 수 있습니다.
        viewModel = ViewModelProviders.of(this)[MyViewModel::class.java]

        ...
    }

    ...
}
```

ViewModel은 필요에 따라 생성자의 인자를 통해 추가 데이터를 전달받을 수 있습니다. 다음은 추가 인자를 받는 ViewModel 클래스를 정의하는 예입니다.

코드 14-40 추가 인자를 받는 ViewModel 클래스의 정의 예

```kotlin
// 인자로 ItemApi와 ItemDao 인스턴스를 받는 ViewModel 클래스를 정의합니다.
class MyViewModel(
        val api: ItemApi,
        val itemDao: ItemDao) : ViewModel() {
    ...
}
```

하지만 클래스의 생성자에 추가 인자가 있는 ViewModel 클래스의 인스턴스의 경우 기존과 같이 ViewModelProviders.of(Fragment) 혹은 ViewModelProviders.of(FragmentActivity) 함수를 사용하여 ViewModel 클래스의 인스턴스를 얻으려 시도하면 다음과 같은 오류가 발생합니다.

코드 14-41 추가 인자를 받는 ViewModel의 인스턴스를 받으려 할 때 표시되는 오류 메시지

```
Caused by: java.lang.RuntimeException:
    Cannot create an instance of class com.androidhuman.example.ui.MyViewModel
  at android.arch.lifecycle.ViewModelProvider$NewInstanceFactory.create
    (ViewModelProvider.java:145)
  at android.arch.lifecycle.ViewModelProviders$DefaultFactory.create
    (ViewModelProviders.java:143)
  at android.arch.lifecycle.ViewModelProvider.get(ViewModelProvider.java:128)
  at android.arch.lifecycle.ViewModelProvider.get(ViewModelProvider.java:96)
```

ViewModel 클래스의 인스턴스를 생성할 ViewModelProvider가 MyViewModel 클래스의 생성자에 전달할 인자를 어디에서 받아야 할지 몰라 발생하는 오류입니다. 이 오류를 해결하려면 MyViewModel을 생성하는 방법을 정의하는 ViewModel 팩토리 클래스를 정의해야 합니다. 다음은 MyViewModel을 생성하는 방법을 정의한 MyViewModel Factory 클래스의 예입니다.

코드 14-42 ViewModel 팩토리 클래스의 정의 예

```
// MyViewModel의 생성자에 전달할 인자를 MyViewFactory의 생성자로 받습니다.
// 필요에 따라 MyViewModel에 전달할 인자를 MyViewFactory 클래스에서 생성할 수도 있습니다.
class MyViewModelFactory(
        val api: ItemApi, val itemDao: ItemDao)
    : ViewModelProvider.Factory {

    // 이 팩토리 클래스에서 지원하는 ViewModel 인스턴스를 생성하는 함수입니다.
    override fun <T : ViewModel> create(modelClass: Class<T>): T {
        // MyViewModel 인스턴스를 생성합니다.
        @Suppress("UNCHECKED_CAST")
        return MyViewModel(api, itemDao) as T
    }
}
```

다음은 앞에서 생성한 MyViewModelFactory 클래스를 사용하여 MyViewModel 클래스의 인스턴스를 받는 예를 보여줍니다. ViewModelProviders.of() 함수에 추가로 ViewModelProvider.Factory의 인스턴스를 전달하여 생성자가 있는 ViewModel 클래스의 인스턴스를 생성할 수 있도록 하므로 오류 없이 MyViewModel 클래스의 인스턴스를 획득할 수 있습니다.

코드 14-43 ViewModel 팩토리를 사용하여 ViewModel의 인스턴스를 얻는 모습

```
class MyActivity: AppCompatActivity() {

    // MyViewModel에서 필요한 값을 정의합니다.
    val api: ItemApi = ...
    val itemDao: ItemDao = ...

    lateinit var viewModel: MyViewModel

    override fun onCreate(savedInstanceState: Bundle?) {
        super.onCreate(savedInstanceState)

        // MyViewModelFactory 인스턴스를 생성합니다.
        val viewModelFactory = MyViewModelFactory(api, itemDao)

        // 앞에서 생성한 MyViewModelFactory의 인스턴스를
        // ViewModelProviders.of() 함수에 전달합니다.
```

다음 쪽에 계속 ▶

```
        viewModel = ViewModelProviders.of(
                this, viewModelFactory)[MyViewModel::class.java]

        ...
    }
    ...
}
```

ViewModel 클래스의 인스턴스는 이와 연결된 액티비티나 프래그먼트가 완전히 종료
되기 전까지 유지됩니다. ViewModel과 연결된 액티비티나 프래그먼트가 종료되는
경우 ViewModel의 onCleared() 콜백 함수가 호출되며, 이때 ViewModel에 포함하고 있
는 데이터 중 별도로 정리가 필요한 항목을 처리하면 됩니다. 액티비티의 상태 변화
및 상태 변화에 따라 호출되는 콜백 함수, 그리고 이 액티비티와 연결된 ViewModel의
관계를 보여줍니다.

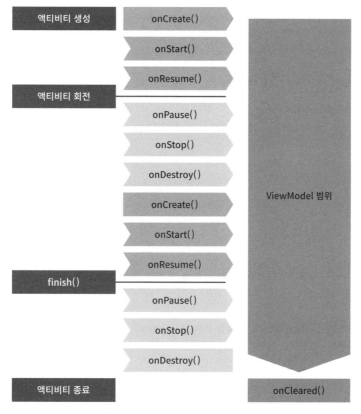

그림 14-2 액티비티의 상태 변화와 이와 연결된 ViewModel의 상관 관계

ViewModel을 의존성에 추가하기

예제 프로젝트에 ViewModel을 적용해 보겠습니다. 14.2절에서 Lifecycle을 사용하기 위해 프로젝트에 의존성을 추가했다면 추가로 작업할 사항은 없으나, ViewModel만 적용해 보고 싶은 분들을 위해 다시 한번 의존성 설정 방법을 안내합니다.

먼저, dependencies.gradle 파일을 열어 프로젝트에서 사용할 안드로이드 아키텍처 컴포넌트 버전을 추가합니다.

코드 14-44 dependencies.gradle

```
ext {
    ...

    // 사용할 아키텍처 컴포넌트 버전을 추가합니다.
    archComponentVersion = '1.0.0'

    ...

    // 26.1.0 버전 이상의 서포트 라이브러리를 사용해야 합니다.
    supportLibVersion = '27.0.1'
}
```

그 다음, 프로젝트에서 ViewModel을 사용할 수 있도록 필요한 의존성을 simple-github/build.gradle에 추가합니다. 안드로이드 아키텍처 컴포넌트에서는 어노테이션 프로세서를 사용하므로, 이를 위한 의존성도 함께 추가합니다.

코드 14-45 simple-github/build.gradle

```
...

android {
    ...
}

dependencies {
    // 안드로이드 아키텍처 컴포넌트를 위한 의존성을 추가합니다.
    implementation "android.arch.lifecycle:extensions:$archComponentVersion"
    ...

    // 안드로이드 아키텍처 컴포넌트를 위한 의존성을 추가합니다.
    kapt "android.arch.lifecycle:compiler:$archComponentVersion"
    ...
}
```

SupportOptional 클래스 작성하기

예제 애플리케이션에서는 ViewModel에 데이터를 저장하기 위해 RxJava에서 제공하는 클래스인 BehaviorSubject를 주로 사용합니다. BehaviorSubject 또한 Observable

이나 Flowable과 마찬가지로 널 값을 이벤트로 전달할 수 없으므로, 표시할 데이터가 없는 경우를 표현하기 위한 클래스를 별도로 생성해야 합니다.

📖 **BehaviorSubject란 무엇인가요?**

BehaviorSubject는 서브젝트(Subject)의 한 종류입니다. 서브젝트는 이벤트를 발생시킬 수 있는 Observable이나 Flowable의 특성과 더불어 외부에서 서브젝트에 이벤트를 전달할 수 있는 기능을 함께 갖춘 컴포넌트입니다.

BehaviorSubject는 이 서브젝트에서 가장 마지막으로 발생한 이벤트를 옵서버의 구독 시점에 전달합니다. 따라서 RxJava를 사용하여 데이터를 전달하는 예제 애플리케이션에서 UI 상태를 유지하기 위한 데이터를 관리하기에 적합합니다.

BehaviorSubject는 초깃값을 지정할 수 있습니다. 따라서 BehaviorSubject를 최초로 구독할 때 전달할 데이터를 설정할 수 있습니다. BehaviorSubject에 대한 더 자세한 사항은 RxJava 공식 홈페이지의 'Subject' 페이지(*http://reactivex.io/documentation/subject.html*) 내의 'BehaviorSubject' 섹션을 참조하세요.

이를 위해, 데이터의 유무를 표현할 수 있는 SupportOptional 클래스를 작성합니다. 이름에서 알 수 있듯이 자바 8의 Optional 클래스의 기능을 일부 구현한 클래스입니다. 여기에서 널 값이 아닌 값은 Some 클래스로 감싸며, 널 값은 Empty 클래스로 감싸줍니다.

SupportOptional 클래스로 값을 더 간편하게 감싸주기 위해 optionalOf()와 empty Optional() 인라인 함수를 추가합니다. SupportOptional 클래스 및 인라인 함수를 추가하기 위해 com.androidhuman.example.simplegithub.util 패키지를 새로 만들고, 여기에 SupportOptional.kt 파일을 만들어 다음과 같이 코드를 추가합니다.

코드 14-46 SupportOptional.kt

```kotlin
// SupportOptional 클래스는 하나의 값을 포함할 수 있습니다.
// Empty와 Some 클래스만 SupportOptional 클래스를 상속할 수 있도록
// sealed class로 선언합니다.
sealed class SupportOptional<out T : Any>(private val _value: T?) {

    // 클래스가 널이 아닌 값을 가지고 있는지 여부를 반환합니다.
    val isEmpty: Boolean
        get() = null == _value

    // 값을 반환하기 전에 checkNotNull() 함수를 사용하여 널 여부를 확인합니다.
    // 널 값을 반환하려 하는 경우 IllegalStateException이 발생합니다.
    val value: T
```

다음 쪽에 계속 ▶

```
        get() = checkNotNull(_value)
}

// 빈 데이터를 표시하기 위한 클래스입니다.
class Empty<out T : Any> : SupportOptional<T>(null)

// 널 값이 아닌 데이터를 표시하기 위한 클래스입니다.
class Some<out T : Any>(value: T) : SupportOptional<T>(value)

// SupportOptional 형태로 데이터를 감싸는 유틸리티 함수입니다.
// 널 값이 아니라면 Some 클래스로, 널 값이라면 Empty 클래스로 감싸줍니다.
inline fun <reified T : Any> optionalOf(value: T?)
        = if (null != value) Some(value) else Empty<T>()

// Empty 클래스의 인스턴스를 간편하게 만들어주는 유틸리티 함수입니다.
inline fun <reified T : Any> emptyOptional() = Empty<T>()
```

SignInActivity에 SignInViewModel 적용하기

SignInActivity에 표시될 데이터를 관리할 SignInViewModel을 작성해 보겠습니다. SignInViewModel에서는 Github API를 호출할 때 필요한 액세스 토큰, 에러가 발생했을 때 사용자에게 표시할 메시지, 그리고 작업 진행 여부를 표시하는 데이터를 관리합니다.

액티비티에서 SignInViewModel에서 제공하는 데이터를 매번 요청하는 대신, 각 데이터의 값이 변경되면 변경된 값을 액티비티에서 받아 처리할 수 있도록 서브젝트 형태로 데이터를 제공합니다.

액세스 토큰 정보와 작업 상태 여부는 BehaviorSubject를 사용하므로 액티비티가 서브젝트에 구독하는 시점에 서브젝트에서 발생한 가장 마지막 값을 액티비티에 전달합니다. 따라서 화면 회전 등으로 액티비티가 재생성되어도 기존의 UI 상태를 쉽게 복원할 수 있습니다.

에러 메시지는 PublishSubject를 사용합니다. PublishSubject는 BehaviorSubject와 달리 옵서버가 서브젝트에 구독하고 있는 시점에만 이벤트를 전달하고, 이벤트가 발생한 이후에 구독한 옵서버에게는 기존에 발생한 이벤트를 전달하지 않습니다.

다음은 SignInViewModel의 구현 코드입니다. SignInActivity와 동일하게 com.androidhuman.example.simplegithub.ui.signin 패키지에 작성합니다. 액티비티에 전달할 모든 데이터를 SignInViewModel에서 관리하게 되었으므로, 기기에 저장된 액세스 토큰을 불러오는 함수와 서버에 새 액세스 토큰을 요청하는 함수도 SignInViewModel에 구현합니다.

코드 14-47 SignViewModel.kt

```kotlin
// API 호출에 필요한 객체와 기기에 저장된 액세스 토큰을 관리할 때 필요한 객체를
// 생성자의 인자로 전달받습니다.
class SignInViewModel(
        val api: AuthApi,
        val authTokenProvider: AuthTokenProvider)
    : ViewModel() {

    // 액세스 토큰을 전달할 서브젝트입니다.
    val accessToken: BehaviorSubject<SupportOptional<String>>
            = BehaviorSubject.create()

    // 에러 메시지를 전달할 서브젝트입니다.
    val message: PublishSubject<String> = PublishSubject.create()

    // 작업 진행 상태를 전달할 서브젝트입니다. 초깃값으로 false를 지정합니다.
    val isLoading: BehaviorSubject<Boolean>
            = BehaviorSubject.createDefault(false)

    // 기기에 저장된 액세스 토큰을 불러옵니다.
    fun loadAccessToken(): Disposable

            // 저장된 토큰이 없는 경우 authTokenProvider.token이 null을 반환합니다.
            // 따라서 optionalOf() 함수를 사용하여 SupportOptional로 이를 감싸줍니다.
            = Single.fromCallable { optionalOf(authTokenProvider.token) }
            .subscribeOn(Schedulers.io())
            .subscribe(Consumer<SupportOptional<String>> {

                // 액세스 토큰을 전달하는 서브젝트로 액세스 토큰을 전달합니다.
                accessToken.onNext(it)
            })

    // API를 통해 액세스 토큰을 요청합니다.
    fun requestAccessToken(clientId: String, clientSecret: String,
                        code: String): Disposable
            = api.getAccessToken(clientId, clientSecret, code)

            // API 응답 중에서 액세스 토큰만 추출합니다.
            .map { it.accessToken }

            // API 호출을 시작하면 작업 진행 상태를 true로 변경합니다.
            // onNext()를 사용하여 서브젝트에 이벤트를 전달합니다.
            .doOnSubscribe { isLoading.onNext(true) }

            // 작업이 완료되면(오류, 정상 종료 포함) 작업 진행 상태를 false로 변경합니다.
            .doOnTerminate { isLoading.onNext(false) }
            .subscribe({ token ->

                // API를 통해 액세스 토큰을 받으면 기기에 액세스 토큰을 저장합니다.
                authTokenProvider.updateToken(token)

                // 액세스 토큰을 전달하는 서브젝트에 새로운 액세스 토큰을 전달합니다.
                accessToken.onNext(optionalOf(token))
            }) {
```

다음 쪽에 계속 ▶

```
            // 오류가 발생하면 에러 메시지를 전달하는 서브젝트에 메시지를 전달합니다.
            message.onNext(it.message ?: "Unexpected error")
        }
    }
}
```

SignInViewModel는 생성자에서 인자를 받으므로 SignInViewModel을 생성하는 방법을 정의한 뷰모델 팩토리 클래스를 추가로 정의해야 합니다. SignInViewModel과 동일한 패키지에 SignInViewModelFactory 클래스를 다음과 같이 작성합니다.

코드 14-48 SignInViewModelFactory.kt

```
class SignInViewModelFactory(
        val api: AuthApi,
        val authTokenProvider: AuthTokenProvider)
    : ViewModelProvider.Factory {
    override fun <T : ViewModel> create(modelClass: Class<T>): T {
        @Suppress("UNCHECKED_CAST")
        return SignInViewModel(api, authTokenProvider) as T
    }
}
```

이제 SignInActivity를 수정해 보겠습니다. SignInViewModel에서 제공하는 서브젝트를 구독하는 디스포저블은 액티비티가 완전히 종료되기 전까지 디스포저블을 해제하지 않고 유지해야 서브젝트의 이벤트를 계속 받을 수 있습니다. 이를 위해 액티비티가 완전히 종료될 때에만 디스포저블을 해제하는 viewDisposable 프로퍼티를 추가합니다. 그리고 SignInViewModel을 생성하기 위해 필요한 뷰모델 팩토리인 SignInViewModelFactory와 SignInViewModel 프로퍼티를 선언합니다.

코드 14-49 SignInActivity.kt

```
class SignInActivity : AppCompatActivity() {

    internal val disposables = AutoClearedDisposable(this)

    // 액티비티가 완전히 종료되기 전까지 이벤트를 계속 받기 위해 추가합니다.
    internal val viewDisposables
            = AutoClearedDisposable(lifecycleOwner = this,
                                    alwaysClearOnStop = false)

    // SignInViewModel을 생성할 때 필요한 뷰모델 팩토리 클래스의 인스턴스를 생성합니다.
    internal val viewModelFactory by lazy {
        SignInViewModelFactory(provideAuthApi(), AuthTokenProvider(this))
    }

    // 뷰모델의 인스턴스는 onCreate()에서 받으므로, lateinit으로 선언합니다.
    lateinit var viewModel: SignInViewModel

    ...
}
```

그 다음, onCreate() 함수를 수정합니다. 가장 먼저 SignInViewModel의 인스턴스를 받은 후, SignInViewModel에서 제공하는 서브젝트를 구독하는 코드를 추가합니다.

코드 14-50 SignInActivity.kt

```kotlin
override fun onCreate(savedInstanceState: Bundle?) {
    super.onCreate(savedInstanceState)
    setContentView(R.layout.activity_sign_in)

    // SignInViewModel의 인스턴스를 받습니다.
    viewModel = ViewModelProviders.of(
            this, viewModelFactory)[SignInViewModel::class.java]

    lifecycle += disposables

    // viewDisposables에서 이 액티비티의 생명주기 이벤트를 받도록 합니다.
    lifecycle += viewDisposables

    ...

    // 액세스 토큰 이벤트를 구독합니다.
    viewDisposables += viewModel.accessToken
            // 액세스 토큰이 없는 경우는 무시합니다.
            .filter { !it.isEmpty }
            .observeOn(AndroidSchedulers.mainThread())
            // 액세스 토큰이 있는 것을 확인했다면 메인 화면으로 이동합니다.
            .subscribe { launchMainActivity() }

    // 에러 메시지 이벤트를 구독합니다.
    viewDisposables += viewModel.message
            .observeOn(AndroidSchedulers.mainThread())
            .subscribe { message -> showError(message) }

    // 작업 진행 여부 이벤트를 구독합니다.
    viewDisposables += viewModel.isLoading
            .observeOn(AndroidSchedulers.mainThread())
            .subscribe { isLoading ->

                // 작업 진행 여부 이벤트에 따라 프로그레스바의 표시 상태를 변경합니다.
                if (isLoading) {
                    showProgress()
                } else {
                    hideProgress()
                }
            }

    // 기기에 저장되어 있는 액세스 토큰을 불러옵니다.
    disposables += viewModel.loadAccessToken()
}
```

마지막으로, 새로운 액세스 토큰을 요청하는 함수인 getAccessToken()를 다음과 같이 변경합니다. 액티비티에서 직접 API를 호출하는 대신, 뷰모델을 통해 API 호출을 요청합니다.

코드 14-51 SignInActivity.kt

```kotlin
private fun getAccessToken(code: String) {
    // ViewModel에 정의된 함수를 사용하여 새로운 액세스 토큰을 요청합니다.
    disposables += viewModel.requestAccessToken(
            BuildConfig.GITHUB_CLIENT_ID,
            BuildConfig.GITHUB_CLIENT_SECRET, code)
}
```

변경된 SignInActivity에서의 데이터 흐름을 좀 더 직관적으로 살펴보기 위해, 액세스 토큰을 전달하는 SignInViewModel.accessToken 서브젝트를 예로 살펴봅시다.

기기에 저장된 액세스 토큰이 없을 경우, Empty 클래스의 인스턴스를 사용하여 저장된 액세스 토큰이 없다는 이벤트를 서브젝트에 전달하며, 이 서브젝트를 구독하고 있는 액티비티에서는 저장된 액세스 토큰이 없는 경우를 무시하도록 구현했으므로 아무 일도 일어나지 않습니다.

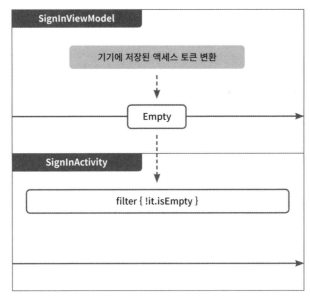

그림 14-3 기기에 저장된 액세스 토큰이 없는 경우의 동작 흐름

이 상태에서 API를 통해 요청한 액세스 토큰이 정상적으로 받아지면, 이 액세스 토큰은 SignInViewModel.accessToken 서브젝트에 전달됩니다. 서브젝트에 액세스 토큰이 전달되면 SignInViewModel.accessToken 서브젝트를 구독하는 액티비티에도 이벤트가 전달되어 메인 액티비티를 실행하게 됩니다.

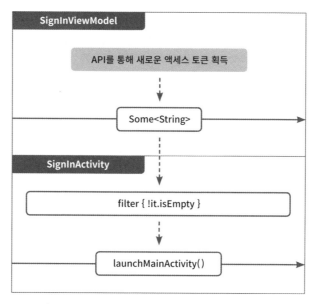

그림 14-4 액세스 토큰 수신 이벤트가 메인 액티비티를 실행하는 과정

MainActivity에 MainViewModel 적용하기

MainViewModel은 데이터베이스에 저장된 저장소 조회 기록과 화면에 표시할 메시지를 전달하는 Flowable과 서브젝트, 그리고 데이터베이스에 저장된 저장소 조회 기록을 삭제하는 함수로 구성됩니다. MainViewModel에서 저장소 조회 기록 데이터베이스에 접근해야 하므로 SearchHistoryDao를 생성자의 인자로 받습니다. MainActivity와 같은 패키지에 MainViewModel 클래스를 다음과 같이 작성합니다.

코드 14-52 MainViewModel.kt

```kotlin
// SearchHistoryDao를 생성자의 인자로 받습니다.
class MainViewModel(val searchHistoryDao: SearchHistoryDao) : ViewModel() {

    // 데이터베이스에 저장되어 있는 저장소 조회 기록을 Flowable 형태로 제공합니다.
    // searchHistory 자체가 값을 갖지 않고, searchHistoryDao를 통해 데이터를 가져오므로
    // 지원 프로퍼티(backing property) 형태로 선언합니다.
    val searchHistory: Flowable<SupportOptional<List<GithubRepo>>>
        get() = searchHistoryDao.getHistory()

                // SupportOptional 형태로 데이터를 감싸줍니다.
                .map { optionalOf(it) }

                // 매 이벤트가 발생할 때마다 함수 블록을 호출합니다.
                .doOnNext { optional ->
                    if (optional.value.isEmpty()) {
                        // 표시할 데이터가 없는 경우,
                        // message 서브젝트를 통해 표시할 메시지를 전달합니다.
```

다음 쪽에 계속 ▶

```
                                    message.onNext(optionalOf("No recent repositories."))
                    } else {
                        // 데이터가 있는 경우, 메시지를 표시하지 않도록 합니다.
                        message.onNext(emptyOptional())
                    }
                }

                // 에러가 발생했을 때 실행할 함수 블록을 정의합니다.
                .doOnError {
                    // 에러 메시지를 message 서브젝트를 통해 전달합니다.
                    message.onNext(optionalOf(it.message ?: "Unexpected error"))
                }

                // 에러가 발생한 경우 빈 데이터를 반환합니다.
                .onErrorReturn { emptyOptional() }

    // 메시지를 전달할 서브젝트입니다.
    val message: BehaviorSubject<SupportOptional<String>>
            = BehaviorSubject.create()

    // 데이터베이스에 저장된 저장소 조회 기록을 모두 삭제합니다.
    fun clearSearchHistory(): Disposable
            = runOnIoScheduler { searchHistoryDao.clearAll() }
}
```

MainViewModel을 생성하기 위해 필요한 뷰모델 팩토리 클래스인 MainViewModel
Factory 클래스도 MainActivity와 동일한 패키지에 다음과 같이 작성합니다.

코드 14-53 MainViewModelFactory.kt
```
class MainViewModelFactory(val searchHistoryDao: SearchHistoryDao)
    : ViewModelProvider.Factory {

    override fun <T : ViewModel> create(modelClass: Class<T>): T {
        @Suppress("UNCHECKED_CAST")
        return MainViewModel(searchHistoryDao) as T
    }
}
```

다음으로 MainActivity를 수정합니다. SignInActivity와 마찬가지로, 뷰모델을 사
용하기 위해 필요한 프로퍼티를 먼저 추가합니다.

코드 14-54 MainActivity.kt
```
class MainActivity : AppCompatActivity(), SearchAdapter.ItemClickListener {

    internal val adapter by lazy {
        SearchAdapter().apply { setItemClickListener(this@MainActivity) }
    }

    internal val disposables = AutoClearedDisposable(this)
```

다음 쪽에 계속 ▶

```
// 액티비티가 완전히 종료되기 전까지 이벤트를 계속 받기 위해 추가합니다.
internal val viewDisposables
        = AutoClearedDisposable(lifecycleOwner = this,
                                alwaysClearOnStop = false)

// MainViewModel을 생성하기 위해 필요한 뷰모델 팩토리 클래스의 인스턴스를 생성합니다.
internal val viewModelFactory
        by lazy { MainViewModelFactory(provideSearchHistoryDao(this)) }

// 뷰모델의 인스턴스는 onCreate()에서 받으므로, lateinit으로 선언합니다.
lateinit var viewModel: MainViewModel

    ...
}
```

이어서 onCreate() 함수를 수정합니다. MainViewModel의 인스턴스를 획득한 후, 데이터베이스에 저장된 저장소 조회 기록 이벤트와 화면에 표시할 메시지 이벤트를 구독합니다.

코드 14-55 MainActivity.kt

```
override fun onCreate(savedInstanceState: Bundle?) {
    super.onCreate(savedInstanceState)
    setContentView(R.layout.activity_main)

    // MainViewModel의 인스턴스를 받습니다.
    viewModel = ViewModelProviders.of(
            this, viewModelFactory)[MainViewModel::class.java]

    lifecycle += disposables

    // viewDisposables에서 이 액티비티의 생명주기 이벤트를 받도록 합니다.
    lifecycle += viewDisposables

    // 액티비티가 활성 상태일 때만
    // 데이터베이스에 저장된 저장소 조회 기록을 받도록 합니다.
    lifecycle += AutoActivatedDisposable(this) {
        viewModel.searchHistory
                .subscribeOn(Schedulers.io())
                .observeOn(AndroidSchedulers.mainThread())
                .subscribe { items ->
                    with(adapter) {
                        if (items.isEmpty) {
                            clearItems()
                        } else {
                            setItems(items.value)
                        }
                        notifyDataSetChanged()
                    }
                }
    }

    ...
```

다음 쪽에 계속 ▶

```
            // 메시지 이벤트를 구독합니다.
            viewDisposables += viewModel.message
                    .observeOn(AndroidSchedulers.mainThread())
                    .subscribe { message ->
                        if (message.isEmpty) {
                            // 빈 메시지를 받은 경우 표시되고 있는 메시지를 화면에서 숨깁니다.
                            hideMessage()
                        } else {
                            // 유효한 메시지를 받은 경우 화면에 메시지를 표시합니다.
                            showMessage(message.value)
                        }
                    }
}
```

마지막으로, onOptionsItemSelected() 함수를 다음과 같이 수정합니다.

코드 14-56 MainActivity.kt

```
override fun onOptionsItemSelected(item: MenuItem): Boolean {
    if (R.id.menu_activity_main_clear_all == item.itemId) {

        // 데이터베이스에 저장된 저장소 조회 기록 데이터를 모두 삭제합니다.
        disposables += viewModel.clearSearchHistory()
        return true
    }
    return super.onOptionsItemSelected(item)
}
```

SearchActivity에 SearchViewModel 적용하기

SearchViewModel은 저장소 검색 결과, 검색어, 화면에 표시할 메시지, 그리고 작업 진행 여부를 표시하는 데이터를 관리합니다. 추가로, API를 사용하여 저장소 검색 결과를 요청하는 함수와 데이터베이스에 조회한 저장소 기록을 추가하는 함수를 제공합니다.

앞에서 생성한 뷰모델과 마찬가지로, SearchActivity와 동일한 패키지에 Search ViewModel 클래스를 다음과 같이 작성합니다.

코드 14-57 SearchViewModel.kt

```
// 생성자의 인자로 API 및 데이터베이스 접근에 필요한 인스턴스를 받습니다.
class SearchViewModel(
        val api: GithubApi,
        val searchHistoryDao: SearchHistoryDao)
    : ViewModel() {

    // 검색 결과를 전달할 서브젝트입니다. 초깃값으로 빈 값을 지정합니다.
    val searchResult: BehaviorSubject<SupportOptional<List<GithubRepo>>>
            = BehaviorSubject.createDefault(emptyOptional())

    // 마지막 검색어를 전달할 서브젝트입니다. 초깃값으로 빈 값을 지정합니다.
```

다음 쪽에 계속 ▶

```kotlin
val lastSearchKeyword: BehaviorSubject<SupportOptional<String>>
        = BehaviorSubject.createDefault(emptyOptional())

// 화면에 표시할 메시지를 전달할 서브젝트입니다.
val message: BehaviorSubject<SupportOptional<String>> = BehaviorSubject.create()

// 작업 진행 상태를 전달할 서브젝트입니다. 초깃값으로 false를 지정합니다.
val isLoading: BehaviorSubject<Boolean>
        = BehaviorSubject.createDefault(false)

// 검색 결과를 요청합니다.
fun searchRepository(query: String): Disposable
        = api.searchRepository(query)

            // 검색어를 lastSearchKeyword 서브젝트에 전달합니다.
            .doOnNext { lastSearchKeyword.onNext(optionalOf(query))}
            .flatMap {
                if (0 == it.totalCount) {
                    Observable.error(IllegalStateException("No search result"))
                } else {
                    Observable.just(it.items)
                }
            }

            // 검색을 시작하기 전에, 현재 화면에 표시되고 있던 검색 결과 및 메시지를 모두 제거합니다.
            // 작업 진행 상태를 true로 변경합니다.
            .doOnSubscribe {
                searchResult.onNext(emptyOptional())
                message.onNext(emptyOptional())
                isLoading.onNext(true)
            }

            // 작업이 종료되면(정상 종료, 오류 모두 포함) 작업 진행 상태를 false로 변경합니다.
            .doOnTerminate { isLoading.onNext(false) }
            .observeOn(AndroidSchedulers.mainThread())
            .subscribe({ items ->

                // 검색 결과를 searchResult 서브젝트에 전달합니다.
                searchResult.onNext(optionalOf(items))
            }) {

                // 에러가 발생한 경우 message 서브젝트를 통해 에러 메시지를 전달합니다.
                message.onNext(optionalOf(it.message ?: "Unexpected error"))
            }

    // 데이터베이스에 저장소 정보를 추가합니다.
    fun addToSearchHistory(repository: GithubRepo): Disposable
            = runOnIoScheduler { searchHistoryDao.add(repository) }
}
```

SearchViewModel을 생성하기 위해 필요한 뷰모델 팩토리 클래스인 SearchViewModel
Factory 클래스도 SearchActivity와 동일한 패키지에 다음과 같이 작성합니다.

코드 14-58 SearchViewModelFactory.kt

```kotlin
class SearchViewModelFactory(
        val api: GithubApi,
        val searchHistoryDao: SearchHistoryDao)
    : ViewModelProvider.Factory {

    override fun <T : ViewModel> create(modelClass: Class<T>): T {
        @Suppress("UNCHECKED_CAST")
        return SearchViewModel(api, searchHistoryDao) as T
    }
}
```

이어서 SearchActivity 코드를 수정합니다. 다음과 같이 SearchViewModel을 사용하기 위해 필요한 요소들을 추가합니다.

코드 14-59 SearchActivity.kt

```kotlin
class SearchActivity : AppCompatActivity(), SearchAdapter.ItemClickListener {

    internal lateinit var menuSearch: MenuItem

    internal lateinit var searchView: SearchView

    internal val adapter by lazy {
        SearchAdapter().apply { setItemClickListener(this@SearchActivity) }
    }

    internal val disposables = AutoClearedDisposable(this)

    // 액티비티가 완전히 종료되기 전까지 이벤트를 계속 받기 위해 추가합니다.
    internal val viewDisposables
            = AutoClearedDisposable(lifecycleOwner = this, alwaysClearOnStop = false)

    // SearchViewModel을 생성할 때 필요한 뷰모델 팩토리 클래스의 인스턴스를 생성합니다.
    internal val viewModelFactory by lazy {
        SearchViewModelFactory(
                provideGithubApi(this),
                provideSearchHistoryDao(this))
    }

    // 뷰모델의 인스턴스는 onCreate()에서 받으므로, lateinit으로 선언합니다.
    lateinit var viewModel: SearchViewModel

    ...
}
```

다음으로 onCreate() 함수를 수정합니다. SearchViewModel의 인스턴스를 획득한 후, SearchViewModel에서 제공하는 서브젝트를 구독하는 코드를 추가합니다.

코드 14-60 SearchActivity.kt

```kotlin
override fun onCreate(savedInstanceState: Bundle?) {
```

다음 쪽에 계속 ▶

```kotlin
super.onCreate(savedInstanceState)
setContentView(R.layout.activity_search)

// SearchViewModel의 인스턴스를 받습니다.
viewModel = ViewModelProviders.of(
        this, viewModelFactory)[SearchViewModel::class.java]

lifecycle += disposables

// viewDisposables에서 이 액티비티의 생명주기 이벤트를 받도록 합니다.
lifecycle += viewDisposables

...

// 검색 결과 이벤트를 구독합니다.
viewDisposables += viewModel.searchResult
        .observeOn(AndroidSchedulers.mainThread())
        .subscribe { items ->
            with(adapter) {
                if (items.isEmpty) {
                    // 빈 이벤트를 받으면 표시되고 있던 항목을 제거합니다.
                    clearItems()
                } else {
                    // 유효한 이벤트를 받으면 데이터를 화면에 표시합니다.
                    setItems(items.value)
                }
                notifyDataSetChanged()
            }
        }

// 메시지 이벤트를 구독합니다.
viewDisposables += viewModel.message
        .observeOn(AndroidSchedulers.mainThread())
        .subscribe { message ->
            if (message.isEmpty) {
                // 빈 이벤트를 받으면 화면에 표시되고 있던 메시지를 숨깁니다.
                hideError()
            } else {
                // 유효한 이벤트를 받으면 화면에 메시지를 표시합니다.
                showError(message.value)
            }
        }

// 작업 진행 여부 이벤트를 구독합니다.
viewDisposables += viewModel.isLoading
        .observeOn(AndroidSchedulers.mainThread())
        .subscribe { isLoading ->

            // 작업 진행 여부 이벤트에 따라 프로그레스바의 표시 상태를 변경합니다.
            if (isLoading) {
                showProgress()
            } else {
                hideProgress()
            }
        }
}
```

다음으로 onCreateOptionsMenu() 함수를 수정합니다. 마지막으로 검색한 키워드의 유무에 따라 SearchView를 펼친 상태로 보여주거나, 검색 키워드를 액티비티의 제목으로 설정합니다.

코드 14-61 SearchActivity.kt

```kotlin
override fun onCreateOptionsMenu(menu: Menu): Boolean {
    ...

    // 마지막으로 검색한 검색어 이벤트를 구독합니다.
    viewDisposables += viewModel.lastSearchKeyword
            .observeOn(AndroidSchedulers.mainThread())
            .subscribe { keyword ->
                if (keyword.isEmpty) {
                    // 아직 검색을 수행하지 않은 경우 SearchView를 펼친 상태로 유지합니다.
                    menuSearch.expandActionView()
                } else {
                    // 검색어가 있는 경우 해당 검색어를 액티비티의 제목으로 표시합니다.
                    updateTitle(keyword.value)
                }
            }

    return true
}
```

마지막으로 onItemClick() 함수와 searchRepository() 함수를 다음과 같이 수정합니다.

코드 14-62 SearchActivity.kt

```kotlin
override fun onItemClick(repository: GithubRepo) {

    // 선택한 저장소 정보를 데이터베이스에 추가합니다.
    disposables += viewModel.addToSearchHistory(repository)
    startActivity<RepositoryActivity>(
            RepositoryActivityKEY_USER_LOGIN to repository.owner.login,
            RepositoryActivityKEY_REPO_NAME to repository.name)
}

private fun searchRepository(query: String) {

    // 전달받은 검색어로 검색 결과를 요청합니다.
    disposables += viewModel.searchRepository(query)
}
```

이제 SearchActivity는 단말기의 환경 변화와 무관하게 UI에 표시되는 데이터를 유지할 수 있습니다. 예제 애플리케이션을 실행하여 저장소를 검색한 후, 이 상태에서 단말기를 회전해 봅시다. 이전에는 검색 결과가 사라지고 빈 화면이 표시되었지만, 이제는 검색 결과가 유지되는 것을 확인할 수 있습니다.

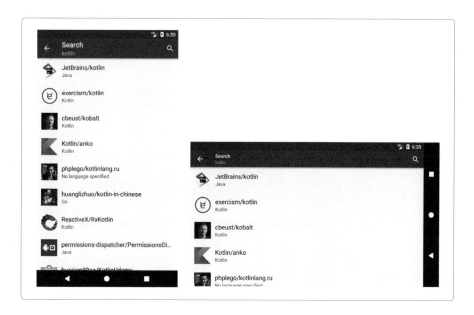

RepositoryActivity에 RepositoryViewModel 적용하기

RepositoryViewModel은 저장소의 정보, 메시지, 콘텐츠를 보여주는 레이아웃의 표시 여부, 그리고 작업 진행 상태를 표시하는 데이터를 관리합니다. 추가로 API를 사용하여 저장소 정보를 요청하는 함수를 포함합니다. RepositoryActivity와 동일한 패키지에 RepositoryViewModel을 다음과 같이 작성합니다.

코드 14-63 RepositoryViewModel.kt

```kotlin
// API 호출에 필요한 객체를 생성자의 인자로 전달받습니다.
class RepositoryViewModel(val api: GithubApi) : ViewModel() {

    // 저장소 정보를 전달할 서브젝트입니다.
    val repository: BehaviorSubject<SupportOptional<GithubRepo>>
            = BehaviorSubject.create()

    // 에러 메시지를 전달할 서브젝트입니다.
    val message: BehaviorSubject<String> = BehaviorSubject.create()

    // 저장소 정보를 보여주는 레이아웃의 표시 여부를 전달할 서브젝트입니다.
    // 초깃값으로 false를 지정합니다.
    val isContentVisible: BehaviorSubject<Boolean>
            = BehaviorSubject.createDefault(false)

    // 작업 진행 상태를 전달할 서브젝트입니다.
    val isLoading: BehaviorSubject<Boolean> = BehaviorSubject.create()

    // API를 사용하여 저장소 정보를 요청합니다.
    fun requestRepositoryInfo(login: String, repoName: String): Disposable {
        val repoObservable = if (!repository.hasValue()) {
```

다음 쪽에 계속 ▶

```
        // repository 서브젝트에 저장된 값이 없는 경우에만
        // API를 통해 저장소 정보를 요청합니다.
        api.getRepository(login, repoName)
    } else {
        // repository 서브젝트에 저장소 정보가 있는 경우
        // 추가로 저장소 정보를 요청하지 않아도 됩니다.
        // 따라서 더 이상 작업을 진행하지 않도록 Observable.empty()를 반환합니다.
        Observable.empty()
    }

    return repoObservable

        // 저장소 정보를 받기 시작하면 작업 진행 상태를 true로 변경합니다.
        .doOnSubscribe { isLoading.onNext(true) }

        // 작업이 완료되면(오류, 정상 종료 포함) 작업 진행 상태를 false로 변경합니다.
        .doOnTerminate { isLoading.onNext(false) }
        .subscribeOn(Schedulers.io())
        .subscribe({ repo ->

            // repository 서브젝트에 저장소 정보를 전달합니다.
            repository.onNext(optionalOf(repo))

            // 저장소 정보를 보여주는 뷰를 화면에 보여주기 위해
            // isContentVisible 서브젝트에 이벤트를 전달합니다.
            isContentVisible.onNext(true)
        }) {

            // 에러가 발생하면 message 서브젝트에 에러 메시지를 전달합니다.
            message.onNext(it.message ?: "Unexpected error")
        }
    }
}
```

RepositoryViewModel을 생성하기 위해 필요한 뷰모델 팩토리 클래스인 Repository ViewModelFactory 클래스도 RepositoryActivity와 동일한 패키지에 다음과 같이 작성합니다.

코드 14-64 RepositoryViewModelFactory.kt

```
class RepositoryViewModelFactory(val api: GithubApi) : ViewModelProvider.Factory {

    override fun <T : ViewModel> create(modelClass: Class<T>): T {
        @Suppress("UNCHECKED_CAST")
        return RepositoryViewModel(api) as T
    }
}
```

이어서 RepositoryActivity를 수정합니다. RepositoryViewModel을 사용하기 위해 필요한 요소들을 추가합니다.

코드 14-65 RepositoryActivity.kt

```kotlin
class RepositoryActivity : AppCompatActivity() {

    internal val disposables = AutoClearedDisposable(this)

    // 액티비티가 완전히 종료되기 전까지 이벤트를 계속 받기 위해 추가합니다.
    internal val viewDisposables
            = AutoClearedDisposable(lifecycleOwner = this,
                                    alwaysClearOnStop = false)

    // RepositoryViewModel을 생성하기 위해 필요한 뷰모델 팩토리 클래스의 인스턴스를 생성합니다.
    internal val viewModelFactory by lazy {
        RepositoryViewModelFactory(provideGithubApi(this))
    }

    // 뷰모델의 인스턴스는 onCreate()에서 받으므로, lateinit으로 선언합니다.
    lateinit var viewModel: RepositoryViewModel

    ...
}
```

마지막으로 onCreate() 함수를 다음과 같이 수정합니다. RepositoryViewModel의 인
스턴스를 획득한 후, RepositoryViewModel에서 제공하는 서브젝트를 구독하는 코드
를 추가합니다.

코드 14-66 RepositoryActivity.kt

```kotlin
override fun onCreate(savedInstanceState: Bundle?) {
    super.onCreate(savedInstanceState)
    setContentView(R.layout.activity_repository)

    // RepositoryViewModel의 인스턴스를 받습니다.
    viewModel = ViewModelProviders.of(
            this, viewModelFactory)[RepositoryViewModel::class.java]

    lifecycle += disposables

    // viewDisposables에서 이 액티비티의 생명주기 이벤트를 받도록 합니다.
    lifecycle += viewDisposables

    // 저장소 정보 이벤트를 구독합니다.
    viewDisposables += viewModel.repository

            // 유효한 저장소 이벤트만 받도록 합니다.
            .filter { !it.isEmpty }
            .map { it.value }
            .observeOn(AndroidSchedulers.mainThread())
            .subscribe { repository ->
                GlideApp.with(this@RepositoryActivity)
                        .load(repository.owner.avatarUrl)
                        .into(ivActivityRepositoryProfile)

                tvActivityRepositoryName.text = repository.fullName
```

다음 쪽에 계속 ▶

```
                    tvActivityRepositoryStars.text = resources
                            .getQuantityString(R.plurals.star,
                                    repository.stars, repository.stars)
                    if (null == repository.description) {
                        tvActivityRepositoryDescription
                            .setText(R.string.no_description_provided)
                    } else {
                        tvActivityRepositoryDescription.text
                            = repository.description
                    }
                    if (null == repository.language) {
                        tvActivityRepositoryLanguage
                            .setText(R.string.no_language_specified)
                    } else {
                        tvActivityRepositoryLanguage.text
                            = repository.language
                    }

                    try {
                        val lastUpdate = dateFormatInResponse
                            .parse(repository.updatedAt)
                        tvActivityRepositoryLastUpdate.text
                            = dateFormatToShow.format(lastUpdate)
                    } catch (e: ParseException) {
                        tvActivityRepositoryLastUpdate.text
                            = getString(R.string.unknown)
                    }
                }

        // 메시지 이벤트를 구독합니다.
        viewDisposables += viewModel.message
                .observeOn(AndroidSchedulers.mainThread())

                // 메시지를 이벤트를 받으면 화면에 해당 메시지를 표시합니다.
                .subscribe { message -> showError(message) }

        // 저장소 정보를 보여주는 뷰의 표시 유무를 결정하는 이벤트를 구독합니다.
        viewDisposables += viewModel.isContentVisible
                .observeOn(AndroidSchedulers.mainThread())
                .subscribe { visible -> setContentVisibility(visible) }

        // 작업 진행 여부 이벤트를 구독합니다.
        viewDisposables += viewModel.isLoading
                .observeOn(AndroidSchedulers.mainThread())
                .subscribe { isLoading ->

                    // 작업 진행 여부 이벤트에 따라 프로그레스바의 표시 상태를 변경합니다.
                    if (isLoading) {
                        showProgress()
                    } else {
                        hideProgress()
                    }
                }

    ...
```

다음 쪽에 계속 ▶

```
    // 저장소 정보를 요청합니다.
    disposables += viewModel.requestRepositoryInfo(login, repo)
}
```

이로써 RepositoryActivity도 SearchActivity와 마찬가지로 단말기의 환경 변화와 무관하게 UI에 표시되는 데이터를 유지할 수 있게 되었습니다. 예제 애플리케이션을 실행하여 정보를 조회한 후, 이 상태에서 단말기를 회전해 봅시다. 이전에는 단말기를 회전하면 표시되고 있던 저장소 정보가 사라지고 다시 API를 호출하여 저장소 정보를 표시했지만, 이제는 기존에 표시하고 있던 저장소 정보가 유지되는 것을 확인할 수 있습니다.

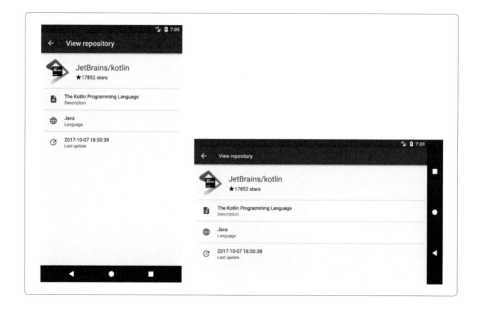

15장

프로젝트 개선 3단계: 대거 라이브러리로 필요한 객체 제공하기

이 장에서는 의존성 주입(dependency injection)을 사용하여 예제 애플리케이션에 필요한 객체를 제공하는 방법을 살펴봅니다.

15.1 의존성 주입과 대거 라이브러리

이 절에서는 의존성 주입에 대한 간단한 개념과, 의존성 주입을 구현하기 위해 사용하는 라이브러리인 대거(Dagger)에 대해 알아봅니다.

의존성 주입

의존성 주입이란, 특정 객체의 인스턴스가 필요한 경우 이를 직접 생성하지 않고 외부에서 생성된 객체를 전달하는 기법입니다. 즉, 각 객체는 다른 객체의 생성에는 관여하지 않고, 객체를 필요로 하는 부분과 독립된 별도의 모듈이 객체 생성과 주입을 전담합니다. 의존성 주입을 사용하면 다음과 같은 이점을 누릴 수 있습니다.

첫째, 목적에 따라 동작을 변경하기 쉽습니다. 의존성 주입을 사용하면 특정 객체에 필요한 객체를 외부에서 전달받으므로, 이를 조작하면 필요에 따라 다른 동작을 하는 객체를 간편하게 생성할 수 있습니다.

둘째, 생성한 객체를 쉽게 재사용할 수 있습니다. 의존성 주입을 사용하면 객체를 생성하는 작업을 특정 모듈에서 전담하게 되므로, 객체를 생성하는 방법과 이의 인스턴스를 효율적으로 관리할 수 있습니다.

셋째, 객체를 생성하거나 사용할 때 발생할 수 있는 실수를 줄여줍니다. 같은 역할을 하는 객체를 각각 다른 곳에서 별도로 생성하도록 코드를 작성하는 경우, 해당 객체를 생성하는 모든 부분의 코드를 수정해야 하므로 작업이 복잡하고 실수를 하기도 쉽습니다. 반면에, 의존성 주입을 사용하면 객체를 생성해주는 부분 한 곳만 변경하면 되므로 수정이 간편합니다. 또한, 해당 객체를 사용하는 모든 부분에 변경 결과가 일괄적으로 적용되므로 변경할 부분을 누락하는 실수를 원천 차단할 수 있습니다.

대거 라이브러리

자바 기반 프로젝트에서 의존성 주입을 사용할 수 있도록 도와주는 라이브러리에는 여러 종류가 있지만, 안드로이드 애플리케이션에서는 대거(Dagger) 라이브러리가 가장 많이 쓰입니다.

대거는 스퀘어(Square)에서 최초로 만든 라이브러리로, 자바 기반 프로젝트에서 의존성 주입을 사용할 수 있도록 도와줍니다. 이후, 구글에서 대거 라이브러리의 몇몇 기능을 개선하고 안드로이드 지원을 강화한 대거2(Dagger2)를 공개했습니다. 이 책에서는 대거 2.12 버전을 기준으로 설명하며, 앞으로 별도의 표기가 없는 한 '대거' 혹은 '대거 라이브러리'는 대거2를 지칭합니다.

대거 라이브러리에서 각 객체 간의 의존 관계는 어노테이션을 사용하여 정의합니다. 이렇게 정의한 의존 관계는 대거 라이브러리 내의 어노테이션 프로세서(annotation processor)를 통해 문제가 없는지 분석 절차를 거치며, 문제가 없다면 각 객체를 생성하는 코드를 만들어줍니다. 이처럼 의존 관계를 검증하는 과정과 필요한 코드를 생성하는 과정이 모두 빌드 단계에서 일어나므로, 잘못된 의존 관계로 발생할 수 있는 문제를 사전에 방지할 수 있어 더 견고한 애플리케이션을 만들 수 있습니다.

안드로이드 프로젝트에서 대거 라이브러리를 사용하려면 프로젝트의 의존성에 다음 항목을 추가해야 합니다.

코드 15-1 대거 라이브러리를 사용하기 위해 추가하는 의존성 목록

```
// 대거의 기본 기능을 사용하기 위해 필요합니다.
implementation "com.google.dagger:dagger:2.12"

// 안드로이드에 특화된 대거의 기능을 사용하기 위해 필요합니다.
implementation "com.google.dagger:dagger-android:2.12"

// 안드로이드 서포트 라이브러리를 지원하는 대거의 기능을 사용하기 위해 필요합니다.
```

다음 쪽에 계속 ▶

```
// (DaggerAppCompatActivity, dagger.android.support.DaggerFragment)
implementation "com.google.dagger:dagger-android-support:2.12"

// 안드로이드에 특화된 대거의 기능을 처리해주는 어노테이션 프로세서입니다.
kapt "com.google.dagger:dagger-android-processor:2.12"

// 대거의 기본 기능(의존관계 분석 및 코드 생성)을 처리해주는 어노테이션 프로세서입니다.
kapt "com.google.dagger:dagger-compiler:2.12"
```

 대거 라이브러리에 대한 더 자세한 정보를 얻고 싶으신 분들은 대거 공식 홈페이지(*https://google.github.io/dagger/*)를 참조하세요.

대거 라이브러리에 대한 개념과 특징을 간략하게 살펴보았으니, 이번에는 대거를 구성하는 핵심 요소들을 알아보겠습니다.

모듈

모듈(module)은 필요한 객체를 제공하는 역할을 합니다. 모듈은 클래스 단위로 구성되며, 이 클래스 내에 특정 객체를 반환하는 함수를 정의함으로써 모듈에서 제공하는 객체를 정의할 수 있습니다. 대거 라이브러리에서 모듈 클래스로 인식되게 하려면 @Module 어노테이션을 클래스에 추가해야 하며, 이 모듈에서 제공하는 객체를 정의한 함수에는 @Provides 어노테이션을 추가해야 합니다.

간단한 예를 통해 모듈을 정의하는 방법을 살펴보겠습니다. 다음과 같이 햄버거와 햄버거 재료를 표현하는 클래스 및 인터페이스가 있다고 가정해 봅시다.

코드 15-2 햄버거와 햄버거 재료를 표현하는 클래스 및 인터페이스

```
// 햄버거를 표현하는 클래스
class Burger(val bun: Bun, val patty: Patty) {
    ...
}

// 햄버거 패티를 정의하는 인터페이스
interface Patty {
    ...
}

// 소고기 패티를 정의하는 클래스
class BeefPatty : Patty {
    ...
}

// 햄버거 빵(번)을 정의하는 인터페이스
interface Bun {
    ...
```

다음 쪽에 계속 ▶

```
}

// 밀 빵을 정의하는 클래스
class WheatBun : Bun {
    ...
}
```

코드 15-2에서 볼 수 있듯이, 햄버거를 표현하는 클래스 Burger의 객체를 생성하려면 Bun과 Patty의 객체가 필요합니다. 의존성 주입을 사용하지 않고 햄버거 객체를 생성하려면 다음과 같이 수동으로 Bun과 Patty 객체를 생성한 후 Burger 클래스의 생성자에 전달해야 합니다.

코드 15-3 의존성 주입을 사용하지 않고 Burger 객체를 생성하는 코드

```
// 빵과 패티 객체를 생성합니다.
val bun = WheatBun()
val patty = BeefPatty()

// 앞에서 생성한 빵과 패티 객체를 사용하여 Burger 객체를 생성합니다.
val burger = Burger(bun, patty)
```

이와 같이 햄버거와 이를 구성하는 재료들은 하나의 모듈로 표현할 수 있습니다. 다음은 이들을 제공하는 BurgerModule의 예를 보여줍니다.

코드 15-4 햄버거와 이를 구성하는 재료를 제공하는 모듈의 예

```
@Module
class BurgerModule {

    // 햄버거 객체를 제공합니다.
    // 햄버거 객체를 만들기 위해 필요한 객체는 함수의 매개변수로 선언합니다.
    @Provides
    fun provideBurger(bun: Bun, patty: Patty): Burger {
        return Burger(bun, patty)
    }

    // 햄버거 빵 객체를 제공합니다.
    @Provides
    fun provideBun() : Bun {
        return WheatBun()
    }

    // 햄버거 패티 객체를 제공합니다.
    @Provides
    fun providePatty() : Patty {
        return BeefPatty()
    }
}
```

코드 15-4를 보면 알 수 있듯이, 모듈에는 모듈에서 제공할 객체의 종류와 각 객체를 생성하는 코드를 작성합니다. 특정 객체를 생성할 때 다른 객체가 필요한 경우, 즉 의존 관계에 있는 객체가 있는 경우 객체를 생성하는 함수의 매개변수로 의존 관계에 있는 객체를 추가합니다.

컴포넌트

모듈이 객체를 제공하는 역할을 했다면, 컴포넌트(component)는 모듈에서 제공받은 객체를 조합하여 필요한 곳에 주입(inject)하는 역할을 합니다. 하나의 컴포넌트는 여러 개의 모듈을 조합할 수 있습니다. 따라서 목적에 따라 각각 분리된 여러 모듈로부터 필요한 객체를 받아 사용할 수 있습니다.

대거의 컴포넌트는 @Component 어노테이션을 붙인 인터페이스로 선언하며, 이 어노테이션의 modules 프로퍼티를 통해 컴포넌트에 객체를 제공하는 모듈을 지정할 수 있습니다.

컴포넌트를 통해 객체를 전달받을 대상은 모듈과 유사하게 인터페이스 내 함수로 정의하며, 아무런 값을 반환하지 않고 객체를 전달받을 대상을 매개변수로 받는 형태로 함수를 정의합니다.

다음은 코드 15-4에서 정의한 BurgerModule을 제공하는 컴포넌트인 FastFood Component의 예입니다. @Component 어노테이션 내 modules 프로퍼티로 BurgerModule을 지정하고, Store 클래스에서 FastFoodComponent에서 제공하는 객체를 주입할 수 있도록 정의한 모습을 확인할 수 있습니다.

코드 15-5 FastFoodComponent 컴포넌트의 정의 예

```
// FastFoodComponent은 BurgerModule로부터 객체를 제공받습니다.
@Component(modules = arrayOf(BurgerModule::class))
interface FastFoodComponent {

    // Store 클래스에 FastFoodComponent에서 제공하는
    // 객체를 주입할 수 있도록 합니다.
    fun inject(store: Store)
}
```

컴포넌트와 모듈, 그리고 각 모듈에서 제공하는 객체 간의 의존 관계는 그래프로 표시할 수 있으며, 이를 객체 그래프(object graph)라 부릅니다. 다음 그림은 FastFood Component의 객체 그래프입니다.

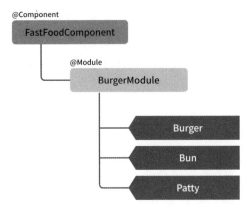

그림 15-1 FastFoodComponent의 객체 그래프

컴포넌트를 통해 객체를 주입받는 항목은 @Inject 어노테이션으로 표시합니다. 컴포넌트가 값을 주입하는 시점에 객체가 할당되므로, 값을 주입받는 프로퍼티는 lateinit var로 선언해야 합니다.

  컴포넌트에서, 객체를 주입받는 클래스를 정의한 후 프로젝트를 빌드하면 대거는 객체를 주입할 때 사용할 수 있는 컴포넌트의 코드를 생성해줍니다. 대거가 생성해주는 컴포넌트의 클래스 이름은 Dagger{컴포넌트 이름} 규칙을 따릅니다.

  코드 15-6은 Store 클래스에서 FastFoodComponent를 사용하여 Burger 객체를 주입하는 예입니다.

코드 15-6 FastFoodComponent로부터 객체를 전달받는 Store 클래스의 구현 예

```
class Store {

    // @Inject 어노테이션을 사용하여
    // 컴포넌트로부터 객체를 주입받는 것으로 표시합니다.
    // 프로퍼티 선언 시점에 객체를 초기화하지 않으므로
    // lateinit으로 선언해야 합니다.
    @Inject lateinit var burger: Burger

    init {
        // FoodComponent를 기반으로 대거가 생성한
        // DaggerFastFoodComponent 클래스를 사용합니다.
        DaggerFastFoodComponent.builder()

                // BurgerModule의 객체를 컴포넌트에 전달합니다.
                .burgerModule(BurgerModule())
                .build()

                // FoodComponent로부터 객체를 전달받습니다.
                .inject(store = this)
    }
}
```

다음은 대거가 생성한 코드인 DaggerFastFoodComponent의 코드를 보여줍니다. FastFoodComponent를 기반으로 클래스를 생성하고, BurgerModule을 사용하여 Store 클래스의 프로퍼티에 객체를 주입할 때 사용하는 코드가 생성된 것을 확인할 수 있습니다.

코드 15-7 대거가 생성한 DaggerFastFoodComponent의 모습

```java
public final class DaggerFastFoodComponent implements FastFoodComponent {
  private BurgerModule burgerModule;

  private DaggerFastFoodComponent(Builder builder) {
    initialize(builder);
  }

  public static Builder builder() {
    return new Builder();
  }

  public static FastFoodComponent create() {
    return new Builder().build();
  }

  @SuppressWarnings("unchecked")
  private void initialize(final Builder builder) {
    this.burgerModule = builder.burgerModule;
  }

  // 컴포넌트에서 제공하는 객체를 Store 클래스에 전달합니다.
  @Override
  public void inject(Store store) {
    injectStore(store);
  }

  private Store injectStore(Store instance) {

    // Store 클래스의 프로퍼티(필드)에 객체를 전달합니다.
    Store_MembersInjector.injectBurger(
        instance,
        Preconditions.checkNotNull(
            burgerModule.provideBurger(
                Preconditions.checkNotNull(
                    burgerModule.provideBun(),
                    "Cannot return null from a "
                    + "non-@Nullable @Provides method"),
                Preconditions.checkNotNull(
                    burgerModule.providePatty(),
                    "Cannot return null from a "
                    + "non-@Nullable @Provides method")),
            "Cannot return null from a "
            + "non-@Nullable @Provides method"));
    return instance;
  }
```

다음 쪽에 계속 ▶

```
  public static final class Builder {
    private BurgerModule burgerModule;

    private Builder() {}

    public FastFoodComponent build() {
      if (burgerModule == null) {
        this.burgerModule = new BurgerModule();
      }
      return new DaggerFastFoodComponent(this);
    }

    public Builder burgerModule(BurgerModule burgerModule) {
      this.burgerModule = Preconditions.checkNotNull(burgerModule);
      return this;
    }
  }
}
```

컴포넌트와 모듈을 결합하다 보면, 특정 객체를 만들기 위해 필요하지만 컴포넌트에 포함된 모듈에서는 인스턴스를 생성하여 제공할 수 없는 객체가 있습니다. 대표적으로 애플리케이션(Application)과 액티비티(Activity)의 객체를 들 수 있습니다. 애플리케이션이나 액티비티의 객체는 시스템에서 인스턴스를 생성합니다. 따라서 사용자가 임의로 객체를 생성하여 전달할 수 없으므로 모듈에서 이들을 제공할 수 없습니다.

이와 같이 모듈에서 직접 제공할 수 없지만 객체 그래프에 추가해야 하는 객체가 있는 경우, 컴포넌트를 통해 필요한 객체를 전달하는 방식으로 문제를 해결할 수 있습니다.

컴포넌트 빌더 인터페이스를 사용하면 컴포넌트에 추가로 전달할 객체를 간편하게 정의할 수 있습니다. 컴포넌트 빌더 인터페이스는 @Component.Builder로 표시하며, 생성할 컴포넌트를 반환하는 build() 함수를 반드시 포함해야 합니다. 컴포넌트에 추가로 전달할 객체를 지정하려면 해당 객체를 인자로 받고, 빌더 클래스를 반환하는 함수를 정의한 후 해당 함수에 @BindsInstance 어노테이션을 추가해야 합니다.

다음은 앞의 예제에서 만든 FastFoodComponent에 컴포넌트 빌더를 적용하고, 컴포넌트 빌더에 Application 객체를 객체 그래프에 추가하도록 구성한 예를 보여줍니다.

코드 15-8 컴포넌트 빌더를 적용한 FastFoodComponent의 모습

```
@Component(modules = arrayOf(BurgerModule::class))
interface FastFoodComponent {

    // FastFoodComponent의 컴포넌트 빌더를 정의합니다.
```

다음 쪽에 계속 ▶

```
@Component.Builder
interface Builder {

    // Application 객체를 객체 그래프에 포함하도록 합니다.
    @BindsInstance
    fun application(app: Application) : Builder

    // FastFoodComponent를 반환하는 build() 함수를
    // 반드시 선언해야 합니다.
    fun build(): FastFoodComponent
}

// 사용자 정의 애플리케이션 클래스인 FoodApp 클래스에
// 이 컴포넌트에서 제공하는 객체를 주입할 수 있도록 합니다.
fun inject(app: FoodApp)
}
```

변경된 FastFoodComponent의 객체 그래프는 다음과 같습니다. @BindsInstance 어노테이션을 통해 Application 객체를 객체 그래프에 추가한 모습을 확인할 수 있습니다.

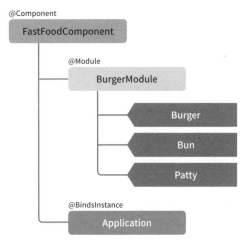

그림 15-2 변경된 FastFoodComponent의 객체 그래프

다음은 변경된 FastFoodComponent를 사용하는 예를 보여줍니다. 애플리케이션 클래스를 상속한 FoodApp의 Application 객체를 컴포넌트 빌더를 통해 객체 그래프에 제공하는 모습을 확인할 수 있습니다.

코드 15-9 FastFoodComponent에 Application 객체를 제공하는 모습

```
class FoodApp : Application() {

    // FastFoodComponent를 통해 객체를 주입받습니다.
```

다음 쪽에 계속 ▶

```
@Inject lateinit var burger: Burger

override fun onCreate() {
    super.onCreate()

    // 컴포넌트를 생성합니다.
    DaggerFastFoodComponent.builder()

            // 애플리케이션 객체를 컴포넌트에 제공합니다.
            .application(app = this)
            .build()
            .inject(app = this)
    }
}
```

15.2 데이터 처리 객체 주입하기

이 절에서는 대거 라이브러리를 예제 프로젝트에서 사용할 수 있도록 프로젝트 환경을 설정하는 방법을 알아봅니다. 그리고 Github API를 호출하기 위해 필요한 객체와 내부 데이터베이스에 접근하기 위해 필요한 객체를, 대거를 사용하여 주입하는 방법을 살펴봅니다.

이 절에서 다룬 내용들이 모두 반영된 예제 프로젝트의 소스코드는 다음 링크를 통해 확인할 수 있습니다.

- 프로젝트 저장소: *https://github.com/kunny/kunny-kotlin-book/tree/dagger-step-1*
- 프로젝트 압축 파일 다운로드: *https://github.com/kunny/kunny-kotlin-book/archive/dagger-step-1.zip*

대거 라이브러리를 의존성에 추가하기

먼저, 프로젝트에서 사용할 대거 라이브러리의 버전을 프로젝트 루트 폴더의 dependencies.gradle 파일에 추가합니다.

코드 15-10 dependencies.gradle

```
ext {
    ...
    // 프로젝트에서 사용할 대거 라이브러리 버전을 정의합니다.
    daggerVersion = '2.12'
    ...
}
```

다음, 애플리케이션 빌드스크립트(simple-github/build.gradle) 내 프로젝트 의존성에 대거 라이브러리를 추가합니다.

코드 15-11 simple-github/build.gradle

```
dependencies {
    ...
    // 대거의 기본 기능을 사용하기 위해 필요합니다.
    implementation "com.google.dagger:dagger:$daggerVersion"

    // 안드로이드에 특화된 대거의 기능을 사용하기 위해 필요합니다.
    implementation "com.google.dagger:dagger-android:$daggerVersion"

    // 안드로이드 서포트 라이브러리를 지원하는 대거의 기능을 사용하기 위해 필요합니다.
    // (DaggerAppCompatActivity, dagger.android.support.DaggerFragment)
    implementation "com.google.dagger:dagger-android-support:$daggerVersion"
    ...


    ...
    // 안드로이드에 특화된 대거의 기능을 처리해주는 어노테이션 프로세서입니다.
    kapt "com.google.dagger:dagger-android-processor:$daggerVersion"

    // 대거의 기본 기능(의존관계 분석 및 코드 생성)을 처리해주는 어노테이션 프로세서입니다.
    kapt "com.google.dagger:dagger-compiler:$daggerVersion"
}
```

API 호출에 필요한 객체를 제공하는 모듈 작성하기

GithubApiProvider는 REST API를 호출할 때 필요한 객체를 제공하는 함수를 포함합니다. 대거에서는 이와 같은 역할을 모듈(module)이 수행하므로, 대거를 사용하여 REST API 호출에 필요한 객체를 제공하려면 GithubApiProvider에 포함된 함수들을 모듈로 구현해야 합니다.

GithubApiProvider에서 제공하는 객체는 REST API를 호출할 때 사용하는 객체와, 이 객체를 생성하기 위해 필요한 객체로 나눌 수 있습니다.

REST API를 호출할 때 사용하는 객체를 생성하는 함수를 먼저 살펴보겠습니다. 이들은 각각 AuthApi와 GithubApi 객체를 생성하며, 이를 위해 OkHttpClient, Call Adapter.Factory, Converter.Factory 객체가 필요합니다. 코드 15-12는 AuthApi와 GithubApi를 생성하는 함수를 보여줍니다.

코드 15-12 GithubApiProvider.kt

```
// AuthApi 객체를 제공합니다.
fun provideAuthApi(): AuthApi
        = Retrofit.Builder()
        .baseUrl("https://github.com/")

        // OkHttpClient 객체를 인자로 받습니다.
```

다음 쪽에 계속 ▶

```
            .client(provideOkHttpClient(provideLoggingInterceptor(), null))

            // CallAdapter.Factory 객체를 인자로 받습니다.
            .addCallAdapterFactory(RxJava2CallAdapterFactory.createAsync())

            // Converter.Factory 객체를 인자로 받습니다.
            .addConverterFactory(GsonConverterFactory.create())
            .build()
            .create(AuthApi::class.java)

// GithubApi 객체를 제공합니다.
fun provideGithubApi(context: Context): GithubApi
        = Retrofit.Builder()
        .baseUrl("https://api.github.com/")

            // OkHttpClient 객체를 인자로 받습니다.
            .client(provideOkHttpClient(provideLoggingInterceptor(),
                    provideAuthInterceptor(provideAuthTokenProvider(context))))

            // CallAdapter.Factory 객체를 인자로 받습니다.
            .addCallAdapterFactory(RxJava2CallAdapterFactory.createAsync())

            // Converter.Factory 객체를 인자로 받습니다.
            .addConverterFactory(GsonConverterFactory.create())
            .build()
            .create(GithubApi::class.java)
```

AuthApi와 GithubApi 객체와 이를 생성하기 위한 객체들은 Retrofit 라이브러리와 연관성이 높은 것과 OkHttp 라이브러리와 연관성이 높은 것 두 종류로 나눌 수 있습니다. 이 기준에 따라 모듈을 분리하여 객체를 제공하도록 구현해 보겠습니다.

먼저, Retrofit 라이브러리와 관련된 객체를 제공하는 모듈을 작성합니다. 이 모듈은 AuthApi, GithubApi, CallAdapter.Factory, Converter.Factory 객체를 제공합니다. 이를 위해 com.androidhuman.example.github.di 패키지에 ApiModule 클래스를 다음과 같이 작성합니다.

코드 15-13 ApiModule.kt

```
// 모듈 클래스로 표시합니다.
@Module
class ApiModule {

    // AuthApi 객체를 제공합니다.
    // 이 객체를 생성할 때 필요한 객체들은 함수의 인자로 선언합니다.
    @Provides
    fun provideAuthApi(
            okHttpClient: OkHttpClient,
            callAdapter: CallAdapter.Factory,
            converter: Converter.Factory): AuthApi
            = Retrofit.Builder()
```

다음 쪽에 계속 ▶

```
                    .baseUrl("https://github.com")
                    .client(okHttpClient)
                    .addCallAdapterFactory(callAdapter)
                    .addConverterFactory(converter)
                    .build()
                    .create(AuthApi::class.java)

    // GithubApi 객체를 제공합니다.
    // 이 객체를 생성할 때 필요한 객체들은 함수의 인자로 선언합니다.
    @Provides
    fun provideGithubApi(
            okHttpClient: OkHttpClient,
            callAdapter: CallAdapter.Factory,
            converter: Converter.Factory): GithubApi
            = Retrofit.Builder()
            .baseUrl("https://api.github.com")
            .client(okHttpClient)
            .addCallAdapterFactory(callAdapter)
            .addConverterFactory(converter)
            .build()
            .create(GithubApi::class.java)

    // CallAdapter.Factory 객체를 제공합니다.
    @Provides
    fun provideCallAdapterFactory(): CallAdapter.Factory
            = RxJava2CallAdapterFactory.createAsync()

    // Converter.Factory 객체를 제공합니다.
    @Provides
    fun provideConverterFactory(): Converter.Factory
            = GsonConverterFactory.create()
}
```

앞의 코드에서 provideAuthApi() 함수와 provideGithubApi() 함수는 모두
OkHttpClient 객체를 인자로 받고 있습니다. 하지만 GithubApiProvider에 구현되어
있던 provideAuthApi() 함수와 provideGithubApi() 함수의 구현을 다시 확인해 보
면, 각 함수에서 필요한 OkHttpClient 객체의 특성이 서로 다른 것을 확인할 수 있습
니다.

코드 15-14 GithubApiProvider.kt

```
// AuthApi 객체를 제공합니다.
fun provideAuthApi(): AuthApi
        ...

            // HTTP 요청에 인증 토큰을 추가하지 않는 OkHttpClient 객체를 사용합니다.
            .client(provideOkHttpClient(provideLoggingInterceptor(), null))
        ...

// GithubApi 객체를 제공합니다.
fun provideGithubApi(context: Context): GithubApi
```

다음 쪽에 계속 ▶

```
        ...
        // HTTP 요청에 인증 토큰을 추가하는 OkHttpClient 객체를 사용합니다.
        .client(provideOkHttpClient(provideLoggingInterceptor(),
                provideAuthInterceptor(provideAuthTokenProvider(context))))
        ...

// OkHttpClient 객체를 제공합니다.
// HTTP 요청과 응답을 로그로 출력해주는 HttpLoggingInterceptor는 필수이지만,
// HTTP 요청에 인증 토큰을 추가해주는 AuthInterceptor는 선택적으로 받습니다.
private fun provideOkHttpClient(
        interceptor: HttpLoggingInterceptor,
        authInterceptor: AuthInterceptor?): OkHttpClient
        = OkHttpClient.Builder()
        .run {
            if (null != authInterceptor) {
                addInterceptor(authInterceptor)
            }
            addInterceptor(interceptor)
            build()
        }
```

이와 같이 타입은 동일하지만 객체의 특성이 다른 경우 @Named 어노테이션을 사용하여 이들을 구분할 수 있습니다. @Named 어노테이션을 사용하여 AuthApi와 GithubApi 객체를 생성해야 하는데, 이때 필요한 OkHttpClient 객체를 구분한 모습을 코드 15-15에서 볼 수 있습니다.

코드 15-15 ApiModule.kt

```
@Module
class ApiModule {

    @Provides
    fun provideAuthApi(

            // 인증 토큰을 추가하지 않는 OkHttpClient 객체를
            // "unauthorized"라는 이름으로 구분합니다.
            @Named("unauthorized") okHttpClient: OkHttpClient,
            callAdapter: CallAdapter.Factory,
            converter: Converter.Factory): AuthApi
            = ...

    @Provides
    fun provideGithubApi(

            // 인증 토큰을 추가하는 OkHttpClient 객체를
            // "authorized"라는 이름으로 구분합니다.
            @Named("authorized") okHttpClient: OkHttpClient,
            callAdapter: CallAdapter.Factory,
            converter: Converter.Factory): GithubApi
            = ...
```

다음 쪽에 계속 ▶

```
    ...
}
```

모듈이 객체 주입을 요청받는 경우, 기본적으로 매번 새로운 객체를 생성하여 제공합니다. 하지만 ApiModule에서 제공하는 객체의 경우, 요청할 때마다 객체의 인스턴스를 새로 생성할 필요 없이 기존에 생성해뒀던 인스턴스를 그대로 사용해도 됩니다. 이 경우, 객체를 제공하는 함수에 다음과 같이 @Singleton 어노테이션을 추가하면 모듈에서 제공하는 객체가 매번 새로 생성되지 않고 단 한 번만 생성되도록 할 수 있습니다.

코드 15-16 ApiModule.kt

```
@Module
class ApiModule {

    @Provides
    @Singleton
    fun provideAuthApi(
            @Named("unauthorized") okHttpClient: OkHttpClient,
            callAdapter: CallAdapter.Factory,
            converter: Converter.Factory): AuthApi
            = ...

    @Provides
    @Singleton
    fun provideGithubApi(
            @Named("authorized") okHttpClient: OkHttpClient,
            callAdapter: CallAdapter.Factory,
            converter: Converter.Factory): GithubApi
            = ...

    @Provides
    @Singleton
    fun provideCallAdapterFactory(): CallAdapter.Factory
            = RxJava2CallAdapterFactory.createAsync()

    @Provides
    @Singleton
    fun provideConverterFactory(): Converter.Factory
            = GsonConverterFactory.create()
}
```

ApiModule에서 제공하는 객체로 구성되는 객체 그래프는 그림 15-3과 같이 표현할 수 있습니다. AuthApi와 GithubApi를 만들기 위해 필요한 객체 중 CallAdapter.Factory와 Converter.Factory 객체는 ApiModule 내에서 제공됩니다. OkHttpClient 객체는 이 모듈에서 제공되지 않으므로 다른 모듈에서 제공받아야 합니다.

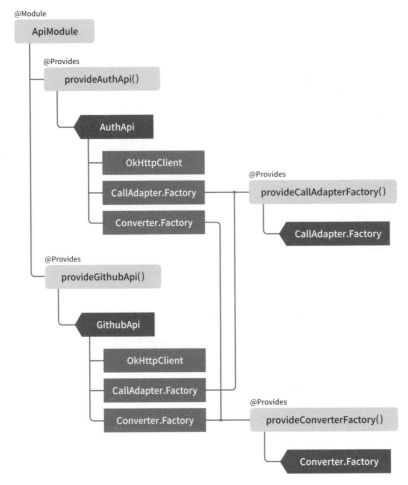

그림 15-3 ApiModule의 객체 그래프

다음은 OkHttp 라이브러리와 관련된 객체를 제공하는 모듈을 작성합니다. 이 모듈은 OkHttpClient, HttpLoggingInterceptor, AuthInterceptor 객체를 제공합니다. com.androidhuman.example.github.di 패키지에 NetworkModule 클래스를 다음과 같이 작성합니다. 각기 다른 특성을 가진 OkHttpClient 객체를 구분하여 제공하기 위한 @Named 어노테이션과, 각 객체별로 하나의 인스턴스만 생성되도록 하는 @Singleton 어노테이션이 추가되어 있는 것을 확인할 수 있습니다.

코드 15-17 NetworkModule.kt

```kotlin
// 모듈 클래스로 표시합니다.
@Module
class NetworkModule {
```

다음 쪽에 계속 ▶

```kotlin
    // "unauthorized"라는 이름으로 구분할 수 있는 OkHttpClient 객체를 제공합니다.
    // 여기에서 제공하는 OkHttpClient 객체는 요청에 인증 토큰을 추가하지 않습니다.
    @Provides
    @Named("unauthorized")
    @Singleton
    fun provideUnauthorizedOkHttpClient(
            loggingInterceptor: HttpLoggingInterceptor): OkHttpClient
            = OkHttpClient.Builder()
            .addInterceptor(loggingInterceptor)
            .build()

    // "authorized"라는 이름으로 구분할 수 있는 OkHttpClient 객체를 제공합니다.
    // 여기에서 제공하는 OkHttpClient 객체는 요청에 인증 토큰을 추가해줍니다.
    @Provides
    @Named("authorized")
    @Singleton
    fun provideAuthorizedOkHttpClient(
            loggingInterceptor: HttpLoggingInterceptor,
            authInterceptor: AuthInterceptor): OkHttpClient
            = OkHttpClient.Builder()
            .addInterceptor(authInterceptor)
            .addInterceptor(loggingInterceptor)
            .build()

    // HttpLoggingInterceptor 객체를 제공합니다.
    @Provides
    @Singleton
    fun provideLoggingInterceptor(): HttpLoggingInterceptor
            = HttpLoggingInterceptor().apply {
                level = HttpLoggingInterceptor.Level.BODY
            }

    // AuthInterceptor 객체를 제공합니다.
    @Provides
    @Singleton
    fun provideAuthInterceptor(provider: AuthTokenProvider): AuthInterceptor {
        val token = provider.token
            ?: throw IllegalStateException("authToken cannot be null")
        return AuthInterceptor(token)
    }
}
```

NetworkModule에서 제공하는 객체로 구성되는 객체 그래프는 그림 15-4와 같이 표현할 수 있습니다. 각기 다른 유형의 OkHttpClient 객체를 제공하기 위해 필요한 객체인 HttpLoggingInterceptor와 AuthInterceptor 객체를 NetworkModule 모듈 내에서 제공합니다. AuthInterceptor를 제공하기 위해 필요한 AuthTokenProvider는 이 모듈에서 제공하지 않으므로 다른 모듈에서 제공받아야 합니다.

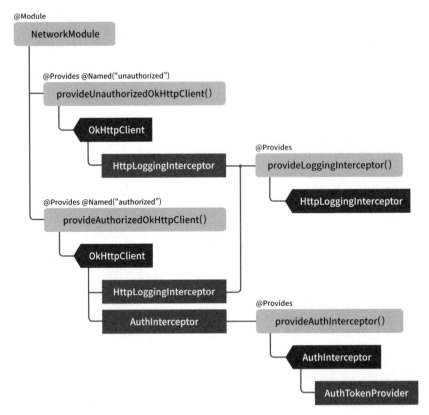

그림 15-4 NetworkModule의 객체 그래프

마지막으로, GithubApiProvider 내부에 정의되어 있던 AuthInterceptor 클래스를
com.androidhuman.example.simplegithub 패키지에 다음과 같이 별도의 클래스로 작
성합니다.

코드 15-18 AuthInterceptor.kt

```kotlin
class AuthInterceptor(private val token: String) : Interceptor {

    @Throws(IOException::class)
    override fun intercept(chain: Interceptor.Chain)
            : Response = with(chain) {
        val newRequest = request().newBuilder().run {
            addHeader("Authorization", "token " + token)
            build()
        }
        proceed(newRequest)
    }
}
```

로컬 저장소 데이터 접근에 필요한 객체를 제공하는 모듈 작성하기

예제 애플리케이션은 Github API를 사용할 때 필요한 인증 토큰을 저장하기 위해 SharedPreferences를, 저장소 조회 기록을 저장하기 위해 룸(room)데이터베이스를 사용합니다. SharedPreferences와 데이터베이스 모두 로컬 저장소를 사용한다는 공통점이 있으므로, 이들을 하나의 모듈로 묶어 보겠습니다.

com.androidhuman.example.github.di 패키지에 LocalDataModule 클래스를 다음과 같이 작성합니다. LocalDataModule은 SharedPreferences를 기반으로 인증 토큰을 관리하는 AuthTokenProvider와 데이터베이스를 사용하기 위해 필요한 SearchHistoryDao, SimpleGithubDatabase 객체를 제공합니다.

코드 15-19 LocalDataModule.kt

```kotlin
// 모듈 클래스로 표시합니다.
@Module
class LocalDataModule {

    // 인증 토큰을 관리하는 객체인 AuthTokenProvider를 제공합니다.
    // AuthTokenProvider는 SharedPreferences를 기반으로 인증 토큰을 관리합니다.
    // "appContext"라는 이름으로 구분되는 Context 객체를 필요로 합니다.
    @Provides
    @Singleton
    fun provideAuthTokenProvider(@Named("appContext") context: Context)
            : AuthTokenProvider
            = AuthTokenProvider(context)

    // 저장소 조회 기록을 관리하는 객체인 SearchHistoryDao를 제공합니다.
    @Provides
    @Singleton
    fun provideSearchHistoryDao(db: SimpleGithubDatabase)
            : SearchHistoryDao
            = db.searchHistoryDao()

    // 데이터베이스를 관리하는 객체인 SimpleGithubDatabase를 제공합니다.
    // "appContext"라는 이름으로 구분되는 Context 객체를 필요로 합니다.
    @Provides
    @Singleton
    fun provideDatabase(@Named("appContext") context: Context)
            : SimpleGithubDatabase
            = Room.databaseBuilder(context,
            SimpleGithubDatabase::class.java, "simple_github.db")
            .build()
}
```

LocalDataModule에서 제공하는 객체로 구성되는 객체 그래프는 그림 15-5와 같이 표현할 수 있습니다. SearchHistoryDao 객체를 생성하기 위한 SimpleGithubDatabase

객체는 이 모듈 내에서 제공하며, AuthTokenProvider와 SimpleGithubDatabase를 만들기 위해 필요한 Context 객체는 다른 곳에서 제공받아야 합니다.

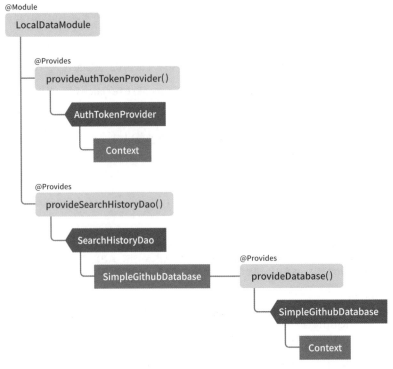

그림 15-5 LocalDataModule의 객체 그래프

액티비티를 객체 그래프에 추가할 수 있도록 설정하기

14장에서 완성한 예제 애플리케이션은 각 액티비티 내에서 필요한 객체를 대부분 자체적으로 생성하여 사용했습니다. 이처럼 필요한 객체를 자체적으로 생성하는 대신, 대거를 통해 생성된 객체를 주입받으려면 액티비티를 객체 그래프에 추가해야 합니다.

특정 액티비티를 객체 그래프에 추가하려면, 새로운 모듈을 생성한 후 이 모듈에 객체 그래프에 추가할 액티비티를 추가하면 됩니다. 객체 그래프에 추가할 액티비티는 해당 액티비티를 반환하는 함수에 @ContributesAndroidInjector 어노테이션을 추가하여 선언합니다.

예제 애플리케이션의 액티비티를 객체 그래프에 추가하기 위해 필요한 모듈을 위해 com.androidhuman.example.github.di 패키지에 ActivityBinder 클래스를 다음과
같이 작성합니다.

코드 15-20 ActivityBinder.kt

```kotlin
// 모듈 클래스로 표시합니다.
@Module
abstract class ActivityBinder {

    // SignInActivity를 객체 그래프에 추가할 수 있도록 합니다.
    @ContributesAndroidInjector
    abstract fun bindSignInActivity(): SignInActivity

    // MainActivity를 객체 그래프에 추가할 수 있도록 합니다.
    @ContributesAndroidInjector
    abstract fun bindMainActivity(): MainActivity

    // SearchActivity를 객체 그래프에 추가할 수 있도록 합니다.
    @ContributesAndroidInjector
    abstract fun bindSearchActivity(): SearchActivity

    // RepositoryActivity를 객체 그래프에 추가할 수 있도록 합니다.
    @ContributesAndroidInjector
    abstract fun bindRepositoryActivity(): RepositoryActivity
}
```

ActivityBinder 모듈로 구성되는 구성되는 객체 그래프는 다음과 같습니다.
ContributesAndroidInjector 어노테이션을 통해 각 액티비티가 ActivityBinder 모
듈에 연결된 것을 확인할 수 있습니다.

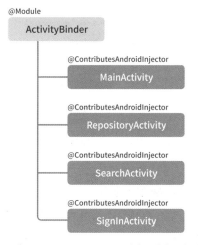

그림 15-6 ActivityBinder로 구성되는 객체 그래프

애플리케이션 모듈 작성하기

애플리케이션 모듈은 애플리케이션이 실행되는 동안 공통으로 사용할 수 있는 객체를 제공합니다. 여기에서는 애플리케이션의 컨텍스트를 제공하도록 구성하겠습니다.

com.androidhuman.example.github.di 패키지에 AppModule 클래스를 다음과 같이 작성합니다.

코드 15-21 AppModule.kt

```kotlin
// 모듈 클래스로 표시합니다.
@Module
class AppModule {

    // 애플리케이션의 컨텍스트를 제공합니다.
    // 다른 컨텍스트와의 혼동을 방지하기 위해 "appContext"라는 이름으로 구분합니다.
    @Provides
    @Named("appContext")
    @Singleton
    fun provideContext(application: Application): Context
            = application.applicationContext
}
```

AppModule 모듈로 구성되는 구성되는 객체 그래프는 다음과 같습니다. appContext라는 이름으로 구분할 수 있는 Context 객체를 제공하며, Context 객체를 제공하기 위해 Application 객체가 추가로 필요한 것을 확인할 수 있습니다.

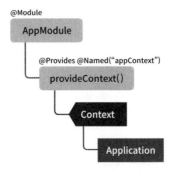

그림 15-7 AppModule로 구성되는 객체 그래프

애플리케이션 컴포넌트로 모듈 묶어주기

컴포넌트는 모듈에서 제공하는 객체들을 묶어 완성된 객체 그래프를 만들어줍니다. 예제 애플리케이션에서는 앞에서 작성한 모듈들을 하나로 묶어주는 AppComponent를 작성합니다.

com.androidhuman.example.simplegithub.di 패키지에 AppComponent 클래스를 추가한 후 클래스의 내용을 코드 15-22와 같이 작성합니다. 앞에서 작성했던 모듈과 더불어 대거의 안드로이드 지원 모듈인 AndroidSupportInjectionModule을 컴포넌트의 모듈로 추가하며, AndroidSupportInjectionModule을 사용하기 위해 AppComponent는 AndroidInjector 인터페이스를 상속합니다. 또한, AppModule에서 필요한 Application 객체를 객체 그래프에 추가하기 위해 @Component.Builder 인터페이스 내에 이를 위한 코드를 추가합니다.

코드 15-22 AppComponent.kt

```kotlin
// AppComponent를 선언하면서 컴포넌트로 묶어둘 모듈을 추가합니다.
// 대거의 안드로이드 지원 모듈인 AndroidSupportInjectionModule을 함께 추가합니다.
// AppComponent는 AndroidInjector 인터페이스를 상속하도록 하며,
// 애플리케이션을 상속한 클래스인 SimpleGithubApp을 타입 인자로 넣어줍니다.
@Singleton
@Component(
        modules = arrayOf(
                AppModule::class,
                LocalDataModule::class,
                ApiModule::class, NetworkModule::class,
                AndroidSupportInjectionModule::class, ActivityBinder::class))
interface AppComponent : AndroidInjector<SimpleGithubApp> {

    // AppComponent를 생성할 때 사용할 빌더 클래스를 정의합니다.
    @Component.Builder
    interface Builder {

        // @BindsInstance 어노테이션으로 객체 그래프에 추가할 객체를 선언합니다.
        // 객체 그래프에 추가할 객체를 인자로 받고, 빌더 클래스를 반환하는 함수 형태로 선언합니다.
        @BindsInstance
        fun application(app: Application): Builder

        // 빌더 클래스는 컴포넌트를 반환하는 build() 함수를 반드시 포함해야 합니다.
        fun build(): AppComponent
    }
}
```

✅ 대거의 안드로이드 특화 기능에 대해 더 자세한 내용이 궁금하신 분은 공식 홈페이지 내 '안드로이드' 섹션(*https://google.github.io/dagger/android.html*)을 참조하세요.

AppComponent로 만들어진 완성된 객체 그래프의 모습은 다음과 같습니다.

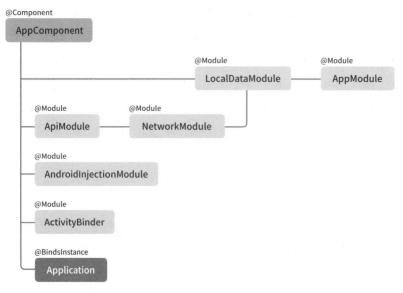

그림 15-8 AppComponent로 만들어지는 완성된 객체 그래프의 모습

다음으로, 앞에서 AndroidInjector 인터페이스의 타입 인자로 넣어준 SimpleGithub
App 클래스는 살펴보겠습니다. com.androidhuman.example.github 패키지에 Simple
GithubApp 클래스를 다음과 같이 작성합니다. 대거의 안드로이드 지원 기능을 편리
하게 사용하기 위해 DaggerApplication을 상속합니다.

코드 15-23 SimpleGithubApp.kt

```
// DaggerApplication을 상속합니다.
class SimpleGithubApp : DaggerApplication() {

    // 이 함수를 구현해야 합니다.
    override fun applicationInjector(): AndroidInjector<out DaggerApplication> {
        // 아직 이 부분을 작성하지 마세요.
    }
}
```

DaggerApplication을 상속하면 applicationInjector() 함수를 구현해야 합니다. 이
를 구현하려면 앞에서 작성한 AppComponent의 구현체인 DaggerAppComponent를 사용
해야 합니다. DaggerAppComponent는 대거가 생성해주는 클래스이므로, 프로젝트를
빌드해야 이 클래스가 생성됩니다. [Build 〉 Make Project]를 선택하여 프로젝트를
빌드한 후, applicationInjector() 함수 본체를 다음과 같이 작성합니다.

코드 15-24 SimpleGithubApp.kt

```
class SimpleGithubApp : DaggerApplication() {
```

다음 쪽에 계속 ▶

```
    // DaggerAppComponent의 인스턴스를 반환합니다.
    override fun applicationInjector(): AndroidInjector<out DaggerApplication> {
        return DaggerAppComponent.builder().application(this).build()
    }
}
```

마지막으로, 새로 작성한 SimpleGithubApp 클래스를 애플리케이션 클래스로 등록하기 위해 매니페스트를 수정합니다.

코드 15-25 AndroidManifest.xml

```
<?xml version="1.0" encoding="utf-8"?>
<manifest ...>
    ...

    <!-- android:name에 SimpleGithubApp을 설정합니다. -->
    <application android:name=".SimpleGithubApp"
        android:allowBackup="false"
        android:icon="@mipmap/ic_launcher"
        android:label="@string/app_name"
        android:roundIcon="@mipmap/ic_launcher_round"
        android:supportsRtl="false"
        android:theme="@style/AppTheme">

    ...
</manifest>
```

액티비티에서 데이터 처리 객체 주입받기

대거를 통해 필요한 객체를 주입받을 수 있도록 설정하는 과정을 앞에서 모두 마쳤으므로, 이제는 각 액티비티에서 대거로 데이터 처리 객체를 주입받도록 변경하는 절차를 살펴보겠습니다.

SignInActivity부터 수정해 보겠습니다. 먼저, 대거 안드로이드 지원 모듈을 통해 필요한 객체를 주입할 수 있도록 DaggerAppCompatActivity를 상속하도록 변경합니다. 다음으로, AuthApi와 AuthTokenProvider를 대거를 통해 주입받도록 별도의 프로퍼티로 선언하고, 이들을 뷰모델 팩토리 생성자의 인자로 전달합니다.

코드 15-26 SignInActivity.kt

```
// AppCompatActivity 대신 DaggerAppCompatActivity를 상속합니다.
class SignInActivity : DaggerAppCompatActivity() {

    ...

    internal val viewModelFactory by lazy {
        // 대거를 통해 주입받은 객체를 생성자의 인자로 전달합니다.
        SignInViewModelFactory(authApi, authTokenProvider)
    }
```

다음 쪽에 계속 ▶

```
...

    // 대거를 통해 AuthApi 객체를 주입받는 프로퍼티를 선언합니다.
    // @Inject 어노테이션을 추가해야 대거로부터 객체를 주입받을 수 있습니다.
    // 선언 시점에 프로퍼티를 초기화할 수 없으므로 lateinit var로 선언합니다.
    @Inject lateinit var authApi: AuthApi

    // 대거를 통해 AuthTokenProvider 객체를 주입받는 프로퍼티를 선언합니다.
    @Inject lateinit var authTokenProvider: AuthTokenProvider

    ...
}
```

다음으로 MainActivity를 수정합니다. DaggerAppCompatActivity를 상속하도록 변경한 후, SearchHistoryDao를 주입받는 프로퍼티를 선언하고 이를 뷰모델 팩토리 생성자의 인자로 전달합니다.

코드 15-27 MainActivity.kt

```
// AppCompatActivity 대신 DaggerAppCompatActivity를 상속합니다.
class MainActivity : DaggerAppCompatActivity(), SearchAdapter.ItemClickListener
{

    ...

    internal val viewModelFactory
            // 대거를 통해 주입받은 객체를 생성자의 인자로 전달합니다.
            by lazy { MainViewModelFactory(searchHistoryDao) }

    ...

    // 대거를 통해 SearchHistoryDao를 주입받는 프로퍼티를 선언합니다.
    @Inject lateinit var searchHistoryDao: SearchHistoryDao

    ...
}
```

SearchActivity도 앞의 액티비티들과 유사한 방식으로 수정합니다.

코드 15-28 SearchActivity.kt

```
// AppCompatActivity 대신 DaggerAppCompatActivity를 상속합니다.
class SearchActivity : DaggerAppCompatActivity(), SearchAdapter.
ItemClickListener {

    ...

    internal val viewModelFactory by lazy {
        // 대거를 통해 주입받은 객체를 생성자의 인자로 전달합니다.
        SearchViewModelFactory(githubApi, searchHistoryDao)
    }

    ...
```

다음 쪽에 계속 ▶

```
    // 대거를 통해 GithubApi를 주입받는 프로퍼티를 선언합니다.
    @Inject lateinit var githubApi: GithubApi

    // 대거를 통해 SearchHistoryDao를 주입받는 프로퍼티를 선언합니다.
    @Inject lateinit var searchHistoryDao: SearchHistoryDao

    ...
}
```

마지막으로, RepositoryActivity를 수정합니다.

코드 15-29 RepositoryActivity.kt

```
// AppCompatActivity 대신 DaggerAppCompatActivity를 상속합니다.
class RepositoryActivity : DaggerAppCompatActivity() {

    ...

    internal val viewModelFactory by lazy {
        // 대거를 통해 주입받은 객체를 생성자의 인자로 전달합니다.
        RepositoryViewModelFactory(githubApi)
    }

    ...

    // 대거를 통해 GithubApi를 주입받는 프로퍼티를 선언합니다.
    @Inject lateinit var githubApi: GithubApi

    ...
}
```

이것으로, 예제 애플리케이션의 액티비티에서 사용할 데이터 처리 객체들을 모두 대거를 통해 주입받아 사용하게 되었습니다. 액티비티에서는 더 이상 이들 객체를 생성하는데 관여하지 않으므로, 각 구성요소의 역할 구분이 명확해져 애플리케이션을 더욱 편리하게 유지보수할 수 있게 되었습니다.

15.3 뷰모델 팩토리와 어댑터 객체 주입하기

15.2절에서 작성한 예제에서는 애플리케이션에서 공통으로 사용하는 객체만 대거에서 주입합니다. 때문에, 뷰모델 객체를 받기 위해 필요한 뷰모델 팩토리 객체나 어댑터 객체는 기존과 같이 액티비티 내부에서 생성해서 사용하고 있습니다.

이 절에서는 뷰모델 팩토리 객체와 어댑터 객체도 대거에서 주입할 수 있도록, 액티비티를 위한 모듈을 추가로 작성하는 과정을 알아봅니다.

이 절에서 다룬 내용들이 모두 반영된 예제 프로젝트의 소스코드는 다음 링크를 통해 확인할 수 있습니다.

- 프로젝트 저장소: *https://github.com/kunny/kunny-kotlin-book/tree/dagger-step-2*
- 프로젝트 압축 파일 다운로드: *https://github.com/kunny/kunny-kotlin-book/archive/dagger-step-2.zip*

SignInModule 작성하기

SignInActivity의 뷰모델 클래스인 SignInViewModel의 객체를 얻으려면 SignInView
ModelFactory 객체가 필요합니다. 대거에서 SignInViewModelFactory 객체를 제공
하려면 이를 제공하는 모듈이 필요합니다. 이를 위해 com.androidhuman.example.
simplegithub.di.ui 패키지에 SignInModule 클래스를 다음과 같이 작성합니다.

코드 15-30 SignInModule.kt

```kotlin
// 모듈 클래스로 표시합니다.
@Module
class SignInModule {

    // SignInViewModelFactory 객체를 제공합니다.
    @Provides
    fun provideViewModelFactory(authApi: AuthApi, authTokenProvider: AuthTokenProvider)
            : SignInViewModelFactory
            = SignInViewModelFactory(authApi, authTokenProvider)
}
```

SignInModule 모듈로 구성되는 객체 그래프는 다음과 같습니다. AuthApi와
AuthTokenProvider는 AppComponent 컴포넌트를 통해 제공되므로, SignInModule을
AppComponent에 포함한다면 SignInViewModelFactory 객체를 생성할 수 있습니다.

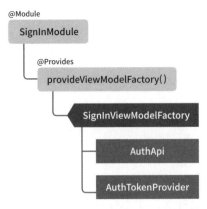

그림 15-9 SignInModule 모듈로 구성되는 객체 그래프

SignInModule을 AppComponent 컴포넌트의 객체 그래프에 추가하려면, 다음과 같이 SignInActivity를 객체 그래프에 추가할 때 사용하는 @ContributesAndroidInjector 어노테이션의 modules 프로퍼티에 해당 모듈을 추가하면 됩니다.

코드 15-31 ActivityBinder.kt

```kotlin
@Module
abstract class ActivityBinder {

    // SignInModule을 객체 그래프에 추가합니다.
    @ContributesAndroidInjector(modules = arrayOf(SignInModule::class))
    abstract fun bindSignInActivity(): SignInActivity

    ...
}
```

마지막으로, SignInModule을 통해 제공되는 SignInViewModelFactory를 SignIn Activity에서 주입받기 위해, SignInActivity를 다음과 같이 수정합니다.

코드 15-32 SignInActivity.kt

```kotlin
class SignInActivity : DaggerAppCompatActivity() {

    internal val disposables = AutoClearedDisposable(this)

    internal val viewDisposables
            = AutoClearedDisposable(lifecycleOwner = this, alwaysClearOnStop = false)

    // AuthApi와 AuthTokenProvider를 주입받아 액티비티에서 객체를 생성하는 대신,
    // 대거에서 SignInViewModelFactory 객체를 직접 주입받습니다.
    @Inject lateinit var viewModelFactory: SignInViewModelFactory

    lateinit var viewModel: SignInViewModel

    override fun onCreate(savedInstanceState: Bundle?) {
        ...
    }
    ...
}
```

MainModule 작성하기

MainActivity에서 사용하는 객체 중, 저장소 조회 기록을 표시할 때 사용하는 SearchAdapter와 이 액티비티의 뷰모델 클래스를 만들 때 필요한 MainViewModel Factory의 객체를 대거를 통해 제공하도록 수정해 보겠습니다.

우선, SearchAdapter와 MainViewModelFactory 객체를 제공하는 모듈인 MainModule 을 com.androidhuman.example.simplegithub.di.ui 패키지에 작성합니다.

코드 15-33 MainModule.kt

```kotlin
// 모듈 클래스로 표시합니다.
@Module
class MainModule {

    // SearchAdapter 객체를 제공합니다.
    @Provides
    fun provideAdapter(activity: MainActivity): SearchAdapter
            = SearchAdapter().apply { setItemClickListener(activity) }

    // MainViewModelFactory 객체를 제공합니다.
    @Provides
    fun provideViewModelFactory(searchHistoryDao: SearchHistoryDao)
            : MainViewModelFactory
            = MainViewModelFactory(searchHistoryDao)
}
```

MainModule로 구성되는 객체 그래프는 다음과 같습니다. MainActivity와 Search
HistoryDao 객체 모두 AppComponent 컴포넌트를 통해 제공되므로, 이 모듈을 App
Component 컴포넌트의 객체 그래프에 추가하면 SearchAdapter와 MainViewModel
Factory 객체를 생성할 수 있습니다.

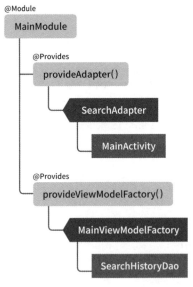

그림 15-10 MainModule로 구성되는 객체 그래프

MainModule을 AppComponent 컴포넌트의 객체 그래프에 추가하기 위해 Activity
Binder를 다음과 같이 수정합니다.

코드 15-34 ActivityBinder.kt

```kotlin
@Module
abstract class ActivityBinder {

    ...

    // MainModule을 객체 그래프에 추가합니다.
    @ContributesAndroidInjector(modules = arrayOf(MainModule::class))
    abstract fun bindMainActivity(): MainActivity

    ...
}
```

마지막으로, MainModule을 통해 제공되는 SearchAdapter와 MainViewModelFactory 객체를 주입받을 수 있도록 MainActivity를 수정합니다.

코드 15-35 MainActivity.kt

```kotlin
class MainActivity : DaggerAppCompatActivity(), SearchAdapter.ItemClickListener
{

    internal val disposables = AutoClearedDisposable(this)

    internal val viewDisposables
            = AutoClearedDisposable(lifecycleOwner = this,
                                    alwaysClearOnStop = false)

    // 대거로부터 SearchAdapter 객체를 주입받습니다.
    @Inject lateinit var adapter: SearchAdapter

    // 대거로부터 MainViewModelFactory 객체를 주입받습니다.
    @Inject lateinit var viewModelFactory: MainViewModelFactory

    lateinit var viewModel: MainViewModel

    override fun onCreate(savedInstanceState: Bundle?) {
        ...
    }
    ...
}
```

SearchModule 작성하기

SearchActivity에서는 검색 결과를 표시할 때 사용하는 SearchAdapter와 이 액티비티의 뷰모델 클래스를 만들 때 필요한 SearchViewModelFactory의 객체를 대거를 통해 주입받도록 변경하는 과정을 살펴보겠습니다.

먼저, SearchAdapter와 SearchViewModelFactory 객체를 제공하는 모듈인 SearchModule을 com.androidhuman.example.simplegithub.di.ui 패키지에 작성합니다.

코드 15-36 SearchModule.kt

```kotlin
// 모듈 클래스로 표시합니다.
@Module
class SearchModule {

    // SearchAdapter 객체를 제공합니다.
    @Provides
    fun provideAdapter(activity: SearchActivity): SearchAdapter
            = SearchAdapter().apply { setItemClickListener(activity) }

    // SearchViewModelFactory 객체를 제공합니다.
    @Provides
    fun provideViewModelFactory(
            githubApi: GithubApi, searchHistoryDao: SearchHistoryDao)
            : SearchViewModelFactory
            = SearchViewModelFactory(githubApi, searchHistoryDao)
}
```

SearchModule로 구성되는 객체 그래프는 다음과 같습니다. MainActivity와 GithubApi, SearchHistoryDao 객체 모두 AppComponent 컴포넌트를 통해 제공되므로 이 모듈을 AppComponent 컴포넌트의 객체 그래프에 추가하기만 하면 SearchAdapter 와 SearchViewModelFactory 객체를 생성할 수 있습니다.

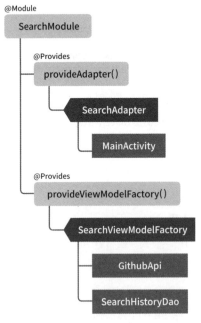

그림 15-11 SearchModule로 구성되는 객체 그래프

SearchModule을 AppComponent 컴포넌트의 객체 그래프에 추가하기 위해 Activity Binder를 다음과 같이 수정합니다.

코드 15-37 ActivityBinder.kt

```kotlin
@Module
abstract class ActivityBinder {

    ...

    // SearchModule을 객체 그래프에 추가합니다.
    @ContributesAndroidInjector(modules = arrayOf(SearchModule::class))
    abstract fun bindSearchActivity(): SearchActivity

    ...
}
```

끝으로 SearchActivity에서 SearchAdapter와 SearchViewModelFactory 객체를 주입받아 사용하도록 코드를 다음과 같이 수정합니다.

코드 15-38 SearchActivity.kt

```kotlin
class SearchActivity : DaggerAppCompatActivity(), SearchAdapter.
ItemClickListener {

    internal lateinit var menuSearch: MenuItem

    internal lateinit var searchView: SearchView

    internal val disposables = AutoClearedDisposable(this)

    internal val viewDisposables
            = AutoClearedDisposable(lifecycleOwner = this,
                                    alwaysClearOnStop = false)

    // 대거로부터 SearchAdapter 객체를 주입받습니다.
    @Inject lateinit var adapter: SearchAdapter

    // 대거로부터 SearchViewModelFactory 객체를 주입받습니다.
    @Inject lateinit var viewModelFactory: SearchViewModelFactory

    lateinit var viewModel: SearchViewModel

    override fun onCreate(savedInstanceState: Bundle?) {
        ...
    }
    ...
}
```

RepositoryModule 작성하기

RepositoryActivity에서는 이 액티비티의 뷰모델 클래스를 만들 때 필요한 Repository

ViewModelFactory의 객체를 대거를 통해 주입받도록 변경하는 과정을 살펴봅니다.

우선, RepositoryViewModelFactory 객체를 제공하는 모듈인 RepositoryModule을 com.androidhuman.example.simplegithub.di.ui 패키지에 작성합니다.

코드 15-39 RepositoryModule.kt

```kotlin
// 모듈 클래스로 표시합니다.
@Module
class RepositoryModule {

    // RepositoryViewModelFactory 객체를 제공합니다.
    @Provides
    fun provideViewModelFactory(githubApi: GithubApi)
            : RepositoryViewModelFactory
            = RepositoryViewModelFactory(githubApi)
}
```

RepositoryModule로 구성되는 객체 그래프는 다음과 같습니다. GithubApi는 AppComponent 컴포넌트를 통해 제공되므로, 이 모듈을 AppComponent 컴포넌트의 객체 그래프에 추가한다면 RepositoryViewModelFactory 객체를 생성할 수 있습니다.

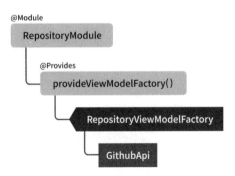

그림 15-12 RepositoryModule로 구성되는 객체 그래프

RepositoryModule을 AppComponent 컴포넌트의 객체 그래프에 추가하기 위해 ActivityBinder를 다음과 같이 수정합니다.

코드 15-40 ActivityBinder.kt

```kotlin
@Module
abstract class ActivityBinder {
    ...

    // RepositoryModule을 객체 그래프에 추가합니다.
    @ContributesAndroidInjector(modules = arrayOf(RepositoryModule::class))
    abstract fun bindRepositoryActivity(): RepositoryActivity
}
```

마지막으로 RepositoryActivity에서 RepositoryViewModelFactory 객체를 주입받아
사용하도록 다음과 같이 코드를 수정합니다.

코드 15-41 RepositoryActivity.kt

```kotlin
class RepositoryActivity : DaggerAppCompatActivity() {

    internal val disposables = AutoClearedDisposable(this)

    internal val viewDisposables
            = AutoClearedDisposable(lifecycleOwner = this,
                                    alwaysClearOnStop = false)

    // 대거로부터 RepositoryViewModelFactory 객체를 주입받습니다.
    @Inject lateinit var viewModelFactory: RepositoryViewModelFactory

    lateinit var viewModel: RepositoryViewModel

    internal val dateFormatInResponse = SimpleDateFormat(
            "yyyy-MM-dd'T'HH:mm:ssX", Locale.getDefault())

    internal val dateFormatToShow = SimpleDateFormat(
            "yyyy-MM-dd HH:mm:ss", Locale.getDefault())

    override fun onCreate(savedInstanceState: Bundle?) {
        ...
    }
    ...
}
```

이것으로, 예제 애플리케이션의 액티비티에서 필요한 객체까지 대거로 주입하도록
변경하는 과정을 모두 살펴보았습니다.

코틀린의 기본 문법부터 시작하여 자바로 작성된 예제를 올바르게 코틀린 코드로
바꾸는 방법, 그리고 코틀린 기반 프로젝트에 프로젝트를 개선할 수 있는 여러 라이
브러리를 적용하는 방법까지 알아본 여러분은 이제 더 이상 '코틀린 초보'가 아닐 것
입니다.

기초부터 실무까지 모든 영역에서 쓸 수 있는 여러분의 코틀린 실력을 바탕으로
더 좋은 안드로이드 애플리케이션을 만들 수 있기를 기대하겠습니다.

찾아보기